COLLECTION
FOLIO/ESSAIS

Albert Camus

L'Homme
révolté

Gallimard

« Je fus placé à mi-distance de la misère et du soleil »,
écrit Albert Camus dans *L'envers et l'endroit*. Il est né
dans un domaine viticole près de Mondovi, dans le départe-
ment de Constantine, en Algérie. Son père a été blessé
mortellement à la bataille de la Marne, en 1914. Une
enfance misérable à Alger, un instituteur, M. Germain,
puis un professeur, Jean Grenier, qui savent reconnaître
ses dons, la tuberculose, qui se déclare précocement et
qui, avec le sentiment tragique qu'il appelle l'absurde, lui
donne un désir désespéré de vivre, telles sont les données
qui vont forger sa personnalité. Il écrit, devient journaliste, anime des troupes théâtrales et une maison de la
culture, fait de la politique. Ses campagnes à *Alger Répu-
blicain* pour dénoncer la misère des musulmans lui
valent d'être obligé de quitter l'Algérie, où on ne veut plus
lui donner de travail. Pendant la guerre en France, il
devient un des animateurs du journal clandestin *Combat*.
A la Libération, *Combat*, dont il est le rédacteur en chef,
est un quotidien qui, par son ton et son exigence, fait date
dans l'histoire de la presse.

Mais c'est l'écrivain qui, déjà, s'impose comme un des
chefs de file de sa génération. A Alger, il avait publié
Noces et *L'envers et l'endroit*. Rattaché à tort au mouvement existentialiste, qui atteint son apogée au lendemain
de la guerre, Albert Camus écrit en fait une œuvre articu-
lée autour de l'absurde et de la révolte. C'est peut-être
Faulkner qui en a le mieux résumé le sens général : « Camus
disait que le seul rôle véritable de l'homme, né dans un
monde absurde, était de vivre, d'avoir conscience de sa

vie, de sa révolte, de sa liberté. » Et Camus lui-même a expliqué comment il avait conçu l'ensemble de son œuvre : « Je voulais d'abord exprimer la négation. Sous trois formes. Romanesque : ce fut *L'étranger*. Dramatique : *Caligula, Le malentendu*. Idéologique : *Le mythe de Sisyphe*. Je prévoyais le positif sous trois formes encore. Romanesque : *La peste*. Dramatique : *L'état de siège* et *Les justes*. Idéologique : *L'homme révolté*. J'entrevoyais déjà une troisième couche autour du thème de l'amour. »

La peste, ainsi, commencé en 1941, à Oran, ville qui servira de décor au roman, symbolise le mal, un peu comme *Moby Dick* dont le mythe bouleverse Camus. Contre la peste, des hommes vont adopter diverses attitudes et montrer que l'homme n'est pas entièrement impuissant en face du sort qui lui est fait. Ce roman de la séparation, du malheur et de l'espérance, rappelant de façon symbolique aux hommes de ce temps ce qu'ils venaient de vivre, connut un immense succès.

L'homme révolté, en 1951, ne dit pas autre chose. « J'ai voulu dire la vérité sans cesser d'être généreux », écrit Camus, qui dit aussi de cet essai qui lui valut beaucoup d'inimitiés et le brouilla notamment avec les surréalistes et avec Sartre : « Le jour où le crime se pare des dépouilles de l'innocence, par un curieux renversement qui est propre à notre temps, c'est l'innocence qui est sommée de fournir ses justifications. L'ambition de cet essai serait d'accepter et d'examiner cet étrange défi. »

Cinq ans plus tard, *La chute* semble le fruit amer du temps des désillusions, de la retraite, de la solitude. *La chute* ne fait plus le procès du monde absurde où les hommes meurent et ne sont pas heureux. Cette fois, c'est la nature humaine qui est coupable. « Où commence la confession, où l'accusation ? », écrit Camus lui-même de ce récit unique dans son œuvre. « Une seule vérité en tout cas, dans ce jeu de glaces étudié : la douleur et ce qu'elle promet. »

Un an plus tard, en 1957, le prix Nobel est décerné à Camus, pour ses livres et aussi, sans doute, pour ce combat qu'il n'a jamais cessé de mener contre tout ce qui veut écraser l'homme. On attendait un nouveau développement de son œuvre quand, le 4 janvier 1960, il a trouvé la mort dans un accident de voiture.

A Jean Grenier

*Et ouvertement je vouai mon
cœur à la terre grave et souffrante,
et souvent, dans la nuit sacrée, je
lui promis de l'aimer fidèlement
jusqu'à la mort, sans peur, avec
son lourd fardeau de fatalité, et de
ne mépriser aucune de ses énigmes. Ainsi, je me liai à elle d'un
lien mortel.*

Hölderlin
La Mort d'Empédocle.

Introduction

Il y a des crimes de passion et des crimes de logique. Le Code pénal les distingue, assez commodément, par la préméditation. Nous sommes au temps de la préméditation et du crime parfait. Nos criminels ne sont plus ces enfants désarmés qui invoquaient l'excuse de l'amour. Il sont adultes, au contraire, et leur alibi est irréfutable : c'est la philosophie qui peut servir à tout, même à changer les meurtriers en juges.

Heathcliff, dans *Les Hauts de Hurlevent,* tuerait la terre entière pour posséder Cathie, mais il n'aurait pas l'idée de dire que ce meurtre est raisonnable ou justifié par un système. Il l'accomplirait, là s'arrête toute sa croyance. Cela suppose la force de l'amour, et le caractère. La force d'amour étant rare, le meurtre reste exceptionnel et garde alors son air d'effraction. Mais à partir du moment où, faute de caractère, on court se donner une doctrine, dès l'instant où le crime se raisonne, il prolifère comme la raison elle-même, il prend toutes les figures du syllogisme. Il était solitaire comme le cri, le voilà universel comme la science. Hier jugé, il fait la loi aujourd'hui.

On ne s'en indignera pas ici. Le propos de cet essai est une fois de plus d'accepter la réalité du moment, qui est le crime logique, et d'en examiner précisément les justifications : ceci est un effort pour comprendre mon temps. On estimera peut-être qu'une époque qui, en cinquante ans, déracine, asservit ou tue soixante-dix millions d'êtres humains doit seulement, et d'abord, être jugée. Encore faut-il que sa culpabilité soit comprise. Aux temps naïfs où le tyran rasait des villes pour sa plus grande gloire, où l'esclave enchaîné au char du vainqueur défilait dans les villes en fête, où l'ennemi était jeté aux bêtes devant le peuple assemblé, devant des crimes si candides, la conscience pouvait être ferme, et le jugement clair. Mais les camps d'esclaves sous la bannière de la liberté, les massacres justifiés par l'amour de l'homme ou le goût de la surhumanité, désemparent, en un sens, le jugement. Le jour où le crime se pare des dépouilles de l'innocence, par un curieux renversement qui est propre à notre temps, c'est l'innocence qui est sommée de fournir ses justifications. L'ambition de cet essai serait d'accepter et d'examiner cet étrange défi.

Il s'agit de savoir si l'innocence, à partir du moment où elle agit, ne peut s'empêcher de tuer. Nous ne pouvons agir que dans le moment qui est le nôtre, parmi les hommes qui nous entourent. Nous ne saurons rien tant que nous ne saurons pas si nous avons le droit de tuer cet autre devant nous ou de consentir qu'il soit tué. Puisque toute action aujourd'hui débouche sur le meurtre, direct ou indirect, nous ne pouvons pas agir avant de savoir si, et pourquoi, nous devons donner la mort.

L'important n'est donc pas encore de remonter à la racine des choses, mais, le monde étant ce qu'il est, de savoir comment s'y conduire. Au temps de la négation, il pouvait être utile de s'interroger sur le problème du suicide. Au temps des idéologies, il faut se mettre en règle avec le meurtre. Si le meurtre a ses raisons, notre époque et nous-même sommes dans la conséquence. S'il ne les a pas, nous sommes dans la folie et il n'y a pas d'autre issue que de retrouver une conséquence ou de se détourner. Il nous revient, en tout cas, de répondre clairement à la question qui nous est posée, dans le sang et les clameurs du siècle. Car nous sommes à la question. Il y a trente ans, avant de se décider à tuer, on avait beaucoup nié, au point de se nier par le suicide. Dieu triche, tout le monde avec lui, et moi-même, donc je meurs : le suicide était la question. L'idéologie, aujourd'hui, ne nie plus que les autres, seuls tricheurs. C'est alors qu'on tue. A chaque aube, des assassins chamarrés se glissent dans une cellule : le meurtre est la question.

Les deux raisonnements se tiennent. Ils nous tiennent plutôt, et de façon si serrée que nous ne pouvons plus choisir nos problèmes. Ils nous choisissent, l'un après l'autre. Acceptons d'être choisis. Cet essai se propose de poursuivre, devant le meurtre et la révolte, une réflexion commencée autour du suicide et de la notion d'absurde.

Mais cette réflexion, pour le moment, ne nous fournit qu'une seule notion, celle de l'absurde. A son tour, celle-ci ne nous apporte rien qu'une contradiction en ce qui concerne le meurtre. Le sentiment de l'absurde, quand on prétend d'abord en tirer une règle d'action, rend le meurtre au moins indifférent et, par conséquent, possible. Si l'on ne croit à rien, si rien n'a de sens et si nous ne pouvons affirmer aucune valeur, tout est possible et rien n'a d'importance. Point de pour ni de contre, l'assassin n'a ni tort ni raison. On peut tisonner les crématoires comme on peut aussi se dévouer à soigner les lépreux. Malice et vertu sont hasard ou caprice.

On décidera alors de ne pas agir, ce qui revient au moins à accepter le meurtre d'autrui, sauf à déplorer

harmonieusement l'imperfection des hommes. On imaginera encore de remplacer l'action par le dilettantisme
tragique et, dans ce cas, la vie humaine n'est qu'un enjeu.
On peut enfin se proposer d'entreprendre une action qui
ne soit pas gratuite. Dans ce dernier cas, faute de valeur
supérieure qui oriente l'action, on se dirigera dans le sens
de l'efficacité immédiate. Rien n'étant vrai ni faux, bon
ou mauvais, la règle sera de se montrer le plus efficace,
c'est-à-dire le plus fort. Le monde alors ne sera plus
partagé en justes et en injustes, mais en maîtres et en
esclaves. Ainsi, de quelque côté qu'on se tourne, au cœur
de la négation et du nihilisme, le meurtre a sa place
privilégiée.

Si donc nous prétendons nous installer dans l'attitude
absurde, nous devons nous préparer à tuer, donnant ainsi
le pas à la logique sur des scrupules que nous estimerons
illusoires. Bien entendu, il y faudrait quelques disposi-
tions. Mais, en somme, moins qu'on ne croit, si l'on en
juge par l'expérience. Du reste, il est toujours possible,
comme cela se voit ordinairement, de faire tuer. Tout
serait donc réglé au nom de la logique si la logique y
trouvait vraiment son compte.

Mais la logique ne peut trouver son compte dans une
attitude qui lui fait apercevoir tour à tour que le meurtre
est possible et impossible. Car, après avoir rendu au
moins indifférent l'acte de tuer, l'analyse absurde, dans la
plus importante de ses conséquences, finit par le condamner. La conclusion dernière du raisonnement absurde est,
en effet, le rejet du suicide et le maintien de cette
confrontation désespérée entre l'interrogation humaine et
le silence du monde[1]. Le suicide signifierait la fin de cette
confrontation et le raisonnement absurde considère qu'il
ne pourrait y souscrire qu'en niant ses propres prémisses.

1. Voir *Le Mythe de Sisyphe*. N.R.F.

Une telle conclusion, selon lui, serait fuite ou délivrance. Mais il est clair que, du même coup, ce raisonnement admet la vie comme le seul bien nécessaire puisqu'elle permet précisément cette confrontation et que, sans elle, le pari absurde n'aurait pas de support. Pour dire que la vie est absurde, la conscience a besoin d'être vivante. Comment, sans une concession remarquable au goût du confort, conserver pour soi le bénéfice exclusif d'un tel raisonnement? Dès l'instant où ce bien est reconnu comme tel, il est celui de tous les hommes. On ne peut donner une cohérence au meurtre si on la refuse au suicide. Un esprit pénétré de l'idée d'absurde admet sans doute le meurtre de fatalité; il ne saurait accepter le meurtre de raisonnement. Vis-à-vis de la confrontation, meurtre et suicide sont une même chose, qu'il faut prendre ou rejeter ensemble.

Aussi bien, le nihilisme absolu, celui qui accepte de légitimer le suicide, court plus facilement encore au meurtre logique. Si notre temps admet aisément que le meurtre ait ses justifications, c'est à cause de cette indifférence à la vie qui est la marque du nihilisme. Il y a eu sans doute des époques où la passion de vivre était si forte qu'elle éclatait, elle aussi, en excès criminels. Mais ces excès étaient comme la brûlure d'une jouissance terrible. Ils n'étaient pas cet ordre monotone, instauré par une logique besogneuse aux yeux de laquelle tout s'égalise. Cette logique a poussé les valeurs de suicide dont notre temps s'est nourri jusqu'à leur conséquence extrême qui est le meurtre légitimé. Du même coup, elle culmine dans le suicide collectif. La démonstration la plus éclatante a été fournie par l'apocalypse hitlérienne de 1945. Se détruire n'était rien pour les fous qui se préparaient dans des terriers une mort d'apothéose. L'essentiel était de ne pas se détruire seul et d'entraîner tout un monde avec soi. D'une certaine manière, l'homme qui se tue dans la solitude préserve encore une valeur puisque, apparemment, il ne se reconnaît pas de droits sur la vie des autres. La preuve en est qu'il n'utilise jamais, pour dominer autrui, la terrible force et la liberté que lui donne sa décision de mourir; tout suicide solitaire, lorsqu'il n'est pas de ressentiment, est, en quelque endroit, généreux ou méprisant. Mais on méprise au nom de quelque chose. Si le monde est indifférent au suicidé, c'est que celui-ci a une idée de ce qui ne lui est pas ou pourrait ne pas lui être indifférent. On croit tout détruire et tout emporter avec soi, mais de cette mort même renaît une valeur qui, peut-être, aurait mérité qu'on vécût. La négation absolue n'est donc pas épuisée par le suicide. Elle ne peut l'être que par la destruction absolue, de soi et des autres. On ne peut la vivre, au moins, qu'en tendant vers cette délectable limite. Suicide et meurtre sont ici deux faces d'un même ordre, celui d'une intelligence malheureuse qui préfère à la souffrance d'une condition limitée la noire exaltation où terre et ciel s'anéantissent.

De la même manière, si l'on refuse ses raisons au suicide, il n'est pas possible d'en donner au meurtre. On n'est pas nihiliste à demi. Le raisonnement absurde ne peut à la fois préserver la vie de celui qui parle et accepter le sacrifice des autres. A partir du moment où l'on reconnaît l'impossibilité de la négation absolue, et c'est la reconnaître que de vivre en quelque manière, la première chose qui ne se puisse nier, c'est la vie d'autrui. Ainsi, la même notion qui nous laissait croire que le meurtre était indifférent lui ôte ensuite ses justifications; nous retournons dans la condition illégitime dont nous avons essayé de sortir. Pratiquement, un tel raisonnement nous assure en même temps qu'on peut et qu'on ne peut pas tuer. Il nous abandonne dans la contradiction, sans rien qui puisse empêcher le meurtre ou le légitimer,

menaçants et menacés, entraînés par toute une époque
enfiévrée de nihilisme, et dans la solitude cependant, les
armes à la main et la gorge serrée.

*

Mais cette contradiction essentielle ne peut manquer
de se présenter avec une foule d'autres à partir du
moment où l'on prétend se maintenir dans l'absurde,
négligeant son vrai caractère qui est d'être un passage
vécu, un point de départ, l'équivalent, en existence, du
doute méthodique de Descartes. L'absurde en lui-même
est contradiction.

Il l'est dans son contenu puisqu'il exclut les jugements
de valeur en voulant maintenir la vie, alors que vivre est
en soi un jugement de valeur. Respirer, c'est juger. Il est
sûrement faux de dire que la vie est un choix perpétuel.
Mais il est vrai que l'on ne peut imaginer une vie privée
de tout choix. De ce simple point de vue, la position
absurde, en acte, est inimaginable. Elle est inimaginable
aussi dans son expression. Toute philosophie de la
non-signification vit sur une contradiction du fait même
qu'elle s'exprime. Elle donne par là un minimum de
cohérence à l'incohérence, elle introduit de la conséquence dans ce qui, à l'en croire, n'a pas de suite. Parler
répare. La seule attitude cohérente fondée sur la non-
signification serait le silence, si le silence à son tour ne
signifiait. L'absurdité parfaite essaie d'être muette. Si elle
parle, c'est qu'elle se complaît ou, comme nous le
verrons, qu'elle s'estime provisoire. Cette complaisance,
cette considération de soi, marque bien l'équivoque profonde de la position absurde. D'une certaine manière,
l'absurde qui prétend exprimer l'homme dans sa solitude
le fait vivre devant un miroir. Le déchirement initial

risque alors de devenir confortable. La plaie qu'on gratte
avec tant de sollicitude finit par donner du plaisir.

Les grands aventuriers de l'absurde ne nous ont pas
manqué. Mais, finalement, leur grandeur se mesure à ce
qu'ils ont refusé les complaisances de l'absurde pour n'en
garder que les exigences. Ils détruisent pour le plus, non
pour le moins. « Ceux-là sont mes ennemis, dit Nietzsche, qui veulent renverser, et non pas se créer eux-
mêmes. » Lui renverse, mais pour tenter de créer. Et il
exalte la probité, fustigeant les jouisseurs « au groin de
porc ». Pour fuir la complaisance le raisonnement
absurde trouve alors le renoncement. Il refuse la dispersion et débouche dans un dénuement arbitraire, un parti
pris de silence, l'étrange ascèse de la révolte. Rimbaud,
qui chante « le joli crime piaulant dans la boue de la
rue », court à Harrar pour se plaindre seulement d'y vivre
sans famille. La vie était pour lui « une farce à mener par
tous ». Mais, à l'heure de la mort, le voilà qui crie vers sa
sœur : « J'irai sous la terre et, toi, tu marcheras dans le
soleil ! »

                              *

L'absurde, considéré comme règle de vie, est donc
contradictoire. Quoi d'étonnant à ce qu'il ne nous four-
nisse pas les valeurs qui décideraient pour nous de la
légitimité du meurtre ? Il n'est pas possible, d'ailleurs, de
fonder une attitude sur une émotion privilégiée. Le
sentiment de l'absurde est un sentiment parmi d'autres.
Qu'il ait donné sa couleur à tant de pensées et d'actions
entre les deux guerres prouve seulement sa puissance et
sa légitimité. Mais l'intensité d'un sentiment n'entraîne
pas qu'il soit universel. L'erreur de toute une époque a
été d'énoncer, ou de supposer énoncées, des règles géné-
rales d'action à partir d'une émotion désespérée, dont le

mouvement propre, en tant qu'émotion, était de se dépasser. Les grandes souffrances, comme les grands bonheurs, peuvent être au début d'un raisonnement. Ce sont des intercesseurs. Mais on ne saurait les retrouver et les maintenir tout au long de ces raisonnements. Si donc il était légitime de tenir compte de la sensibilité absurde, de faire le diagnostic d'un mal tel qu'on le trouve en soi et chez les autres, il est impossible de voir dans cette sensibilité, et dans le nihilisme qu'elle suppose, rien d'autre qu'un point de départ, une critique vécue, l'équivalent, sur le plan de l'existence, du doute systématique. Après quoi, il faut briser les jeux fixes du miroir et entrer dans le mouvement irrésistible par lequel l'absurde se dépasse lui-même.

Le miroir brisé, il ne reste rien qui puisse nous servir pour répondre aux questions du siècle. L'absurde, comme le doute méthodique, a fait table rase. Il nous laisse dans l'impasse. Mais, comme le doute, il peut, en revenant sur lui, orienter une nouvelle recherche. Le raisonnement se poursuit alors de la même façon. Je crie que je ne crois à rien et que tout est absurde, mais je ne puis douter de mon cri et il me faut au moins croire à ma protestation. La première et la seule évidence qui me soit ainsi donnée, à l'intérieur de l'expérience absurde, est la révolte. Privé de toute science, pressé de tuer ou de consentir qu'on tue, je ne dispose que de cette évidence qui se renforce encore du déchirement où je me trouve. La révolte naît du spectacle de la déraison, devant une condition injuste et incompréhensible. Mais son élan aveugle revendique l'ordre au milieu du chaos et l'unité au cœur même de ce qui fuit et disparaît. Elle crie, elle exige, elle veut que le scandale cesse et que se fixe enfin ce qui jusqu'ici s'écrivait sans trêve sur la mer. Son souci est de transformer. Mais transformer, c'est agir, et agir, demain, sera tuer alors qu'elle ne sait pas si le meurtre est légitime.

Elle engendre justement les actions qu'on lui demande de légitimer. Il faut donc bien que la révolte tire ses raisons d'elle-même, puisqu'elle ne peut les tirer de rien d'autre. Il faut qu'elle consente à s'examiner pour apprendre à se conduire.

Deux siècles de révolte, métaphysique ou historique, s'offrent justement à notre réflexion. Un historien, seul, pourrait prétendre à exposer en détail les doctrines et les mouvements qui s'y succèdent. Du moins, il doit être possible d'y chercher un fil conducteur. Les pages qui suivent proposent seulement quelques repères historiques et une hypothèse n'est pas la seule possible; elle est loin, d'ailleurs, de tout éclairer. Mais elle explique, en partie, la direction et, presque entièrement, la démesure de notre temps. L'histoire prodigieuse qui est évoquée ici est l'histoire de l'orgueil européen.

La révolte, en tout cas, ne pouvait nous fournir ses raisons qu'au terme d'une enquête sur ses attitudes, ses prétentions et ses conquêtes. Dans ses œuvres se trouvent peut-être la règle d'action que l'absurde n'a pu nous donner, une indication au moins sur le droit ou le devoir de tuer, l'espoir enfin d'une création. L'homme est la seule créature qui refuse d'être ce qu'elle est. La question est de savoir si ce refus ne peut l'amener qu'à la destruction des autres et de lui-même, si toute révolte doit s'achever en justification du meurtre universel, ou si, au contraire, sans prétention à une impossible innocence, elle peut découvrir le principe d'une culpabilité raisonnable.

I

L'homme révolté

Qu'est-ce qu'un homme révolté? Un homme qui dit non. Mais s'il refuse, il ne renonce pas : c'est aussi un homme qui dit oui, dès son premier mouvement. Un esclave, qui a reçu des ordres toute sa vie, juge soudain inacceptable un nouveau commandement. Quel est le contenu de ce « non »?

Il signifie, par exemple, « les choses ont trop duré », « jusque-là oui, au-delà non », « vous allez trop loin », et encore, « il y a une limite que vous ne dépasserez pas ». En somme, ce non affirme l'existence d'une frontière. On retrouve la même idée de limite dans ce sentiment du révolté que l'autre « exagère », qu'il étend son droit au-delà d'une frontière à partir de laquelle un autre droit lui fait face et le limite. Ainsi, le mouvement de révolte s'appuie, en même temps, sur le refus catégorique d'une intrusion jugée intolérable et sur la certitude confuse d'un bon droit, plus exactement l'impression, chez le révolté, qu'il est « en droit de... ». La révolte ne va pas sans le sentiment d'avoir soi-même, en quelque façon, et quelque part, raison. C'est en cela que l'esclave révolté dit à la fois oui et non. Il affirme, en même temps que la frontière, tout ce qu'il soupçonne et veut préserver en deçà de la frontière. Il démontre, avec entêtement, qu'il y a en lui quelque chose qui « vaut la peine de... », qui demande qu'on y prenne garde. D'une certaine manière, il oppose à l'ordre qui l'opprime une sorte de droit à ne pas être opprimé au-delà de ce qu'il peut admettre.

En même temps que la répulsion à l'égard de l'intrus, il y a dans toute révolte une adhésion entière et instantanée de l'homme à une certaine part de lui-même. Il fait donc intervenir implicitement un jugement de valeur, et si peu gratuit, qu'il le maintient au milieu des périls. Jusque-là, il se taisait au moins, abandonné à ce désespoir où une condition, même si on la juge injuste, est acceptée. Se taire, c'est laisser croire qu'on ne juge et ne désire rien, et, dans certains cas, c'est ne désirer rien en effet. Le désespoir, comme l'absurde, juge et désire tout, en général, et rien, en particulier. Le silence le traduit bien. Mais à partir du moment où il parle, même en disant non, il désire et juge. Le révolté, au sens étymologique, fait volte-face. Il marchait sous le fouet du maître. Le voilà qui fait face. Il oppose ce qui est préférable à ce qui ne l'est pas. Toute valeur n'entraîne pas la révolte, mais tout mouvement de révolte invoque tacitement une valeur. S'agit-il au moins d'une valeur ?

Si confusément que ce soit, une prise de conscience naît du mouvement de révolte : la perception, soudain éclatante, qu'il y a dans l'homme quelque chose à quoi l'homme peut s'identifier, fût-ce pour un temps. Cette identification jusqu'ici n'était pas sentie réellement. Toutes les exactions antérieures au mouvement d'insurrection, l'esclave les souffrait. Souvent même, il avait reçu sans réagir des ordres plus révoltants que celui qui déclenche son refus. Il y apportait de la patience, les rejetant peut-être en lui-même, mais, puisqu'il se taisait, plus soucieux de son intérêt immédiat que conscient encore de son droit. Avec la perte de la patience, avec l'impatience, commence au contraire un mouvement qui peut s'étendre à tout ce qui, auparavant, était accepté. Cet élan est presque toujours rétroactif. L'esclave, à l'instant où il rejette l'ordre humiliant de son supérieur, rejette en même temps l'état d'esclave lui-même. Le mouvement de révolte le porte plus loin qu'il n'était dans le simple refus. Il dépasse même la limite qu'il fixait à son adversaire, demandant maintenant à être traité en égal. Ce qui était d'abord une résistance irréductible de l'homme devient l'homme tout entier qui s'identifie à elle et s'y résume. Cette part de lui-même qu'il voulait faire respecter, il la met alors au-dessus du reste et la proclame préférable à tout, même à la vie. Elle devient pour lui le bien suprême. Installé auparavant dans un compromis, l'esclave se jette d'un coup (« puisque c'est ainsi... ») dans le Tout ou Rien. La conscience vient au jour avec la révolte.

Mais on voit qu'elle est conscience, en même temps, d'un tout, encore assez obscur, et d'un « rien » qui annonce la possibilité de sacrifice de l'homme à ce tout. Le révolté veut être tout, s'identifier totalement à ce bien dont il a soudain pris conscience et dont il veut qu'il soit, dans sa personne, reconnu et salué – ou rien, c'est-à-dire se trouver définitivement déchu par la force qui le domine. A la limite, il accepte la déchéance dernière qui est la mort, s'il doit être privé de cette consécration exclusive qu'il appellera, par exemple, sa liberté. Plutôt mourir debout que de vivre à genoux.

La valeur, selon les bons auteurs, « représente le plus souvent un passage du fait au droit, du désiré au désirable (en général par l'intermédiaire du communément désiré)[1] ». Le passage au droit est manifeste, nous l'avons vu, dans la révolte. De même le passage du « il faudrait que cela fût », au « je veux que cela soit ». Mais plus encore,

---

1. Lalande. *Vocabulaire philosophique.*

peut-être, cette notion du dépassement de l'individu dans un bien désormais commun. Le surgissement du Tout ou Rien montre que la révolte, contrairement à l'opinion courante, et bien qu'elle naisse dans ce que l'homme a de plus strictement individuel, met en cause la notion même d'individu. Si l'individu, en effet, accepte de mourir, et meurt à l'occasion, dans le mouvement de sa révolte, il montre par là qu'il se sacrifie au bénéfice d'un bien dont il estime qu'il déborde sa propre destinée. S'il préfère la chance de la mort à la négation de ce droit qu'il défend, c'est qu'il place ce dernier au-dessus de lui-même. Il agit donc au nom d'une valeur, encore confuse, mais dont il a le sentiment, au moins, qu'elle lui est commune avec tous les hommes. On voit que l'affirmation impliquée dans tout acte de révolte s'étend à quelque chose qui déborde l'individu dans la mesure où elle le tire de sa solitude supposée et le fournit d'une raison d'agir. Mais il importe de remarquer déjà que cette valeur qui préexiste à toute action contredit les philosophies purement historiques, dans lesquelles la valeur est conquise (si elle se conquiert) au bout de l'action. L'analyse de la révolte conduit au moins au soupçon qu'il y a une nature humaine, comme le pensaient les Grecs, et contrairement aux postulats de la pensée contemporaine. Pourquoi se révolter s'il n'y a, en soi, rien de permanent à préserver? C'est pour toutes les existences en même temps que l'esclave se dresse, lorsqu'il juge que, par tel ordre, quelque chose en lui est nié qui ne lui appartient pas seulement, mais qui est un lieu commun où tous les hommes, même celui qui l'insulte et l'opprime, ont une communauté prête[1].

Deux observations appuieront ce raisonnement. On notera d'abord que le mouvement de révolte n'est pas,

---

1. La communauté des victimes est la même que celle qui unit la victime au bourreau. Mais le bourreau ne le sait pas.

dans son essence, un mouvement égoïste. Il peut avoir sans doute des déterminations égoïstes. Mais on se révoltera aussi bien contre le mensonge que contre l'oppression. En outre, à partir de ces déterminations, et dans son élan le plus profond, le révolté ne préserve rien puisqu'il met tout en jeu. Il exige sans doute pour lui-même le respect, mais dans la mesure où il s'identifie avec une communauté naturelle.

Remarquons ensuite que la révolte ne naît pas seulement, et forcément, chez l'opprimé, mais qu'elle peut naître aussi au spectacle de l'oppression dont un autre est victime. Il y a donc, dans ce cas, identification à l'autre individu. Et il faut préciser qu'il ne s'agit pas d'une identification psychologique, subterfuge par lequel l'individu sentirait en imagination que c'est à lui que l'offense s'adresse. Il peut arriver au contraire qu'on ne supporte pas de voir infliger à d'autres des offenses que nous-mêmes avons subies sans révolte. Les suicides de protestation, au bagne, parmi les terroristes russes dont on fouettait les camarades, illustrent ce grand mouvement. Il ne s'agit pas non plus du sentiment de la communauté des intérêts. Nous pouvons trouver révoltante, en effet, l'injustice imposée à des hommes que nous considérons comme des adversaires. Il y a seulement identification de destinées et prise de parti. L'individu n'est donc pas, à lui seul, cette valeur qu'il veut défendre. Il faut, au moins, tous les hommes pour la composer. Dans la révolte, l'homme se dépasse en autrui et, de ce point de vue, la solidarité humaine est métaphysique. Simplement, il ne s'agit pour le moment que de cette sorte de solidarité qui naît dans les chaînes.

On peut encore préciser l'aspect positif de la valeur présumée par toute révolte en la comparant à une notion toute négative comme celle du ressentiment, telle que l'a définie Scheler[1]. En effet, le mouvement de révolte est plus qu'un acte de revendication, au sens fort du mot. Le ressentiment est très bien défini par Scheler comme une auto-intoxication, la sécrétion néfaste, en vase clos, d'une impuissance prolongée. La révolte au contraire fracture l'être et l'aide à déborder. Elle libère des flots qui, stagnants, deviennent furieux. Scheler lui-même met l'accent sur l'aspect passif du ressentiment, en remarquant la grande place qu'il tient dans la psychologie des femmes, vouées au désir et à la possession. A la source de la révolte, il y a au contraire un principe d'activité surabondante et d'énergie. Scheler a raison aussi de dire que l'envie colore fortement le ressentiment. Mais on envie ce qu'on n'a pas, tandis que le révolté défend ce qu'il est. Il ne réclame pas seulement un bien qu'il ne possède pas ou dont on l'aurait frustré. Il vise à faire reconnaître quelque chose qu'il a, et qui a déjà été reconnu par lui, dans presque tous les cas, comme plus important que ce qu'il pourrait envier. La révolte n'est pas réaliste. Toujours selon Scheler, le ressentiment, selon qu'il croît dans une âme forte ou faible, devient arrivisme ou aigreur. Mais, dans les deux cas, on veut être autre qu'on est. Le ressentiment est toujours ressentiment contre soi. Le révolté, au contraire, dans son premier mouvement, refuse qu'on touche à ce qu'il est. Il lutte pour l'intégrité d'une partie de son être. Il ne cherche pas d'abord à conquérir, mais à imposer.

Il semble enfin que le ressentiment se délecte d'avance d'une douleur qu'il voudrait voir ressentie par l'objet de sa rancune. Nietzsche et Scheler ont raison de voir une belle illustration de cette sensibilité dans le passage où Tertullien informe ses lecteurs qu'au ciel la plus grande source de félicité, parmi les bienheureux, sera le spectacle

---

1. *L'Homme du ressentiment.* N.R.F.

des empereurs romains consumés en enfer. Cette félicité est aussi celle des honnêtes gens qui allaient assister aux exécutions capitales. La révolte, au contraire, dans son principe, se borne à refuser l'humiliation, sans la demander pour l'autre. Elle accepte même la douleur pour elle-même, pourvu que son intégrité soit respectée.

On ne comprend donc pas pourquoi Scheler identifie absolument l'esprit de révolte au ressentiment. Sa critique du ressentiment dans l'humanitarisme (dont il traite comme de la forme non chrétienne de l'amour des hommes) s'appliquerait peut-être à certaines formes vagues d'idéalisme humanitaire, ou aux techniques de la terreur. Mais elle tombe à faux en ce qui concerne la révolte de l'homme contre sa condition, le mouvement qui dresse l'individu pour la défense d'une dignité commune à tous les hommes. Scheler veut démontrer que l'humanitarisme s'accompagne de la haine du monde. On aime l'humanité en général pour ne pas avoir à aimer les êtres en particulier. Cela est juste, dans quelques cas, et on comprend mieux Scheler lorsqu'on voit que l'humanitarisme est représenté pour lui par Bentham et Rousseau. Mais la passion de l'homme pour l'homme peut naître d'autre chose que du calcul arithmétique des intérêts, ou d'une confiance, d'ailleurs théorique, dans la nature humaine. En face des utilitaristes et du précepteur d'Emile, il y a, par exemple, cette logique, incarnée par Dostoïevski dans Ivan Karamazov, qui va du mouvement de révolte à l'insurrection métaphysique. Scheler, qui le sait, résume ainsi cette conception : « Il n'y a pas au monde assez d'amour pour qu'on le gaspille sur un autre que sur l'être humain. » Même si cette proposition était vraie, le désespoir vertigineux qu'elle suppose mériterait autre chose que le dédain. En fait, elle méconnaît le caractère déchiré de la révolte de Karamazov. Le drame d'Ivan, au contraire, naît de ce qu'il y a trop d'amour

sans objet. Cet amour devenu sans emploi, Dieu étant
nié, on décide alors de le reporter sur l'être humain au
nom d'une généreuse complicité.

Au demeurant, dans le mouvement de révolte tel que
nous l'avons envisagé jusqu'ici, on n'élit pas un idéal
abstrait, par pauvreté de cœur, et dans un but de revendication stérile. On exige que soit considéré ce qui, dans
l'homme, ne peut se réduire à l'idée, cette part chaleu-
reuse qui ne peut servir à rien d'autre qu'à être. Est-ce à
dire qu'aucune révolte ne soit chargée de ressentiment?
Non, et nous le savons assez au siècle des rancunes. Mais
nous devons prendre cette notion dans sa compréhension
la plus large sous peine de la trahir et, à cet égard, la
révolte déborde le ressentiment de tous côtés. Lorsque,
dans *Les Hauts de Hurlevent,* Heathcliff préfère son
amour à Dieu et demande l'enfer pour être réuni à celle
qu'il aime, ce n'est pas seulement sa jeunesse humiliée
qui parle, mais l'expérience brûlante de toute une vie. Le
même mouvement fait dire à Maître Eckhart, dans un
accès surprenant d'hérésie, qu'il préfère l'enfer avec Jésus
que le ciel sans lui. C'est le mouvement même de
l'amour. Contre Scheler, on ne saurait donc trop insister
sur l'affirmation passionnée qui court dans le mouvement
de révolte et qui le distingue du ressentiment. Apparemment négative, puisqu'elle ne crée rien, la révolte est
profondément positive puisqu'elle révèle ce qui, en
l'homme, est toujours à défendre.

Mais, pour finir, cette révolte et la valeur qu'elle
véhicule ne sont-elles point relatives? Avec les époques et
les civilisations, en effet, les raisons pour lesquelles on se
révolte semblent changer. Il est évident qu'un paria
hindou, un guerrier de l'empire Inca, un primitif de
l'Afrique centrale ou un membre des premières communautés chrétiennes n'avaient pas la même idée de la

révolte. On pourrait même établir, avec une probabilité extrêmement grande, que la notion de révolte n'a pas de sens dans ces cas précis. Cependant un esclave grec, un serf, un condottiere de la Renaissance, un bourgeois parisien de la Régence, un intellectuel russe des années 1900 et un ouvrier contemporain, s'ils pouvaient différer sur les raisons de la révolte, s'accorderaient sans aucun doute sur sa légitimité. Autrement dit, le problème de la révolte semble ne prendre de sens précis qu'à l'intérieur de la pensée occidentale. On pourrait être plus explicite encore en remarquant, avec Scheler, que l'esprit de révolte s'exprime difficilement dans les sociétés où les inégalités sont très grandes (régime des castes hindoues) ou, au contraire, dans celles où l'égalité est absolue (certaines sociétés primitives). En société, l'esprit de révolte n'est possible que dans les groupes où une égalité théorique recouvre de grandes inégalités de fait. Le problème de la révolte n'a donc de sens qu'à l'intérieur de notre société occidentale. On pourrait être tenté alors d'affirmer qu'il est relatif au développement de l'individualisme si les remarques précédentes ne nous avaient mis en garde contre cette conclusion.

Sur le plan de l'évidence, tout ce qu'on peut tirer de la remarque de Scheler, en effet, c'est que, par la théorie de la liberté politique, il y a, au sein de nos sociétés, accroissement dans l'homme de la notion d'homme et, par la pratique de cette même liberté, insatisfaction correspondante. La liberté de fait ne s'est pas accrue proportionnellement à la conscience que l'homme en a prise. De cette observation, on ne peut déduire que ceci : la révolte est le fait de l'homme informé, qui possède la conscience de ses droits. Mais rien ne nous permet de dire qu'il s'agit seulement des droits de l'individu. Au contraire, il semble bien, par la solidarité déjà signalée, qu'il s'agisse d'une conscience de plus en plus élargie que l'espèce humaine prend d'elle-même au long de son aventure. En fait, le sujet inca ou le paria ne se posent pas le problème de la révolte, parce qu'il a été résolu pour eux dans une tradition, et avant qu'ils aient pu se le poser, la réponse étant le sacré. Si, dans le monde sacré, on ne trouve pas le problème de la révolte, c'est qu'en vérité on n'y trouve aucune problématique réelle, toutes les réponses étant données en une fois. La métaphysique est remplacée par le mythe. Il n'y a plus d'interrogations, il n'y a que des réponses et des commentaires éternels, qui peuvent alors être métaphysiques. Mais avant que l'homme entre dans le sacré, et pour qu'il y entre aussi bien, ou dès qu'il en sort, et pour qu'il en sorte aussi bien, il est interrogation et révolte. L'homme révolté est l'homme situé avant ou après le sacré, et appliqué à revendiquer un ordre humain où toutes les réponses soient humaines, c'est-à-dire raisonnablement formulées. Dès ce moment, toute interrogation, toute parole, est révolte, alors que, dans le monde du sacré, toute parole est action de grâces. Il serait possible de montrer ainsi qu'il ne peut y avoir pour un esprit humain que deux univers possibles, celui du sacré (ou, pour parler le langage chrétien, de la grâce[1]), et celui de la révolte. La disparition de l'un équivaut à l'apparition de l'autre, quoique cette apparition puisse se faire sous des formes déconcertantes. Là encore, nous retrouvons le *Tout ou Rien*. L'actualité du problème de la révolte tient seulement au fait que des sociétés entières ont voulu prendre aujourd'hui leur distance par rapport au sacré. Nous visons dans une histoire désacralisée. L'homme, certes, ne

---

1. Bien entendu, il y a une révolte métaphysique au début du christianisme, mais la résurrection du Christ, l'annonce de la parousie et le royaume de Dieu interprété comme une promesse de vie éternelle sont les réponses qui la rendent inutile.

se résume pas à l'insurrection. Mais l'histoire d'aujourd'hui, par ses contestations, nous force à dire que la révolte est l'une des dimensions essentielles de l'homme. Elle est notre réalité historique. A moins de fuir la réalité, il nous faut trouver en elle nos valeurs. Peut-on, loin du sacré et de ses valeurs absolues, trouver la règle d'une conduite? telle est la question posée par la révolte.

Nous avons pu déjà enregistrer la valeur confuse qui naît à cette limite où se tient la révolte. Nous avons maintenant à nous demander si cette valeur se retrouve dans les formes contemporaines de la pensée et de l'action révoltées, et, si elle s'y trouve, à préciser son contenu. Mais, remarquons-le avant de poursuivre, le fondement de cette valeur est la révolte elle-même. La solidarité des hommes se fonde sur le mouvement de révolte et celui-ci, à son tour, ne trouve de justification que dans cette complicité. Nous serons donc en droit de dire que toute révolte qui s'autorise à nier ou à détruire cette solidarité perd du même coup le nom de révolte et coïncide en réalité avec un consentement meurtrier. De même cette solidarité, hors du sacré, ne prend vie qu'au niveau de la révolte. Le vrai drame de la pensée révoltée est alors annoncé. Pour être, l'homme doit se révolter, mais sa révolte doit respecter la limite qu'elle découvre en elle-même et où les hommes, en se rejoignant, commencent d'être. La pensée révoltée ne peut donc se passer de mémoire : elle est une tension perpétuelle. En la suivant dans ses œuvres et dans ses actes, nous aurons à dire, chaque fois, si elle reste fidèle à sa noblesse première ou si, par lassitude et folie, elle l'oublie au contraire, dans une ivresse de tyrannie ou de servitude.

En attendant, voici le premier progrès que l'esprit de révolte fait faire à une réflexion d'abord pénétrée de l'absurdité et de l'apparente stérilité du monde. Dans l'expérience absurde, la souffrance est individuelle. A partir du mouvement de révolte, elle a conscience d'être collective, elle est l'aventure de tous. Le premier progrès d'un esprit saisi d'étrangeté est donc de reconnaître qu'il partage cette étrangeté avec tous les hommes et que la réalité humaine, dans sa totalité, souffre de cette distance par rapport à soi et au monde. Le mal qui éprouvait un seul homme devient peste collective. Dans l'épreuve quotidienne qui est la nôtre, la révolte joue le même rôle que le « cogito » dans l'ordre de la pensée : elle est la première évidence. Mais cette évidence tire l'individu de sa solitude. Elle est un lieu commun qui fonde sur tous les hommes la première valeur. Je me révolte, donc nous sommes.

II

La révolte métaphysique

La révolte métaphysique est le mouvement par lequel un homme se dresse contre sa condition et la création tout entière. Elle est métaphysique parce qu'elle conteste les fins de l'homme et de la création. L'esclave proteste contre la condition qui lui est faite à l'intérieur de son état; le révolté métaphysique contre la condition qui lui est faite en tant qu'homme. L'esclave rebelle affirme qu'il y a quelque chose en lui qui n'accepte pas la manière dont son maître le traite; le révolté métaphysique se déclare frustré par la création. Pour l'un et l'autre, il ne s'agit pas seulement d'une négation pure et simple. Dans les deux cas, en effet, nous trouvons un jugement de valeur au nom duquel le révolté refuse son approbation à la condition qui est la sienne.

L'esclave dressé contre son maître ne se préoccupe pas, remarquons-le, de nier ce maître en tant qu'être. Il le nie en tant que maître. Il nie qu'il ait le droit de le nier, lui, esclave, en tant qu'exigence. Le maître est déchu dans la mesure même où il ne répond pas à une exigence qu'il néglige. Si les hommes ne peuvent pas se référer à une valeur commune, reconnue par tous en chacun, alors l'homme est incompréhensible à l'homme. Le rebelle exige que cette valeur soit clairement reconnue en lui-

même parce qu'il soupçonne ou sait que, sans ce principe, le désordre et le crime régneraient sur le monde. Le
mouvement de révolte apparaît chez lui comme une
revendication de clarté et d'unité. La rébellion la plus
élémentaire exprime, paradoxalement, l'aspiration à un
ordre.

Ligne à ligne, cette description convient au révolté
métaphysique. Celui-ci se dresse sur un monde brisé pour
en réclamer l'unité. Il oppose le principe de justice qui est
en lui au principe d'injustice qu'il voit à l'œuvre dans le
monde. Il ne veut donc rien d'autre, primitivement, que
résoudre cette contradiction, instaurer le règne unitaire de
la justice, s'il le peut, ou de l'injustice, si on le pousse à
bout. En attendant, il dénonce la contradiction. Protes-
tant contre la condition dans ce qu'elle a d'inachevé, par
la mort, et de dispersé, par le mal, la révolte métaphysique est la revendication motivée d'une unité heureuse,
contre la souffrance de vivre et de mourir. Si la peine de
mort généralisée définit la condition des hommes, la
révolte, en un sens, lui est contemporaine. En même
temps qu'il refuse sa condition mortelle, le révolté refuse
de reconnaître la puissance qui le fait vivre dans cette
condition. Le révolté métaphysique n'est donc pas sûrement athée, comme on pourrait le croire, mais il est
forcément blasphémateur. Simplement, il blasphème
d'abord au nom de l'ordre, dénonçant en Dieu le père de
la mort et le suprême scandale.

Revenons à l'esclave révolté pour éclairer ce point.
Celui-ci établissait, dans sa protestation, l'existence du
maître contre lequel il se révoltait. Mais, en même temps,
il démontrait qu'il tenait dans sa dépendance le pouvoir
de ce dernier et il affirmait son propre pouvoir : celui de
remettre continuellement en question la supériorité qui le
dominait jusqu'ici. A cet égard, maître et esclave sont
vraiment dans la même histoire : la royauté temporaire

de l'un est aussi relative que la soumission de l'autre. Les deux forces s'affirment alternativement, dans l'instant de la rébellion, jusqu'au moment où elles s'affronteront pour se détruire, l'une des deux disparaissant alors, provisoirement.

De la même manière, si le révolté métaphysique se dresse contre une puissance dont, simultanément, il affirme l'existence, il ne pose cette existence qu'à l'instant même où il la conteste. Il entraîne alors cet être supérieur dans la même aventure humiliée que l'homme, son vain pouvoir équivalant à notre vaine condition. Il le soumet à notre force de refus, l'incline, à son tour, devant la part de l'homme qui ne s'incline pas, l'intègre de force dans une existence absurde par rapport à nous, le tire enfin de son refuge intemporel pour l'engager dans l'histoire, très loin d'une stabilité éternelle qu'il ne pourrait trouver que dans le consentement unanime des hommes. La révolte affirme ainsi qu'à son niveau toute existence supérieure est au moins contradictoire.

L'histoire de la révolte métaphysique ne peut donc se confondre avec celle de l'athéisme. Sous un certain angle, elle se confond même avec l'histoire contemporaine du sentiment religieux. Le révolté défie plus qu'il ne nie. Primitivement, au moins, il ne supprime pas Dieu, il lui parle simplement d'égal à égal. Mais il ne s'agit pas d'un dialogue courtois. Il s'agit d'une polémique qu'anime le désir de vaincre. L'esclave commence par réclamer justice et finit par vouloir la royauté. Il lui faut dominer à son tour. Le soulèvement contre la condition s'ordonne en une expédition démesurée contre le ciel pour en ramener un roi prisonnier dont on prononcera la déchéance d'abord, la condamnation à mort ensuite. La rébellion humaine finit en révolution métaphysique. Elle marche du paraître au faire, du dandy au révolutionnaire. Le trône de Dieu renversé, le rebelle reconnaîtra que cette justice, cet ordre, cette unité qu'il cherchait en vain dans sa condition, il lui revient maintenant de les créer de ses propres mains et, par là, de justifier la déchéance divine. Alors commencera un effort désespéré pour fonder, au prix du crime s'il le faut, l'empire des hommes. Ceci n'ira pas sans de terribles conséquences, dont nous ne connaissons encore que quelques-unes. Mais ces conséquences ne sont point dues à la révolte elle-même, ou, du moins, elles ne viennent au jour que dans la mesure où le révolté oublie ses origines, se lasse de la dure tension entre oui et non et s'abandonne enfin à la négation de toute chose ou à la soumission totale. L'insurrection métaphysique nous offre dans son premier mouvement le même contenu positif que la rébellion de l'esclave. Notre tâche sera d'examiner ce que devient ce contenu de la révolte dans les œuvres qui s'en réclament, et de dire où mènent l'infidélité, et la fidélité, du révolté à ses origines.

LES FILS DE CAIN

La révolte métaphysique proprement dite n'apparaît dans l'histoire des idées, de façon cohérente, qu'à la fin du XVIIIᵉ siècle. Les temps modernes s'ouvrent alors dans un grand bruit de murailles écroulées. Mais, à partir de ce moment, ses conséquences se déroulent de façon ininterrompue, et il n'est pas exagéré de penser qu'elles ont modelé l'histoire de notre temps. Est-ce à dire que la révolte métaphysique n'a pas eu de sens avant cette date? Ses modèles sont pourtant bien lointains, puisque notre temps aime à se dire prométhéen. Mais l'est-il vraiment?

Les premières théogonies nous montrent Prométhée enchaîné à une colonne, sur les confins du monde, martyr éternel exclu à jamais d'un pardon qu'il refuse de solliciter. Eschyle accroît encore la stature du héros, le crée lucide (« nul malheur viendra sur moi que je ne l'aie prévu »), le fait crier sa haine de tous les dieux et, le plongeant dans « une orageuse mer de désespoir fatal », l'offre pour finir aux éclairs et à la foudre : « Ah! voyez l'injustice que j'endure! »

On ne peut donc dire que les Anciens aient ignoré la révolte métaphysique. Ils ont dressé, bien avant Satan, une douloureuse et noble image du Rebelle et nous ont

donné le plus grand mythe de l'intelligence révoltée.
L'inépuisable génie grec, qui a fait la part si grande aux
mythes de l'adhésion et de la modestie, a su donner,
cependant, son modèle à l'insurrection. Sans contredit,
quelques-uns des traits prométhéens revivent encore dans
l'histoire révoltée que nous vivons : la lutte contre la
mort (« J'ai délivré les hommes de l'obsession de la
mort »), le messianisme (« J'ai installé en eux les aveugles
espoirs »), la philanthropie (« Ennemi de Zeus... pour
avoir trop aimé les hommes »).

Mais on ne peut oublier que le « Prométhée porte-
feu », dernier terme de la trilogie eschylienne, annonçait
le règne du révolté pardonné. Les Grecs n'enveniment
rien. Dans leurs audaces les plus extrêmes, ils restent
fidèles à cette mesure, qu'ils avaient déifiée. Leur rebelle
ne se dresse pas contre la création tout entière, mais
contre Zeus qui n'est jamais que l'un des dieux, et dont
les jours sont mesurés. Prométhée lui-même est un
demi-dieu. Il s'agit d'un règlement de comptes particulier, d'une contestation sur le bien, et non d'une lutte
universelle entre le mal et le bien.

C'est que les Anciens, s'ils croyaient au destin,
croyaient d'abord à la nature, à laquelle ils participaient.
Se révolter contre la nature revient à se révolter contre
soi-même. C'est la tête contre les murs. La seule révolte
cohérente est alors le suicide. Le destin grec lui-même est
une puissance aveugle qui se subit comme on subit les
forces naturelles. Le sommet de la démesure pour un
Grec est de faire battre de verges la mer, folie de barbare.
Le Grec peint sans doute la démesure, puisqu'elle existe,
mais il lui donne sa place, et par là une limite. Le défi
d'Achille après la mort de Patrocle, les imprécations des
héros tragiques maudissant leur destin, n'entraînent pas la
condamnation totale. Œdipe sait qu'il n'est pas innocent.
Il est coupable malgré lui, il fait aussi partie du destin. Il

se plaint, mais ne prononce pas les paroles irréparables. Antigone elle-même, si elle se révolte, c'est au nom de la tradition, pour que ses frères trouvent le repos dans la tombe, et que les rites soient observés. En un certain sens, il s'agit avec elle d'une révolte réactionnaire. La réflexion grecque, cette pensée aux deux visages, laisse presque toujours courir en contre-chant, derrière ses mélodies les plus désespérées, la parole éternelle d'Œdipe qui, aveugle et misérable, reconnaîtra que tout est bien. Le oui s'équilibre au non. Même lorsque Platon préfigure avec Calliclès le type vulgaire du nietzschéen, même lorsque celui-ci s'écrie : « Mais que vienne à paraître un homme ayant le naturel qu'il faut... il s'échappe, il foule aux pieds nos formules, nos sorcelleries, nos incantations et ces lois qui, toutes, sans exception, sont contraires à la nature. Notre esclave s'est insurgé et s'est révélé maître », même alors, il prononce le mot de nature, s'il refuse la loi.

C'est que la révolte métaphysique suppose une vue simplifiée de la création, que les Grecs ne pouvaient avoir. Il n'y avait pas, pour eux, les dieux d'un côté, et de l'autre les hommes, mais des degrés qui menaient des derniers aux premiers. L'idée de l'innocence opposée à la culpabilité, la vision d'une histoire tout entière résumée à la lutte du bien et du mal leur était étrangère. Dans leur univers, il y a plus de fautes que de crimes, le seul crime définitif étant la démesure. Dans le monde totalement historique qui menace d'être le nôtre, il n'y a plus de fautes, au contraire, il n'y a que des crimes dont le premier est la mesure. On s'explique ainsi le curieux mélange de férocité et d'indulgence qu'on respire dans le mythe grec. Les Grecs n'ont jamais fait de la pensée, et ceci nous dégrade par rapport à eux, un camp retranché. La révolte, après tout, ne s'imagine que contre quelqu'un. La notion du dieu personnel, créateur et donc responsa-

ble de toutes choses, donne seule son sens à la protestation humaine. On peut dire ainsi, et sans paradoxe, que
l'histoire de la révolte est, dans le monde occidental,
inséparable de celle du christianisme. Il faut attendre en
effet les derniers moments de la pensée antique pour voir
la révolte commencer à trouver son langage, chez des
penseurs de transition, et chez personne plus profondément que chez Epicure et Lucrèce.

L'affreuse tristesse d'Epicure rend déjà un son nouveau.
Elle naît, sans doute, d'une angoisse de la mort qui n'est
pas étrangère à l'esprit grec. Mais l'accent pathétique que
prend cette angoisse est révélateur. « On peut s'assurer
contre toutes sortes de choses; mais en ce qui concerne la
mort, nous demeurons tous comme les habitants d'une
citadelle démantelée. » Lucrèce précise : « La substance
de ce vaste monde est réservée à la mort et à la ruine. »
Pourquoi donc remettre la jouissance à plus tard?
« D'attente en attente, dit Epicure, nous consumons notre
vie et nous mourons tous à la peine. » Il faut donc jouir.
Mais quelle étrange jouissance! Elle consiste à aveugler
les murs de la citadelle, à s'assurer le pain et l'eau, dans
l'ombre silencieuse. Puisque la mort nous menace, il faut
démontrer que la mort n'est rien. Comme Epictète et
Marc-Aurèle, Epicure exile la mort de l'être. « La mort
n'est rien à notre égard, car ce qui est dissous est
incapable de sentir, et ce qui ne sent point n'est rien pour
nous. » Est-ce le néant? Non, car tout est matière en ce
monde et mourir signifie seulement retourner à l'élément.
L'être, c'est la pierre. La singulière volupté dont parle
Epicure réside surtout dans l'absence de douleur; c'est le
bonheur des pierres. Pour échapper au destin, dans un
admirable mouvement qu'on retrouvera chez nos grands
classiques, Epicure tue la sensibilité; et d'abord le premier cri de la sensibilité qui est l'espérance. Ce que le
philosophe grec dit des dieux ne s'entend pas autrement.

Tout le malheur des hommes vient de l'espérance qui les arrache au silence de la citadelle, qui les jette sur les remparts dans l'attente du salut. Ces mouvements déraisonnables n'ont d'autre effet que de rouvrir des plaies soigneusement bandées. C'est pourquoi Epicure ne nie pas les dieux, il les éloigne, mais si vertigineusement, que l'âme n'a plus d'autre issue que de s'emmurer à nouveau. « L'être bienheureux et immortel n'a point d'affaire et n'en crée à personne. » Et Lucrèce, renchérissant : « Il est incontestable que les dieux, par leur nature même, jouissent de l'immortalité au milieu de la paix la plus profonde, étrangers à nos affaires dont ils sont tout à fait détachés. » Oublions donc les dieux, n'y pensons jamais et « ni vos pensées du jour ni vos songes de la nuit ne vous causeront de troubles ».

On retrouvera plus tard, mais avec des nuances importantes, ce thème éternel de la révolte. Un dieu sans récompense ni châtiment, un dieu sourd est la seule imagination religieuse des révoltés. Mais, alors que Vigny maudira le silence de la divinité, Epicure juge que, puisqu'il faut mourir, le silence de l'homme prépare mieux à ce destin que les paroles divines. Le long effort de ce curieux esprit s'épuise à élever des murailles autour de l'homme, à remanteler la citadelle et à étouffer sans merci l'irrépressible cri de l'espoir humain. Alors, ce repli stratégique étant accompli, alors seulement, Epicure, comme un dieu au milieu des hommes, chantera victoire dans un chant qui marque bien le caractère défensif de sa révolte. « J'ai déjoué tes embûches, ô destin, j'ai fermé toutes les voies par lesquelles tu pouvais m'atteindre. Nous ne nous laisserons vaincre ni par toi, ni par aucune force mauvaise. Et quand l'heure de l'inévitable départ aura sonné, notre mépris pour ceux qui s'agrippent vainement à l'existence éclatera dans ce beau chant : Ah ! que dignement nous avons vécu ! »

Lucrèce, seul de son temps, va pousser beaucoup plus loin cette loi logique et la faire déboucher dans la revendication moderne. Il n'ajoute rien, sur le fond, à Epicure. Il refuse, lui aussi, tout principe d'explication qui ne tombe pas sous le sens. L'atome n'est que le dernier refuge où l'être, rendu à ses éléments premiers, poursuivra une sorte d'immortalité sourde et aveugle, de mort immortelle, qui, pour Lucrèce comme pour Epicure, figure le seul bonheur possible. Il lui faut cependant admettre que les atomes ne s'agrègent pas seuls et, plutôt que de consentir à une loi supérieure et, pour finir, au destin qu'il veut nier, il admet un mouvement fortuit, le clinamen, selon lequel les atomes se rencontrent et s'accrochent. Déjà, remarquons-le, se pose le grand problème des temps modernes, où l'intelligence découvre que soustraire l'homme au destin revient à le livrer au hasard. C'est pourquoi elle s'efforce de lui redonner un destin, historique cette fois. Lucrèce n'en est pas là. Sa haine du destin et de la mort se satisfait de cette terre ivre où les atomes font l'être par accident, et où l'être par accident se dissipe en atomes. Mais son vocabulaire témoigne pourtant d'une sensibilité nouvelle. La citadelle aveugle devient camp retranché, *Mœnia mundi,* les remparts du monde, sont une des expressions clés de la rhétorique de Lucrèce. Certes, la grande affaire dans ce camp est de faire taire l'espérance. Mais le renoncement méthodique d'Epicure se transforme en une ascèse frémissante qui se couronne parfois de malédictions. La piété, pour Lucrèce, est sans doute de « pouvoir tout regarder d'un esprit que rien ne trouble ». Mais cet esprit tremble cependant de l'injustice qui est faite à l'homme. Sous la pression de l'indignation, de nouvelles notions de crime, d'innocence, de culpabilité et de châtiment courent à travers le grand poème sur la nature des choses. On y parle du « premier crime de la religion », Iphigénie et son innocence égorgée; de ce trait divin qui « souvent passe à côté des coupables et va, par un châtiment immérité, priver de la vie des innocents ». Si Lucrèce raille la peur des châtiments de l'autre monde, ce n'est point, comme Epicure, dans le mouvement d'une révolte défensive, mais par un raisonnement agressif : pourquoi le mal serait-il châtié, puisque nous voyons assez, dès maintenant, que le bien n'est pas récompensé ?

Epicure lui-même, dans l'épopée de Lucrèce, deviendra le rebelle magnifique qu'il n'était pas. « Alors qu'aux yeux de tous, l'humanité traînait sur terre une vie abjecte, écrasée sous le poids d'une religion dont le visage se montrait du haut des régions célestes, menaçant les mortels de son aspect horrible, le premier, un Grec, un homme, osa lever ses yeux mortels contre elle, et contre elle se dresser... Et par là, la religion est à son tour renversée et foulée aux pieds, et nous, la victoire nous élève jusqu'aux cieux. » On sent ici la différence qu'il peut y avoir entre ce blasphème nouveau et la malédiction antique. Les héros grecs pouvaient désirer devenir des dieux, mais en même temps que les dieux déjà existants. Il s'agissait alors d'une promotion. L'homme de Lucrèce, au contraire, procède à une révolution. En niant les dieux indignes et criminels, il prend lui-même leur place. Il sort du camp retranché et commence les premières attaques contre la divinité au nom de la douleur humaine. Dans l'univers antique, le meurtre est l'inexplicable et l'inexpiable. Chez Lucrèce, déjà, le meurtre de l'homme n'est qu'une réponse au meurtre divin. Et ce n'est pas un hasard si le poème de Lucrèce se termine sur une prodigieuse image de sanctuaires divins gonflés des cadavres accusateurs de la peste.

Ce langage nouveau ne peut se comprendre sans la notion d'un dieu personnel qui commence à se former

lentement dans la sensibilité des contemporains d'Epicure, et de Lucrèce. C'est au dieu personnel que la révolte
peut demander personnellement des comptes. Dès qu'il
règne, elle se dresse, dans sa résolution la plus farouche,
et prononce le non définitif. Avec Caïn, la première
révolte coïncide avec le premier crime. L'histoire de la
révolte, telle que nous la vivons aujourd'hui, est bien plus
celle des enfants de Caïn que des disciples de Prométhée.
En ce sens, c'est le Dieu de l'Ancien Testament, surtout,
qui mobilisera l'énergie révoltée. Inversement, il faut se
soumettre au Dieu d'Abraham, d'Isaac et de Jacob quand
on a achevé, comme Pascal, la carrière de l'intelligence
révoltée. L'âme qui doute le plus aspire au plus grand
jansénisme.

De ce point de vue, le Nouveau Testament peut être
considéré comme une tentative de répondre, par avance,
à tous les Caïn du monde, en adoucissant la figure de
Dieu, et en suscitant un intercesseur entre lui et l'homme.
Le Christ est venu résoudre deux problèmes principaux,
le mal et la mort, qui sont précisément les problèmes des
révoltés. Sa solution a consisté d'abord à les prendre en
charge. Le dieu homme souffre aussi, avec patience. Le
mal ni la mort ne lui sont plus absolument imputables,
puisqu'il est déchiré et meurt. La nuit du Golgotha n'a
autant d'importance dans l'histoire des hommes que
parce que dans ces ténèbres la divinité, abandonnant
ostensiblement ses privilèges traditionnels, a vécu jusqu'au bout, désespoir inclus, l'angoisse de la mort. On
s'explique ainsi le *Lama sabactani* et le doute affreux du
Christ à l'agonie. L'agonie serait légère si elle était
soutenue par l'espoir éternel. Pour que le dieu soit un
homme, il faut qu'il désespère.

Le gnosticisme, qui est le fruit d'une collaboration
gréco-chrétienne, a tenté pendant deux siècles, en réaction contre la pensée judaïque, d'accentuer ce mouve-

ment. On connaît la multiplicité d'intercesseurs imaginés par Valentin, par exemple. Mais les éons de cette kermesse métaphysique jouent le même rôle que les vérités intermédiaires dans l'hellénisme. Ils visent à diminuer l'absurdité d'un tête-à-tête entre l'homme misérable et le dieu implacable. C'est le rôle, en particulier, du deuxième dieu cruel et belliqueux de Marcion. Ce démiurge a créé le monde fini et la mort. Nous devons le haïr en même temps que nous devons nier sa création, par l'ascèse, jusqu'à la détruire grâce à l'abstinence sexuelle. Il s'agit donc d'une ascèse orgueilleuse et révoltée. Simplement, Marcion dérive la révolte vers un dieu inférieur pour mieux exalter le dieu supérieur. La gnose par ses origines grecques reste conciliatrice et tend à détruire l'héritage judaïque dans le christianisme. Elle a aussi voulu éviter, à l'avance, l'augustinisme, dans la mesure où celui-ci fournit des arguments à toute révolte. Pour Basilide, par exemple, les martyrs ont péché, et le Christ lui-même, puisqu'ils souffrent. Idée singulière, mais qui vise à enlever son injustice à la souffrance. A la grâce toute-puissante et arbitraire, les gnostiques ont voulu seulement substituer la notion grecque d'initiation qui laisse à l'homme toutes ses chances. La foule des sectes, chez les gnostiques de la deuxième génération, traduit cet effort multiple et acharné de la pensée grecque pour rendre plus accessible le monde chrétien, et ôter ses raisons à une révolte que l'hellénisme considérait comme le pire des maux. Mais l'Eglise a condamné cet effort et, le condamnant, elle a multiplié les révoltés.

Dans la mesure où la race de Caïn a triomphé de plus en plus, au long des siècles, il est possible de dire ainsi que le dieu de l'Ancien Testament a connu une fortune inespérée. Les blasphémateurs, paradoxalement, font revivre le dieu jaloux que le christianisme voulait chasser de la scène de l'histoire. L'une de leurs audaces profondes a été justement d'annexer le Christ lui-même à leur camp, en arrêtant son histoire au sommet de la croix et au cri amer qui précéda son agonie. Ainsi se trouvait maintenue la figure implacable d'un dieu de haine, mieux accordé à la création telle que les révoltés la concevaient. Jusqu'à Dostoïevski et Nietzsche, la révolte ne s'adresse qu'à une divinité cruelle et capricieuse, celle qui préfère, sans motif convaincant, le sacrifice d'Abel à celui de Caïn et qui, par là, provoque le premier meurtre. Dostoïevski, en imagination, et Nietzsche, en fait, étendront démesurément le champ de la pensée révoltée et demanderont des comptes au dieu d'amour lui-même. Nietzsche tiendra Dieu pour mort dans l'âme de ses contemporains. Il s'attaquera alors, comme Stirner son prédécesseur, à l'illusion de Dieu qui s'attarde, sous les apparences de la morale, dans l'esprit de son siècle. Mais, jusqu'à eux, la pensée libertine, par exemple, s'est bornée à nier l'histoire du Christ (« ce plat roman », selon Sade) et à maintenir, dans ses négations mêmes, la tradition du dieu terrible.

Tant que l'Occident a été chrétien, au contraire, les Evangiles ont été le truchement entre le ciel et la terre. A chaque cri solitaire de révolte, l'image de la plus grande douleur était présentée. Puisque le Christ avait souffert ceci, et volontairement, aucune souffrance n'était plus injuste, chaque douleur était nécessaire. En un certain sens, l'amère intuition du christianisme et son pessimisme légitime quant au cœur humain, c'est que l'injustice généralisée est aussi satisfaisante pour l'homme que la justice totale. Seul le sacrifice d'un dieu innocent pouvait justifier la longue et universelle torture de l'innocence. Seule la souffrance de Dieu, et la plus misérable, pouvait alléger l'agonie des hommes. Si tout, sans exception, du ciel à la terre, est livré à la douleur, un étrange bonheur est alors possible.

Mais à partir du moment où le christianisme, au sortir de sa période triomphante, s'est trouvé soumis à la critique de la raison, dans la mesure exacte où la divinité du Christ a été niée, la douleur est redevenue le lot des hommes. Jésus frustré n'est qu'un innocent de plus, que les représentants du Dieu d'Abraham ont supplicié spectaculairement. L'abîme qui sépare le maître des esclaves s'ouvre de nouveau et la révolte crie toujours devant la face murée d'un Dieu jaloux. Les penseurs et les artistes libertins ont préparé ce nouveau divorce en attaquant, avec les précautions d'usage, la morale et la divinité du Christ. L'univers de Callot figure assez bien ce monde de gueux hallucinants dont le ricanement, d'abord sous cape, finira par s'élever jusqu'au ciel avec le Don Juan de Molière. Pendant les deux siècles qui préparent les bouleversements, à la fois révolutionnaires et sacrilèges, de la fin du XVIIIᵉ siècle, tout l'effort de la pensée libertine sera de faire du Christ un innocent, ou un niais, pour l'annexer au monde des hommes, dans ce qu'ils ont de noble ou de dérisoire. Ainsi se trouvera déblayé le terrain pour la grande offensive contre un ciel ennemi.

LA NÉGATION ABSOLUE

Historiquement, la première offensive cohérente est celle de Sade, qui rassemble en une seule et énorme machine de guerre les arguments de la pensée libertine jusqu'au curé Meslier et Voltaire. Sa négation est aussi, cela va de soi, la plus extrême. De la révolte, Sade ne tire que le non absolu. Vingt-sept années de prison ne font pas en effet une intelligence conciliante. Une si longue claustration engendre des valets ou des tueurs et parfois, dans le même homme, les deux. Si l'âme est assez forte pour édifier, au cœur du bagne, une morale qui ne soit pas celle de la soumission, il s'agira, la plupart du temps, d'une morale de domination. Toute éthique de la solitude suppose la puissance. A ce titre, dans la mesure où, traité de façon atroce par la société, il y répondit d'atroce façon, Sade est exemplaire. L'écrivain, malgré quelques cris heureux, et les louanges inconsidérées de nos contemporains, est secondaire. Il est admiré aujourd'hui, avec tant d'ingénuité, pour des raisons où la littérature n'a rien à voir.

On exalte en lui le philosophe aux fers, et le premier théoricien de la révolte absolue. Il pouvait l'être en effet. Au fond des prisons, le rêve est sans limites, la réalité ne freine rien. L'intelligence dans les chaînes perd en lucidité ce qu'elle gagne en fureur. Sade n'a connu qu'une

logique, celle des sentiments. Il n'a pas fondé une philosophie, mais poursuivi le rêve monstrueux d'un persécuté. Il se trouve seulement que ce rêve est prophétique.
La revendication exaspérée de la liberté a mené Sade
dans l'empire de la servitude; sa soif démesurée d'une vie
désormais interdite s'est assouvie, de fureur en fureur,
dans un rêve de destruction universelle. En ceci au
moins, Sade est notre contemporain. Suivons-le dans ses
négations successives.

UN HOMME DE LETTRES

Sade est-il athée? Il le dit, on le croit, avant la prison,
dans le *Dialogue entre un prêtre et un moribond*; on
hésite ensuite devant sa fureur de sacrilège. L'un de ses
plus cruels personnages, Saint-Fond, ne nie nullement
Dieu. Il se borne à développer une théorie gnostique du
méchant démiurge et à en tirer les conséquences qui
conviennent. Saint-Fond, dit-on, n'est pas Sade. Non,
sans doute. Un personnage n'est jamais le romancier qui
l'a créé. Il y a des chances, cependant, pour que le
romancier soit tous ses personnages à la fois. Or, tous les
athées de Sade posent en principe l'inexistence de Dieu
pour cette raison claire que son existence supposerait
chez lui indifférence, méchanceté ou cruauté. La plus
grande œuvre de Sade se termine sur une démonstration de
la stupidité et de la haine divines. L'innocente Justine court
sous l'orage et le criminel Noirceuil jure qu'il se conver-
tira si elle est épargnée par la foudre céleste. La foudre poi-
gnarde Justine, Noirceuil triomphe, et le crime de l'homme
continuera de répondre au crime divin. Il y a ainsi un
pari libertin qui est la réplique du pari pascalien.

L'idée, au moins, que Sade se fait de Dieu est donc celle d'une divinité criminelle qui écrase l'homme et le nie. Que le meurtre soit un attribut divin se voit assez, selon Sade, dans l'histoire des religions. Pourquoi l'homme serait-il alors vertueux ? Le premier mouvement du prisonnier est de sauter dans la conséquence extrême. Si Dieu tue et nie l'homme, rien ne peut interdire qu'on nie et tue ses semblables. Ce défi crispé ne ressemble en rien à la négation tranquille qu'on trouve encore dans le *Dialogue* de 1782. Il n'est ni tranquille, ni heureux, celui qui s'écrie : « Rien n'est à moi, rien n'est de moi » et qui conclut : « Non, non, et la vertu et le vice, tout se confond dans le cercueil. » L'idée de Dieu est selon lui la seule chose « qu'il ne puisse pardonner à l'homme ». Le mot pardonner est déjà singulier chez ce professeur de tortures. Mais c'est à lui-même qu'il ne peut pardonner une idée que sa vue désespérée du monde, et sa condition de prisonnier, réfutent absolument. Une double révolte va désormais conduire le raisonnement de Sade : contre l'ordre du monde et contre lui-même. Comme ces deux révoltes sont contradictoires partout ailleurs que dans le cœur bouleversé d'un persécuté, son raisonnement ne cesse jamais d'être ambigu ou légitime, selon qu'on l'étudie dans la lumière de la logique ou dans l'effort de la compassion.

Il niera donc l'homme et sa morale puisque Dieu les nie. Mais il niera Dieu en même temps qui lui servait de caution et de complice jusqu'ici. Au nom de quoi ? Au nom de l'instinct le plus fort chez celui que la haine des hommes fait vivre entre les murs d'une prison : l'instinct sexuel. Qu'est cet instinct ? Il est, d'une part, le cri même de la nature [1], et, d'autre part, l'élan aveugle qui exige la

1. Les grands criminels de Sade s'excusent de leurs crimes sur ce qu'ils sont pourvus d'appétits sexuels démesurés contre lesquels ils ne peuvent rien.

possession totale des êtres, au prix même de leur destruction. Sade niera Dieu au nom de la nature – le matériel idéologique de son temps le fournit alors en discours mécanistes – et il fera de la nature une puissance de destruction. La nature, pour lui, c'est le sexe; sa logique le conduit dans un univers sans loi où le seul maître sera l'énergie démesurée du désir. Là est son royaume enfiévré, où il trouve ses plus beaux cris : « Que sont toutes les créatures de la terre vis-à-vis d'un seul de nos désirs! » Les longs raisonnements où les héros de Sade démontrent que la nature a besoin du crime, qu'il faut détruire pour créer, qu'on l'aide donc à créer dès l'instant où l'on détruit soi-même, ne visent qu'à fonder la liberté absolue du prisonnier Sade, trop injustement comprimé pour ne pas désirer l'explosion qui fera tout sauter. En cela, il s'oppose à son temps : la liberté qu'il réclame n'est pas celle des principes, mais des instincts.

Sade a rêvé sans doute d'une république universelle dont il nous fait exposer le plan par un sage réformateur, Zamé. Il nous montre ainsi qu'une des directions de la révolte, dans la mesure où, son mouvement s'accélérant, elle supporte de moins en moins de limites, est la libération du monde entier. Mais tout en lui contredit ce rêve pieux. Il n'est pas l'ami du genre humain, il hait les philanthropes. L'égalité dont il parle parfois est une notion mathématique : l'équivalence des objets que sont les hommes, l'abjecte égalité des victimes. Celui qui pousse son désir jusqu'au bout, il lui faut tout dominer, son véritable accomplissement est dans la haine. La république de Sade n'a pas la liberté pour principe, mais le libertinage. « La justice, écrit ce singulier démocrate, n'a pas d'existence réelle. Elle est la divinité de toutes les passions. »

Rien de plus révélateur à cet égard que le fameux libelle, lu par Dolmancé dans *La Philosophie dans le boudoir,* et qui porte un titre curieux : *Français, encore un effort si vous voulez être républicains.* Pierre Klossowski [1] a raison de le souligner, ce libelle démontre aux révolutionnaires que leur république repose sur le meurtre du roi de droit divin et qu'en guillotinant Dieu le 21 janvier 1793, ils se sont interdit à jamais la proscription du crime et la censure des instincts malfaisants. La monarchie, en même temps qu'elle-même, maintenait l'idée de Dieu qui fondait les lois. La République, elle, se tient debout toute seule et les mœurs doivent y être sans commandements. Il est pourtant douteux que Sade, comme le veut Klossowski, ait eu le sentiment profond d'un sacrilège et que cette horreur quasi religieuse l'ait conduit aux conséquences qu'il énonce. Bien plutôt tenait-il ses conséquences d'abord et a-t-il aperçu ensuite l'argument propre à justifier la licence absolue des mœurs qu'il voulait demander au gouvernement de son temps. La logique des passions renverse l'ordre traditionnel du raisonnement et place la conclusion avant les prémisses. Il suffit pour s'en convaincre d'apprécier l'admirable succession de sophismes par lesquels Sade, dans ce texte, justifie la calomnie, le vol et le meurtre, et demande qu'ils soient tolérés dans la cité nouvelle.

Pourtant, c'est alors que sa pensée est le plus profonde. Il refuse, avec une clairvoyance exceptionnelle en son temps, l'alliance présomptueuse de la liberté et de la vertu. La liberté, surtout quand elle est le rêve du prisonnier, ne peut supporter de limites. Elle est le crime ou elle n'est plus la liberté. Sur ce point essentiel, Sade n'a jamais varié. Cet homme qui n'a prêché que des contradictions ne retrouve une cohérence, et la plus absolue, qu'en ce qui concerne la peine capitale. Amateur d'exécutions raffinées, théoricien du crime sexuel, il n'a

1. *Sade, mon prochain.* Editions du Seuil.

jamais pu supporter le crime légal. « Ma détention nationale, la guillotine sous les yeux, m'a fait cent fois plus de mal que ne m'en avaient fait toutes les Bastilles imaginables. » Dans cette horreur, il a puisé le courage d'être publiquement modéré pendant la Terreur et d'intervenir généreusement en faveur d'une belle-mère qui pourtant l'avait fait embastiller. Quelques années plus tard, Nodier devait résumer clairement, sans le savoir peut-être, la position obstinément défendue par Sade : « Tuer un homme dans le paroxysme d'une passion, cela se comprend. Le faire tuer par un autre dans le calme d'une méditation sérieuse, et sous le prétexte d'un ministère honorable, cela ne se comprend pas. » On trouve ici l'amorce d'une idée qui sera développée encore par Sade : celui qui tue doit payer de sa personne. Sade, on le voit, est plus moral que nos contemporains.

Mais sa haine pour la peine de mort n'est d'abord que la haine d'hommes qui croient assez à leur vertu, ou à celle de leur cause, pour oser punir, et définitivement, alors qu'ils sont eux-mêmes criminels. On ne peut à la fois choisir le crime pour soi et le châtiment pour les autres. Il faut ouvrir les prisons ou faire la preuve, impossible, de sa vertu. A partir du moment où l'on accepte le meurtre, serait-ce une seule fois, il faut l'admettre universellement. Le criminel qui agit selon la nature ne peut, sans forfaiture, se mettre du côté de la loi. « Encore un effort si vous voulez être républicains » veut dire : « Acceptez la liberté du crime, seule raisonnable, et entrez pour toujours en insurrection comme on entre en grâce. » La soumission totale au mal débouche alors dans une horrible ascèse qui devait épouvanter la république des lumières et de la bonté naturelle. Celle-ci, dont la première émeute, par une coïncidence significative, avait brûlé le manuscrit des *Cent vingt journées de Sodome,* ne pouvait manquer de dénoncer cette liberté hérétique et jeter à nouveau entre quatre murs un partisan si compromettant. Elle lui donnait, du même coup, l'affreuse occasion de pousser plus loin sa logique révoltée.

La république universelle a pu être un rêve pour Sade, jamais une tentation. En politique, sa vraie position est le cynisme. Dans sa *Société des Amis du crime,* on se déclare ostensiblement pour le gouvernement et ses lois, qu'on se dispose pourtant à violer. Ainsi, les souteneurs votent pour le député conservateur. Le projet que Sade médite suppose la neutralité bienveillante de l'autorité. La république du crime ne peut être, provisoirement du moins, universelle. Elle doit faire mine d'obéir à la loi. Pourtant dans un monde sans autre règle que celle du meurtre, sous le ciel du crime, au nom d'une criminelle nature, Sade n'obéit en réalité qu'à la loi inlassable du désir. Mais désirer sans limites revient aussi à accepter d'être désiré sans limites. La licence de détruire suppose qu'on puisse être soi-même détruit. Il faudra donc lutter et dominer. La loi de ce monde n'est rien d'autre que celle de la force; son moteur, la volonté de puissance.

L'ami du crime ne respecte réellement que deux sortes de puissances : celle, fondée sur le hasard de la naissance, qu'il trouve dans sa société, et celle où se hisse l'opprimé, quand, à force de scélératesse, il parvient à égaler les grands seigneurs libertins dont Sade fait ses héros ordinaires. Ce petit groupe de puissants, ces initiés savent qu'ils ont tous les droits. Qui doute, même une seconde, de ce redoutable privilège est aussitôt rejeté du troupeau, et redevient victime. On aboutit alors à une sorte de blanquisme moral où un petit groupe d'hommes et de femmes, parce qu'ils détiennent un étrange savoir, se placent résolument au-dessus d'une caste d'esclaves. Le seul problème, pour eux, consiste à s'organiser pour exercer, dans leur plénitude, des droits qui ont l'étendue terrifiante du désir.

Ils ne peuvent espérer s'imposer à tout l'univers tant que l'univers n'aura pas accepté la loi du crime. Sade n'a même jamais cru que sa nation consentirait l'effort supplémentaire qui la ferait « républicaine ». Mais si le crime et le désir ne sont pas la loi de tout l'univers, s'ils ne règnent pas au moins sur un territoire défini, ils ne sont plus principe d'unité, mais ferments de conflit. Ils ne sont plus la loi et l'homme retourne à la dispersion et au hasard. Il faut donc créer de toutes pièces un monde qui soit à la mesure exacte de la nouvelle loi. L'exigence d'unité, déçue par la Création, se satisfait à toute force dans un microcosme. La loi de la puissance n'a jamais la patience d'atteindre l'empire du monde. Il lui faut délimiter sans tarder le terrain où elle s'exerce, même s'il faut l'entourer de barbelés et de miradors.

Chez Sade, elle crée des lieux clos, des châteaux à septuple enceinte, dont il est impossible de s'évader, et où la société du désir et du crime fonctionne sans heurts, selon un règlement implacable. La révolte la plus débridée, la revendication totale de la liberté aboutit à l'asservissement de la majorité. L'émancipation de l'homme s'achève, pour Sade, dans ces casemates de la débauche où une sorte de bureau politique du vice règle la vie et la mort d'hommes et de femmes entrés à tout jamais dans l'enfer de la nécessité. Son œuvre abonde en descriptions de ces lieux privilégiés où, chaque fois, les libertins féodaux, démontrant aux victimes assemblées leur impuissance et leur servitude absolues, reprennent le discours du duc de Blangis au petit peuple des *Cent vingt journées de Sodome* : « Vous êtes déjà mortes au monde. »

Sade habitait de même la tour de la Liberté, mais dans la Bastille. La révolte absolue s'enfouit avec lui dans une forteresse sordide d'où personne, persécutés ni persécuteurs, ne peut sortir. Pour fonder sa liberté, il est obligé d'organiser la nécessité absolue. La liberté illimitée du désir signifie la négation de l'autre, et la suppression de la pitié. Il faut tuer le cœur, cette « faiblesse de l'esprit »; le lieu clos et le règlement y pourvoiront. Le règlement, qui joue un rôle capital dans les châteaux fabuleux de Sade, consacre un univers de méfiance. Il aide à tout prévoir afin qu'une tendresse ou une pitié imprévues ne viennent déranger les plans du bon plaisir. Curieux plaisir, sans doute, qui s'exerce au commandement. « On se lèvera tous les jours à dix heures du matin... »! Mais il faut empêcher que la jouissance dégénère en attachement, il faut la mettre entre parenthèses et la durcir. Il faut encore que les objets de jouissance n'apparaissent jamais comme des personnes. Si l'homme est « une espèce de plante absolument matérielle », il ne peut être traité qu'en objet, et en objet d'expérience. Dans la république barbelée de Sade, il n'y a que des mécaniques et des mécaniciens. Le règlement, mode d'emploi de la mécanique, donne sa place à tout. Ces couvents infâmes ont leur règle, significativement copiée sur celle des communautés religieuses. Le libertin se livrera ainsi à la confession publique. Mais l'indice change : « Si sa conduite est pure, il est blâmé. »

Sade, comme il est d'usage en son temps, bâtit ainsi des sociétés idéales. Mais à l'inverse de son temps, il codifie la méchanceté naturelle de l'homme. Il construit méticuleusement la cité de la puissance et de la haine, en précurseur qu'il est, jusqu'à mettre en chiffres la liberté qu'il a conquise. Il résume alors sa philosophie dans la froide comptabilité du crime : « Massacrés avant le 1er mars : 10. Depuis le 1er mars : 20. S'en retournent : 16. Total : 46. » Précurseur sans doute, mais encore modeste, on le voit.

Si tout s'arrêtait là, Sade ne mériterait que l'intérêt qui s'attache aux précurseurs méconnus. Mais une fois tiré le pont-levis, il faut vivre dans le château. Aussi méticuleux que soit le règlement, il ne parvient pas à tout prévoir. Il peut détruire, non créer. Les maîtres de ces communautés torturées n'y trouveront pas la satisfaction qu'ils convoitent... Sade évoque souvent la « douce habitude du crime ». Rien ici, pourtant, qui ressemble à la douceur; plutôt une rage d'homme dans les fers. Il s'agit en effet de jouir, et le maximum de jouissance coïncide avec le maximum de destruction. Posséder ce qu'on tue, s'accoupler avec la souffrance, voilà l'instant de la liberté totale vers lequel s'oriente toute l'organisation des châteaux. Mais dès l'instant où le crime sexuel supprime l'objet de volupté, il supprime la volupté qui n'existe qu'au moment précis de la suppression. Il faut alors se soumettre un autre objet et le tuer à nouveau, un autre encore, et après lui l'infinité de tous les objets possibles. On obtient ainsi ces mornes accumulations de scènes érotiques et criminelles dont l'aspect figé, dans les romans de Sade, laisse paradoxalement au lecteur le souvenir d'une hideuse chasteté.

Que viendrait faire, dans cet univers, la jouissance, la grande joie fleurie des corps consentants et complices? Il s'agit d'une quête impossible pour échapper au désespoir et qui finit pourtant en désespoir, d'une course de la servitude à la servitude, et de la prison à la prison. Si la nature seule est vraie, si, dans la nature, seuls le désir et la destruction sont légitimes, alors, de destruction en destruction, le règne humain lui-même ne suffisant plus à la soif du sang, il faut courir à l'anéantissement universel. Il faut se faire, selon la formule de Sade, le bourreau de la nature. Mais cela même ne s'obtient pas si facilement. Quand la comptabilité est close, quand toutes les victimes ont été massacrées, les bourreaux restent face à face, dans le château solitaire. Quelque chose leur manque encore. Les corps torturés retournent par leurs éléments à la nature d'où renaîtra la vie. Le meurtre lui-même n'est pas achevé : « Le meurtre n'ôte que la première vie à l'individu que nous frappons; il faudrait pouvoir lui arracher la seconde... » Sade médite l'attentat contre la création : « J'abhorre la nature... Je voudrais déranger ses plans, contrecarrer sa marche, arrêter la roue des astres, bouleverser les globes qui flottent dans l'espace, détruire ce qui la sert, protéger ce qui lui nuit, l'insulter en un mot dans ses œuvres, et je n'y puis réussir. » Il a beau imaginer un mécanicien qui puisse pulvériser l'univers, il sait que, dans la poussière des globes, la vie continuera. L'attentat contre la création est impossible. On ne peut tout détruire, il y a toujours un reste. « Je n'y puis réussir... », cet univers implacable et glacé se détend soudain dans l'atroce mélancolie par laquelle, enfin, Sade nous touche quand il ne le voudrait pas. « Nous pourrions peut-être attaquer le soleil, en priver l'univers ou nous en servir pour embraser le monde, ce serait des crimes, cela... » Oui, ce serait des crimes, mais non le crime définitif. Il faut marcher encore; les bourreaux se mesurent du regard.

Ils sont seuls, et une seule loi les régit, celle de la puissance. Puisqu'ils l'ont acceptée alors qu'ils étaient les maîtres, ils ne peuvent plus la récuser si elle se retourne contre eux. Toute puissance tend à être unique et solitaire. Il faut encore tuer : à leur tour, les maîtres se déchireront. Sade aperçoit cette conséquence et ne recule pas. Un curieux stoïcisme du vice vient éclairer un peu ces bas-fonds de la révolte. Il ne cherchera pas à rejoindre le monde de la tendresse et du compromis. Le pont-levis ne sera pas baissé, il acceptera l'anéantissement personnel. La force déchaînée du refus rejoint à son extrémité une acceptation inconditionnelle qui n'est pas sans grandeur. Le maître accepte d'être à son tour esclave et peut-être même le désire. « L'échafaud aussi serait pour moi le trône des voluptés. »

La plus grande destruction coïncide alors avec la plus grande affirmation. Les maîtres se jettent les uns sur les autres et cette œuvre érigée à la gloire du libertinage se trouve « parsemée de cadavres de libertins frappés au sommet de leur génie[1] ». Le plus puissant, qui survivra, sera le solitaire, l'Unique, dont Sade a entrepris la glorification, lui-même en définitive. Le voilà qui règne enfin, maître et Dieu. Mais à l'instant de sa plus haute victoire, le rêve se dissipe. L'Unique se retourne vers le prisonnier dont les imaginations démesurées lui ont donné naissance; il se confond avec lui. Il est seul, en effet, emprisonné dans une Bastille ensanglantée, tout entière bâtie autour d'une jouissance encore inapaisée, mais désormais sans objet. Il n'a triomphé qu'en rêve et ces dizaines de volumes, bourrés d'atrocités et de philosophie, résument une ascèse malheureuse, une marche hallucinante du non total au oui absolu, un consentement à la mort enfin, qui transfigure le meurtre de tout et de tous en suicide collectif.

On a exécuté Sade en effigie; il n'a tué de même qu'en imagination. Prométhée finit dans Onan. Il achèvera sa vie, toujours prisonnier, mais cette fois dans un asile, jouant des pièces sur une estrade de fortune, au milieu d'hallucinés. La satisfaction que l'ordre du monde ne lui donnait pas, le rêve et la création lui en ont fourni un équivalent dérisoire. L'écrivain, bien entendu, n'a rien à se refuser. Pour lui, du moins, les limites s'écroulent et le désir peut aller jusqu'au bout. En ceci, Sade est l'homme de lettres parfait. Il a bâti une fiction pour se donner l'illusion d'être. Il a mis au-dessus de tout « le crime moral auquel on parvient par écrit ». Son mérite, incon-

---

1. Maurice Blanchot. *Lautréamont et Sade*. Editions de Minuit.

testable, est d'avoir illustré du premier coup, dans la clairvoyance malheureuse d'une rage accumulée, les conséquences extrêmes d'une logique révoltée, quand elle oublie du moins la vérité de ses origines. Ces conséquences sont la totalité close, le crime universel, l'aristocratie du cynisme et la volonté d'apocalypse. Elles se retrouveront bien des années après lui. Mais, les ayant savourées, il semble qu'il ait étouffé dans ses propres impasses, et qu'il se soit seulement délivré dans la littérature. Curieusement, c'est Sade qui a orienté la révolte sur les chemins de l'art où le romantisme l'engagera encore plus avant. Il sera de ces écrivains dont il dit que « la corruption est si dangereuse, si active, qu'ils n'ont pour but en imprimant leur affreux système que d'étendre au-delà de leurs vies la somme de leurs crimes; ils n'en peuvent plus faire, mais leurs maudits écrits en feront commettre, et cette douce idée qu'ils emportent au tombeau les console de l'obligation où les met la mort de renoncer à ce qui est ». Son œuvre révoltée témoigne ainsi de sa soif de survie. Même si l'immortalité qu'il convoite est celle de Caïn, il la convoite au moins, et témoigne malgré lui pour le plus vrai de la révolte métaphysique.

Au reste, sa postérité même oblige à lui rendre hommage. Ses héritiers ne sont pas tous écrivains. Assurément, il a souffert et il est mort pour échauffer l'imagination des beaux quartiers et des cafés littéraires. Mais ce n'est pas tout. Le succès de Sade à notre époque s'explique par un rêve qui lui est commun avec la sensibilité contemporaine : la revendication de la liberté totale, et la déshumanisation opérée à froid par l'intelligence. La réduction de l'homme en objet d'expérience, le règlement qui précise les rapports de la volonté de puissance et de l'homme objet, le champ clos de cette monstrueuse expérience, sont des leçons que les théoriciens de la puissance retrouveront, lorsqu'ils auront à organiser le temps des esclaves.

Deux siècles à l'avance, sur une échelle réduite, Sade a exalté les sociétés totalitaires au nom de la liberté frénétique que la révolte en réalité ne réclame pas. Avec lui commencent réellement l'histoire et la tragédie contemporaines. Il a seulement cru qu'une société basée sur la liberté du crime devait aller avec la liberté des mœurs, comme si la servitude avait ses limites. Notre temps s'est borné à fondre curieusement son rêve de république universelle et sa technique d'avilissement. Finalement ce qu'il haïssait le plus, le meurtre légal, a pris à son compte les découvertes qu'il voulait mettre au service du meurtre d'instinct. Le crime, dont il voulait qu'il fût le fruit exceptionnel et délicieux du vice déchaîné, n'est plus aujourd'hui que la morne habitude d'une vertu devenue policière. Ce sont les surprises de la littérature.

LA RÉVOLTE DES DANDYS

Mais l'heure est encore aux gens de lettres. Le romantisme avec sa révolte luciférienne ne servira vraiment que les aventures de l'imagination. Comme Sade, il se séparera de la révolte antique par la préférence accordée au mal et à l'individu. En mettant l'accent sur sa force de défi et de refus, la révolte, à ce stade, oublie son contenu positif. Puisque Dieu revendique ce qu'il y a de bien en l'homme, il faut tourner ce bien en dérision et choisir le mal. La haine de la mort et de l'injustice conduira donc, sinon à l'exercice, du moins à l'apologie du mal et du meurtre.

La lutte de Satan et de la mort dans le *Paradis perdu*,

poème préféré des romantiques, symbolise ce drame, mais d'autant plus profondément que la mort est (avec le péché) l'enfant de Satan. Pour combattre le mal, le révolté, parce qu'il se juge innocent, renonce au bien et enfante à nouveau le mal. Le héros romantique opère d'abord la confusion profonde, et pour ainsi dire religieuse, du bien et du mal[1]. Ce héros est « fatal », parce que la fatalité confond le bien et le mal sans que l'homme puisse s'en défendre. La fatalité exclut les jugements de valeur. Elle les remplace par un « C'est ainsi » qui excuse tout, sauf le Créateur, responsable unique de ce scandaleux état de fait. Le héros romantique est « fatal » aussi, parce qu'à mesure qu'il grandit en force et en génie la puissance du mal grandit en lui. Toute puissance, tout excès se couvre alors du « C'est ainsi ». Que l'artiste, le poète en particulier, soit démoniaque, cette idée très ancienne trouve une formulation provocante chez les romantiques. Il y a même, à cette époque, un impérialisme du démon qui vise à tout lui annexer, même les génies de l'orthodoxie. « Ce qui fit que Milton, observe Blake, écrivait dans la gêne lorsqu'il parlait des anges et de Dieu, dans l'audace lorsque des démons et de l'enfer, c'est qu'il était un vrai poète, et du parti des démons, sans le savoir. » Le poète, le génie, l'homme lui-même, dans son image la plus haute, s'écrie alors en même temps que Satan : « Adieu, l'espérance, mais avec l'espérance, adieu crainte, adieu remords... Mal, sois mon bien. » C'est le cri de l'innocence outragée.

Le héros romantique s'estime donc contraint de commettre le mal, par nostalgie d'un bien impossible. Satan s'élève contre son créateur, parce que celui-ci a employé la force pour le réduire. « Egalé en raison, dit le Satan de Milton, il s'est élevé au-dessus de ses égaux par la force. »

---

1. Thème dominant chez William Blake, par exemple.

La violence divine est ainsi condamnée explicitement. Le révolté s'éloignera de ce Dieu agresseur et indigne [1], « le plus loin de lui est le mieux », et régnera sur toutes les forces hostiles à l'ordre divin. Le prince du mal n'a choisi sa voie que parce que le bien est une notion définie et utilisée par Dieu pour les desseins injustes. L'innocence même irrite le Rebelle dans la mesure où elle suppose un aveuglement de dupe. Ce « noir esprit du mal qu'irrite l'innocence » suscitera ainsi une injustice humaine parallèle à l'injustice divine. Puisque la violence est à la racine de la création, une violence délibérée lui répondra. L'excès du désespoir ajoute encore aux causes du désespoir pour mener la révolte à cet état de haineuse atonie, qui suit la longue épreuve de l'injustice, et où disparaît définitivement la distinction du bien et du mal. Le Satan de Vigny

> *...Ne peut plus sentir le mal ni les bienfaits.*
> *Il est même sans joie aux malheurs qu'il a faits.*

Ceci définit le nihilisme et autorise le meurtre.

Le meurtre, en effet, va devenir aimable. Il suffit de comparer le Lucifer des imagiers du Moyen Age au Satan romantique. Un adolescent « jeune, triste et charmant » (Vigny) remplace la bête cornue. « Beau d'une beauté qui ignore la terre » (Lermontov), solitaire et puissant, douloureux et méprisant, il opprime avec négligence. Mais son excuse est la douleur. « Qui oserait envier, dit le Satan de Milton, celui que la plus haute place condamne à la plus forte part de souffrances sans terme? » Tant

---

1. « Le Satan de Milton est moralement très supérieur à son Dieu comme celui qui persévère en dépit de l'adversité et de la fortune est supérieur à celui qui, dans la froide sécurité d'un triomphe certain, exerce la plus horrible vengeance sur ses ennemis. » Herman Melville.

d'injustices souffertes, une douleur si continue, autorisent tous les excès. Le révolté se donne alors quelques avantages. Le meurtre sans doute n'est pas recommandé pour lui-même. Mais il est inscrit à l'intérieur de la valeur, suprême pour le romantique, de frénésie. La frénésie est l'envers de l'ennui : Lorenzaccio rêve de Han d'Islande. D'exquises sensibilités appellent les fureurs élémentaires de la brute. Le héros byronien, incapable d'amour, ou capable seulement d'un amour impossible, souffre de spleen. Il est seul, languide, sa condition l'épuise. S'il veut se sentir vivre, il faut que ce soit dans la terrible exaltation d'une action brève et dévorante. Aimer ce que jamais on ne verra deux fois, c'est aimer dans la flamme et le cri pour s'abîmer ensuite. On ne vit plus que dans et par l'instant, pour

> *cette union courte mais vivante*
> *d'un cœur tourmenté uni à la tourmente*
> (Lermontov).

La menace mortelle qui plane sur notre condition stérilise tout. Seul le cri fait vivre; l'exaltation tient lieu de vérité. A ce degré, l'apocalypse devient une valeur où tout se confond, amour et mort, conscience et culpabilité. Dans un univers désorbité, il n'existe plus d'autre vie que celle des abîmes où, selon Alfred Le Poittevin, viennent rouler les humains « frémissant de rage et chérissant leurs crimes », pour y maudire le Créateur. La frénétique ivresse et, à la limite, le beau crime épuisent alors en une seconde tout le sens d'une vie. Sans prêcher à proprement parler le crime, le romantisme s'attache à illustrer un mouvement profond de revendication dans les images conventionnelles du hors-la-loi, du bon forçat, du brigand généreux. Le mélodrame sanglant et le roman noir triomphent. On délivre avec Pixérécourt, et à moindres frais, ces appétits affreux de l'âme que d'autres satisferont dans les camps d'extermination. Sans doute, ces œuvres sont aussi un défi porté à la société du temps. Mais, dans sa source vive, le romantisme défie d'abord la loi morale et divine. Voilà pourquoi son image la plus originale n'est pas, d'abord, le révolutionnaire mais, logiquement, le dandy.

Logiquement, car cette obstination dans le satanisme ne peut se justifier que par l'affirmation sans cesse répétée de l'injustice et, d'une certaine manière, par sa consolidation. La douleur, à ce stade, ne paraît acceptable qu'à la condition qu'elle soit sans remède. Le révolté choisit la métaphysique du pire, qui s'exprime dans la littérature de damnation dont nous ne sommes pas encore sortis. « Je sentais ma puissance et je sentais des fers » (Petrus Borel). Mais ces fers sont chéris. Il faudrait sans eux prouver, ou exercer, la puissance qu'après tout on n'est pas sûr d'avoir. Pour finir, on devient fonctionnaire en Algérie et Prométhée, avec le même Borel, veut fermer les cabarets et réformer les mœurs des colons. Il n'empêche : tout poète, pour être reçu, doit alors être maudit[1]. Charles Lassailly, le même qui projetait un roman philosophique, *Robespierre et Jésus-Christ,* ne se couche jamais sans proférer, pour se soutenir, quelques fervents blasphèmes. La révolte se pare de deuil et se fait admirer sur les planches. Bien plus que le culte de l'individu, le romantisme inaugure le culte du personnage. C'est alors qu'il est logique. N'espérant plus la règle ou l'unité de Dieu, obstiné à se rassembler contre un destin ennemi, impatient de maintenir tout ce qui peut l'être encore dans un monde voué à la mort, la révolte romantique cherche une

---

1. Notre littérature s'en ressent encore. « Il n'y a plus de poètes maudits », dit Malraux. Il y en a moins. Mais les autres ont mauvaise conscience.

solution dans l'attitude. L'attitude rassemble dans une unité esthétique l'homme livré au hasard et détruit par les violences divines. L'être qui doit mourir resplendit au moins avant de disparaître, et cette splendeur fait sa justification. Elle est un point fixe, le seul qu'on puisse opposer au visage désormais pétrifié du Dieu de haine. Le révolté immobile soutient sans faiblir le regard de Dieu. « Rien ne changera, dit Milton, cet esprit fixe, ce haut dédain né de la conscience offensée. » Tout bouge et court au néant, mais l'humilié s'obstine, et maintient au moins la fierté. Un baroque romantique, découvert par Raymond Queneau, prétend que le but de toute vie intellectuelle est de devenir Dieu. Ce romantique, au vrai, est un peu en avance sur son temps. Le but n'était alors que d'égaler Dieu, et de se maintenir à son niveau. On ne le détruit pas, mais, par un effort incessant, on lui refuse toute soumission. Le dandysme est une forme dégradée de l'ascèse.

Le dandy crée sa propre unité par des moyens esthétiques. Mais c'est une esthétique de la singularité et de la négation. « Vivre et mourir devant un miroir », telle était, selon Baudelaire, la devise du dandy. Elle est cohérente, en effet. Le dandy est par fonction un oppositionnel. Il ne se maintient que dans le défi. La créature, jusque-là, recevait sa cohérence du créateur. A partir du moment où elle consacre sa rupture avec lui, la voilà livrée aux instants, aux jours qui passent, à la sensibilité dispersée. Il faut donc qu'elle se reprenne en main. Le dandy se rassemble, se forge une unité, par la force même du refus. Dissipé en tant que personne privée de règle, il sera cohérent en tant que personnage. Mais un personnage suppose un public; le dandy ne peut se poser qu'en s'opposant. Il ne peut s'assurer de son existence qu'en la retrouvant dans le visage des autres. Les autres sont le miroir. Miroir vite obscurci, il est vrai, car la capacité d'attention de l'homme est limitée. Elle doit être réveillée sans cesse, éperonnée par la provocation. Le dandy est donc forcé d'étonner toujours. Sa vocation est dans la singularité, son perfectionnement dans la surenchère. Toujours en rupture, en marge, il force les autres à le créer lui-même, en niant leurs valeurs. Il joue sa vie, faute de pouvoir la vivre. Il la joue jusqu'à la mort, sauf aux instants où il est seul et sans miroir. Etre seul pour le dandy revient à n'être rien. Les romantiques n'ont parlé si magnifiquement de la solitude que parce qu'elle était leur douleur réelle, celle qui ne peut se supporter. Leur révolte s'enracine à un niveau profond, mais du *Cleveland* de l'abbé Prévost, jusqu'aux dadaïstes, en passant par les frénétiques de 1830, Baudelaire et les décadents de 1880, plus d'un siècle de révolte s'assouvit à bon compte dans les audaces de « l'excentricité ». Si tous ont su parler de la douleur, c'est que, désespérant de jamais la dépasser autrement que par de vaines parodies, ils éprouvaient instinctivement qu'elle demeurait leur seule excuse, et leur vraie noblesse.

C'est pourquoi l'héritage du romantisme n'est pas pris en charge par Hugo, pair de France, mais par Baudelaire et Lacenaire, poètes du crime. « Tout en ce monde sue le crime, dit Baudelaire, le journal, la muraille et le visage de l'homme. » Que du moins ce crime, loi du monde, prenne figure distinguée. Lacenaire, premier en date des gentilshommes criminels, s'y emploie effectivement; Baudelaire a moins de rigueur, mais du génie. Il créera le jardin du mal où le crime ne figurera qu'une espèce plus rare que d'autres. La terreur elle-même deviendra fine sensation et objet rare. « Non seulement je serais heureux d'être victime, mais je ne haïrais pas d'être bourreau pour *sentir* la révolution des deux manières. » Même son conformisme a, chez Baudelaire, l'odeur du crime. S'il a choisi Maistre pour maître à penser, c'est dans la mesure où ce conservateur va jusqu'au bout et centre sa doctrine autour de la mort et du bourreau. « Le vrai saint, feint de penser Baudelaire, est celui qui fouaille et tue le peuple pour le bien du peuple. » Il sera exaucé. La race des vrais saints commence à se répandre sur la terre pour consacrer ces curieuses conclusions de la révolte. Mais Baudelaire, malgré son arsenal satanique, son goût pour Sade, ses blasphèmes, restait trop théologien pour être un vrai révolté. Son vrai drame, qui l'a fait le plus grand poète de son temps, était ailleurs. Baudelaire ne peut être évoqué ici que dans la mesure où il a été le théoricien le plus profond du dandysme et donna des formules définitives à l'une des conclusions de la révolte romantique.

Le romantisme démontre en effet que la révolte a partie liée avec le dandysme; l'une de ses directions est le paraître. Dans ses formes conventionnelles, le dandysme avoue la nostalgie d'une morale. Il n'est qu'un honneur dégradé en point d'honneur. Mais il inaugure en même temps une esthétique qui règne encore sur notre monde, celle des créateurs solitaires, rivaux obstinés d'un Dieu qu'ils condamnent. A partir du romantisme, la tâche de l'artiste ne sera plus seulement de créer un monde, ni d'exalter la beauté pour elle seule, mais aussi de définir une attitude. L'artiste devient alors modèle, il se propose en exemple : l'art est sa morale. Avec lui commence l'âge des directeurs de conscience. Quand les dandys ne se tuent pas ou ne deviennent pas fous, ils font carrière et posent pour la postérité. Même lorsqu'ils crient, comme Vigny, qu'ils vont se taire, leur silence est fracassant.

Mais, au sein du romantisme lui-même, la stérilité de cette attitude apparaît à quelques révoltés qui fournissent alors un type de transition entre l'excentrique (ou l'Incroyable) et nos aventuriers révolutionnaires. Entre le neveu de Rameau et les « conquérants » du XXᵉ siècle, Byron et Shelley se battent déjà, quoique ostensiblement, pour la liberté. Ils s'exposent aussi, mais d'une autre manière. La révolte quitte peu à peu le monde du paraître pour celui du faire où elle va s'engager tout entière. Les étudiants français de 1830 et les décembristes russes apparaîtront alors comme les incarnations les plus pures d'une révolte d'abord solitaire et qui cherche ensuite, à travers les sacrifices, le chemin d'une réunion. Mais, inversement, le goût de l'apocalypse et de la vie frénétique se retrouvera chez nos révolutionnaires. La parade des procès, le jeu terrible du juge d'instruction et de l'accusé, la mise en scène des interrogatoires, laissent parfois deviner une tragique complaisance au vieux subterfuge par lequel le révolté romantique, refusant ce qu'il était, se condamnait provisoirement au paraître dans le malheureux espoir de conquérir un être plus profond.

LE REFUS DU SALUT

Si le révolté romantique exalte l'individu et le mal, il ne prend donc pas le parti des hommes, mais seulement son propre parti. Le dandysme, quel qu'il soit, est toujours un dandysme par rapport à Dieu. L'individu, en tant que créature, ne peut s'opposer qu'au créateur. Il a besoin de Dieu avec qui il poursuit une sorte de sombre coquetterie. Armand Hoog [1] a raison de dire que, malgré le climat nietzschéen de ces œuvres, Dieu n'y est pas encore mort. La damnation même, revendiquée à cor et à cri, n'est qu'un bon tour qu'on joue à Dieu. Avec Dostoïevski, au contraire, la description de la révolte va faire un pas de plus. Ivan Karamazov prend le parti des hommes et met l'accent sur leur innocence. Il affirme que la condamnation à mort qui pèse sur eux est injuste. Dans son premier mouvement, au moins, loin de plaider pour le mal, il plaide pour la justice qu'il met au-dessus de la divinité. Il ne nie donc pas absolument l'existence de Dieu. Il le réfute au nom d'une valeur morale. L'ambition du révolté romantique était de parler à Dieu d'égal à égal. Le mal répond alors au mal, la superbe à la cruauté. L'idéal de Vigny est, par exemple, de répondre

1. *Les Petits Romantiques* (Cahiers du Sud).

au silence par le silence. Sans doute, il s'agit par là de se
hisser au niveau de Dieu, ce qui est déjà le blasphème.
Mais on ne songe pas à contester le pouvoir, ni la place
de la divinité. Ce blasphème est révérencieux puisque
tout blasphème, finalement, est participation au sacré.

Avec Ivan, au contraire, le ton change. Dieu est jugé à
son tour, et de haut. Si le mal est nécessaire à la création
divine, alors cette création est inacceptable. Ivan ne s'en
remettra plus à ce Dieu mystérieux, mais à un principe
plus haut qui est la justice. Il inaugure l'entreprise
essentielle de la révolte qui est de substituer au royaume
de la grâce celui de la justice. Du même coup, il
commence l'attaque contre le christianisme. Les révoltés
romantiques rompaient avec Dieu lui-même, en tant que
principe de haine. Ivan refuse explicitement le mystère et,
par conséquent, Dieu en tant que principe d'amour.
L'amour seul peut nous faire ratifier l'injustice faite à
Marthe, aux ouvriers des dix heures, et plus loin encore,
faire admettre la mort injustifiable des enfants. « Si la
souffrance des enfants, dit Ivan, sert à parfaire la somme
des douleurs nécessaires à l'acquisition de la vérité,
j'affirme d'ores et déjà que cette vérité ne vaut pas un tel
prix. » Ivan refuse la dépendance profonde que le christianisme a introduite entre la souffrance et la vérité. Le
cri le plus profond d'Ivan, celui qui ouvre les abîmes les
plus bouleversants sous les pas du révolté, est le *même si*.
« Mon indignation persisterait même si j'avais tort. » Ce
qui signifie que même si Dieu existait, même si le
mystère recouvrait une vérité, même si le starets Zosime
avait raison, Ivan n'accepterait pas que cette vérité fût
payée par le mal, la souffrance, et la mort infligée à
l'innocent. Ivan incarne le refus du salut. La foi mène à la
vie immortelle. Mais la foi suppose l'acceptation du
mystère et du mal, la résignation à l'injustice. Celui que
la souffrance des enfants empêche d'accéder à la foi ne

recevra donc pas la vie immortelle. Dans ces conditions, même si la vie immortelle existait, Ivan la refuserait. Il repousse ce marché. Il n'accepterait la grâce qu'inconditionnelle et c'est pourquoi il pose lui-même ses conditions. La révolte veut tout, ou ne veut rien. « Toute la science du monde ne vaut pas les larmes des enfants. » Ivan ne dit pas qu'il n'y a pas de vérité. Il dit que s'il y a une vérité, elle ne peut qu'être inacceptable. Pourquoi? Parce qu'elle est injuste. La lutte de la justice contre la vérité est ouverte ici pour la première fois; elle n'aura plus de cesse. Ivan, solitaire, donc moraliste, se suffira d'une sorte de don-quichottisme métaphysique. Mais quelques lustres encore et une immense conspiration politique visera à faire, de la justice, la vérité.

Par surcroît, Ivan incarne le refus d'être sauvé seul. Il se solidarise avec les damnés et, à cause d'eux, refuse le ciel. S'il croyait, en effet, il pourrait être sauvé, mais d'autres seraient damnés. La souffrance continuerait. Il n'est pas de salut possible pour qui souffre de la vraie compassion. Ivan continuera à mettre Dieu dans son tort en refusant doublement la foi comme on refuse l'injustice et le privilège. Un pas de plus, et du *Tout ou rien,* nous passons au *Tous ou personne.*

Cette détermination extrême, et l'attitude qu'elle suppose, auraient suffi aux romantiques. Mais Ivan[1], bien qu'il cède aussi au dandysme, vit réellement ses problèmes, déchiré entre le oui et le non. A partir de ce moment, il entre dans la conséquence. S'il refuse l'immortalité, que lui reste-t-il? La vie dans ce qu'elle a d'élémentaire. Le sens de la vie supprimé, il reste encore la vie. « Je vis, dit Ivan, en dépit de la logique. » Et encore : « Si je n'avais plus foi en la vie, si je doutais

1. Faut-il rappeler qu'Ivan est, d'une certaine manière, Dostoïevski, plus à l'aise dans ce personnage que dans Aliocha.

d'une femme aimée, de l'ordre universel, persuadé au contraire que tout n'est qu'un chaos infernal et maudit –, même alors, je voudrais vivre quand même. » Ivan vivra donc, aimera aussi « sans savoir pourquoi ». Mais vivre, c'est aussi agir. Au nom de quoi ? S'il n'y a pas d'immortalité, il n'y a ni récompense ni châtiment, ni bien ni mal. « Je crois qu'il n'y a pas de vertu sans immortalité. » Et aussi : « Je sais seulement que la souffrance existe, qu'il n'y a pas de coupables, que tout s'enchaîne, que tout passe et s'équilibre. » Mais s'il n'y a pas de vertu, il n'y a pas plus de loi : « Tout est permis. »

A ce « tout est permis » commence vraiment l'histoire du nihilisme contemporain. La révolte romantique n'allait pas si loin. Elle se bornait à dire, en somme, que tout n'était pas permis, mais qu'elle se permettait, par insolence, ce qui était défendu. Avec les Karamazov, au contraire, la logique de l'indignation va retourner la révolte contre elle-même et la jeter dans une contradiction désespérée. La différence essentielle est que les romantiques se donnent des permissions de complaisance, tandis qu'Ivan se forcera à faire le mal par cohérence. Il ne se permettra pas d'être bon. Le nihilisme n'est pas seulement désespoir et négation, mais surtout volonté de désespérer et de nier. Le même homme qui prenait si farouchement le parti de l'innocence, qui tremblait devant la souffrance d'un enfant, qui voulait voir « de ses yeux » la biche dormir près du lion, la victime embrasser le meurtrier, à partir du moment où il refuse la cohérence divine et tente de trouver sa propre règle, reconnaît la légitimité du meurtre. Ivan se révolte contre un Dieu meurtrier ; mais dès l'instant où il raisonne sa révolte, il en tire la loi du meurtre. Si tout est permis, il peut tuer son père, ou souffrir au moins qu'il soit tué. Une longue réflexion sur notre condition de condamnés à mort aboutit seulement à la justification du crime. Ivan, en même temps, hait la peine de mort (racontant une exécution, il dit férocement : « Sa tête tomba, au nom de la grâce divine ») et admet, en principe, le crime. Toutes les indulgences pour le meurtrier, aucune pour l'exécuteur. Cette contradiction, où Sade vivait à l'aise, étrangle au contraire Ivan Karamazov.

Il fait mine de raisonner, en effet, comme si l'immortalité n'existait pas, alors qu'il s'est borné à dire qu'il la refusait même si elle existait. Pour protester contre le mal et la mort, il choisit donc, délibérément, de dire que la vertu n'existe pas plus que l'immortalité et de laisser tuer son père. Il accepte sciemment son dilemme; être vertueux et illogique, ou logique et criminel. Son double, le diable, a raison quand il lui souffle : « Tu vas accomplir une action vertueuse et pourtant tu ne crois pas à la vertu, voilà ce qui t'irrite et te tourmente. » La question que se pose enfin Ivan, celle qui constitue le vrai progrès que Dostoïevski fait accomplir à l'esprit de révolte, est la seule qui nous intéresse ici : peut-on vivre et se maintenir dans la révolte?

Ivan laisse deviner sa réponse : on ne peut vivre dans la révolte qu'en la poussant jusqu'au bout. Qu'est-ce que l'extrémité de la révolte métaphysique? La révolution métaphysique. Le maître de ce monde, après avoir été contesté dans sa légitimité, doit être renversé. L'homme doit occuper sa place. « Comme Dieu et l'immortalité n'existent pas, il est permis à l'homme nouveau de devenir Dieu. » Mais qu'est-ce qu'être Dieu? Reconnaître justement que tout est permis; refuser toute autre loi que la sienne propre. Sans qu'il soit nécessaire de développer les raisonnements intermédiaires, on aperçoit ainsi que, devenir Dieu, c'est accepter le crime (idée favorite, aussi bien, des intellectuels de Dostoïevski). Le problème personnel d'Ivan est donc de savoir s'il sera fidèle à sa logique, et si, parti d'une protestation indignée devant la souffrance innocente, il acceptera le meurtre de son père avec l'indifférence des hommes-dieux. On connaît sa solution : Ivan laissera tuer son père. Trop profond pour se suffire du paraître, trop sensible pour agir, il se contentera de laisser faire. Mais il deviendra fou. L'homme qui ne comprenait pas comment on pouvait aimer son prochain ne comprend pas non plus comment on peut le tuer. Coincé entre une vertu injustifiable et un crime inacceptable, dévoré de pitié et incapable d'amour, solitaire privé du secourable cynisme, la contradiction tuera cette intelligence souveraine. « J'ai un esprit terrestre, disait-il. A quoi bon vouloir comprendre ce qui n'est pas de ce monde? » Mais il ne vivait que pour ce qui n'est pas de ce monde, et cet orgueil d'absolu l'enlevait précisément à la terre dont il n'aimait rien.

Ce naufrage n'empêche pas, du reste, que, le problème posé, la conséquence devait suivre : la révolte est désormais en marche vers l'action. Ce mouvement est indiqué déjà par Dostoïevski, avec une intensité prophétique, dans la légende du Grand Inquisiteur. Ivan, finalement, ne sépare pas la création de son créateur. « Ce n'est pas Dieu que je repousse, dit-il, c'est la création. » Autrement dit, c'est Dieu le père, inséparable de ce qu'il a créé[1]. Son projet d'usurpation reste donc tout moral. Il ne veut rien réformer dans la création. Mais, la création étant ce qu'elle est, il en tire le droit de s'affranchir moralement, et les autres hommes avec lui. A partir du moment, au contraire, où l'esprit de révolte, acceptant le « tout est permis » et le « tous ou personne », visera à refaire la

---

1. Ivan accepte de laisser tuer son père, précisément. Il choisit l'attentat contre la nature et la procréation. Ce père d'ailleurs est infâme. Entre Ivan et le dieu d'Aliocha, la figure repoussante du père Karamazov se glisse constamment.

création pour assurer la royauté et la divinité des hommes, à partir du moment où la révolution métaphysique s'étendra du moral au politique, une nouvelle entreprise, de portée incalculable, commencera, née elle aussi, il faut le remarquer, du même nihilisme. Dostoïevski, prophète de la nouvelle religion, l'avait prévue et annoncée : « Si Aliocha avait conclu qu'il n'y a ni Dieu ni immortalité, il serait tout de suite devenu athée et socialiste. Car le socialisme, ce n'est pas seulement la question ouvrière, c'est surtout la question de l'athéisme, de son incarnation contemporaine, la question de la tour de Babel, qui se construit sans Dieu, non pour atteindre les cieux de la terre, mais pour abaisser les cieux jusqu'à la terre[1]. »

Après cela, Aliocha peut en effet traiter Ivan, avec attendrissement, de « vrai blanc-bec ». Celui-ci s'essayait seulement à la maîtrise de soi et n'y parvenait pas. D'autres, plus sérieux, viendront, qui, partis de la même négation désespérée, vont exiger l'empire du monde. Ce sont les Grands Inquisiteurs qui emprisonnent le Christ et viennent lui dire que sa méthode n'est pas la bonne, que le bonheur universel ne peut s'obtenir par la liberté immédiate de choisir entre le bien et le mal, mais par la domination et l'unification du monde. Il faut régner d'abord, et conquérir. Le royaume des cieux viendra, en effet, sur terre, mais les hommes y régneront, quelques-uns d'abord qui seront les Césars, ceux qui ont compris les premiers, et tous les autres ensuite, avec le temps. L'unité de la création se fera, par tous les moyens, puisque tout est permis. Le Grand Inquisiteur est vieux et las, car sa science est amère. Il sait que les hommes sont plus paresseux que lâches et qu'ils préfèrent la paix et la mort à la liberté de discerner le bien et le mal. Il a pitié,

---

1. *Id.* « Ces questions (Dieu et l'immortalité) sont les mêmes que les questions socialistes, mais envisagées sous un autre angle. »

une pitié froide, de ce prisonnier silencieux que l'histoire dément sans trêve. Il le presse de parler, de reconnaître ses torts et de légitimer, en un sens, l'entreprise des Inquisiteurs et des Césars. Mais le prisonnier se tait. L'entreprise se poursuivra donc sans lui; on le tuera. La légitimité viendra à la fin des temps quand le royaume des hommes sera assuré. « L'affaire n'est qu'au début, elle est loin d'être terminée, et la terre aura encore beaucoup à souffrir, mais nous atteindrons notre but, nous serons César, alors nous songerons au bonheur universel. »

Le prisonnier, depuis lors, a été exécuté; seuls règnent les Grands Inquisiteurs qui écoutent « l'esprit profond, l'esprit de destruction et de mort ». Les Grands Inquisiteurs refusent fièrement le pain du ciel et la liberté et offrent le pain de la terre sans la liberté. « Descends de la croix et nous croirons en toi », criaient déjà leurs policiers sur le Golgotha. Mais il n'est pas descendu et, même, au moment le plus torturé de l'agonie, il s'est plaint à Dieu d'avoir été abandonné. Il n'y a donc plus de preuves, mais la foi et le mystère, que les révoltés repoussent, et que les Grands Inquisiteurs bafouent. Tout est permis et les siècles du crime se sont préparés à cette minute bouleversée. De Paul à Staline les papes qui ont choisi César ont préparé la voie aux Césars qui ne choisissent qu'eux-mêmes. L'unité du monde qui ne s'est pas faite avec Dieu tentera désormais de se faire contre Dieu.

Mais nous n'en sommes pas encore là. Pour le moment, Ivan ne nous offre que le visage défait du révolté aux abîmes, incapable d'action, déchiré entre l'idée de son innocence et la volonté du meurtre. Il hait la peine de mort parce qu'elle est l'image de la condition humaine et, en même temps, il marche vers le crime. Pour avoir pris le parti des hommes, il reçoit en partage la solitude. La révolte de la raison, avec lui, s'achève en folie.

L'AFFIRMATION ABSOLUE

Dès l'instant où l'homme soumet Dieu au jugement moral, il le tue en lui-même. Mais quel est alors le fondement de la morale? On nie Dieu au nom de la justice, mais l'idée de justice se comprend-elle sans l'idée de Dieu? Ne sommes-nous pas alors dans l'absurdité? C'est l'absurdité que Nietzsche aborde de front. Pour mieux la dépasser, il la pousse à bout : la morale est le dernier visage de Dieu qu'il faut détruire, avant de reconstruire. Dieu alors n'est plus et ne garantit plus notre être; l'homme doit se déterminer à faire, pour être.

L'UNIQUE

Stirner, déjà, avait voulu abattre en l'homme, après Dieu lui-même, toute idée de Dieu. Mais, au contraire de Nietzsche, son nihilisme est satisfait. Stirner rit dans l'impasse, Nietzsche se rue contre les murs. Dès 1845, date de parution de *L'Unique et sa propriété,* Stirner commence à faire place nette. L'homme, qui fréquentait

la « Société des Affranchis » avec les jeunes hégéliens de
gauche (dont Marx), n'avait pas seulement un compte à
régler avec Dieu, mais encore avec l'Homme de Feuerbach, l'Esprit de Hegel et son incarnation historique,
l'Etat. Toutes ces idoles pour lui sont nées du même
« mongolisme », la croyance à des idées éternelles. Il a
donc pu écrire : « Je n'ai fondé ma cause sur rien. » Le
péché certes est un « fléau mongol », mais le droit aussi
dont nous sommes les forçats. Dieu est l'ennemi; Stirner
va aussi loin que possible dans le blasphème (« digère
l'hostie et tu en es quitte »). Mais Dieu n'est qu'une des
aliénations du moi, ou plus exactement de ce que je suis.
Socrate, Jésus, Descartes, Hegel, tous les prophètes et les
philosophes, n'ont jamais fait qu'inventer de nouvelles
manières d'aliéner ce que je suis, ce moi que Stirner tient
à distinguer du Moi absolu de Fichte en le réduisant à ce
qu'il a de plus particulier et de plus fugitif. « Les noms ne
le nomment pas », il est l'Unique.

L'histoire universelle jusqu'à Jésus n'est pour Stirner
qu'un long effort pour idéaliser le réel. Cet effort s'incarne dans les pensées et les rites de purification propres
aux anciens. A partir de Jésus, le but est atteint, un autre
effort commence qui consiste, au contraire, à réaliser
l'idéal. La rage de l'incarnation succède à la purification
et, de plus en plus, dévaste le monde à mesure que le
socialisme, héritier du Christ, étend son empire. Mais
l'histoire universelle n'est qu'une longue offense au principe unique que je suis, principe vivant, concret, principe
de victoire qu'on a voulu plier sous le joug d'abstractions
successives, Dieu, l'Etat, la société, l'humanité. Pour
Stirner, la philanthropie est une mystification. Les philosophies athées qui culminent dans le culte de l'Etat et de
l'homme ne sont elles-mêmes que des « insurrections
théologiques ». « Nos athées, dit Stirner, sont vraiment de
pieuses gens. » Il n'y a eu qu'un culte tout au long de

l'histoire, celui de l'éternité. Ce culte est mensonge. Seul est vrai l'Unique, ennemi de l'éternel, et de toute chose, en vérité, qui ne serve pas son désir de domination.

Avec Stirner, le mouvement de négation qui anime la révolte submerge irrésistiblement toutes les affirmations. Il balaye aussi les succédanés du divin dont la conscience morale est encombrée. « L'au-delà extérieur est balayé, dit-il, mais l'au-delà intérieur est devenu un nouveau ciel. » Même la révolution, surtout la révolution, répugne à ce révolté. Pour être révolutionnaire, il faut croire encore à quelque chose, là où il n'y a rien à croire. « La Révolution (française) a abouti à une réaction et cela montre ce qu'était *en réalité* la Révolution. » S'asservir à l'humanité ne vaut pas mieux que servir Dieu. Du reste, la fraternité n'est que « la manière de voir du dimanche des communistes ». En semaine les frères deviennent esclaves. Il n'y a donc qu'une liberté pour Stirner, « ma puissance », et qu'une vérité, « le splendide égoïsme des étoiles ».

Dans ce désert, tout refleurit. « La signification formidable d'un cri de joie sans pensée ne pouvait être comprise tant que dura la longue nuit de la pensée et de la foi. » Cette nuit touche à sa fin, une aube va se lever qui n'est pas celle des révolutions, mais de l'insurrection. L'insurrection est en elle-même une ascèse, qui refuse tous les conforts. L'insurgé ne s'accordera aux autres hommes que dans la mesure et pour le temps où leur égoïsme coïncidera avec le sien. Sa vraie vie est dans la solitude où il assouvira sans frein l'appétit d'être qui est son seul être.

L'individualisme parvient ainsi à un sommet. Il est négation de tout ce qui nie l'individu et glorification de tout ce qui l'exalte et le sert. Qu'est-ce que le bien, selon Stirner ? « Ce dont je puis user. » A quoi suis-je légitimement autorisé ? « A tout ce dont je suis capable. » La révolte débouche encore sur la justification du crime. Stirner a non seulement tenté cette justification (à cet égard, sa descendance directe se retrouve dans les formes terroristes de l'anarchie), mais s'est visiblement grisé des perspectives qu'il ouvrait ainsi. « Rompre avec le sacré, ou mieux, rompre le sacré, peut devenir général. Ce n'est pas une nouvelle révolution qui approche, mais puissant, orgueilleux, sans respect, sans honte, sans conscience, un crime ne grossit-il pas avec le tonnerre à l'horizon et ne vois-tu pas que le ciel, lourd de pressentiments, s'obscurcit et se tait ? » On sent ici la joie sombre de ceux qui font naître des apocalypses dans un galetas. Rien ne peut plus freiner cette logique amère et impérieuse, rien qu'un moi dressé contre toutes les abstractions, devenu lui-même abstrait et innommable à force d'être séquestré et coupé de ses racines. Il n'y a plus de crimes ni de fautes, partant plus de pécheurs. Nous sommes tous parfaits. Puisque chaque moi est, en lui-même, foncièrement criminel envers l'Etat et le peuple, sachons reconnaître que vivre, c'est transgresser. A moins d'accepter de tuer, pour être unique. « Vous n'êtes pas aussi grand qu'un criminel, vous qui ne profanez rien. » Encore timoré, Stirner précise d'ailleurs : « Les tuer, non les martyriser. »

Mais décréter la légitimité du meurtre, c'est décréter la mobilisation et la guerre des Uniques. Le meurtre coïncidera ainsi avec une sorte de suicide collectif. Stirner, qui n'en avoue ou n'en voit rien, ne reculera cependant devant aucune destruction. L'esprit de révolte trouve enfin l'une de ses satisfactions les plus amères dans le chaos. « On te (la nation allemande) portera en terre. Bientôt tes sœurs, les nations, te suivront; quand toutes seront parties à ta suite, l'humanité sera enterrée, et sur sa tombe, Moi, mon seul maître enfin, Moi, son héritier, je rirai. » Ainsi, sur les ruines du monde, le rire désolé de l'individu-roi illustre la victoire dernière de l'esprit de révolte. Mais à cette extrémité, plus rien n'est possible que la mort ou la résurrection. Stirner et, avec lui, tous les révoltés nihilistes courent aux confins, ivres de destruction. Après quoi, le désert découvert, il faut apprendre à y subsister. La quête exténuante de Nietzsche commence.

NIETZSCHE ET LE NIHILISME

« Nous nions Dieu, nous nions la responsabilité de Dieu, c'est ainsi seulement que nous délivrerons le monde. » Avec Nietzsche, le nihilisme semble devenir prophétique. Mais on ne peut rien tirer de Nietzsche, sinon la cruauté basse et médiocre qu'il haïssait de toutes ses forces, tant qu'on ne met pas au premier plan dans son œuvre, bien avant le prophète, le clinicien. Le caractère provisoire, méthodique, stratégique en un mot, de sa pensée ne peut être mis en doute. En lui le nihilisme, pour la première fois, devient conscient. Les chirurgiens ont ceci de commun avec les prophètes qu'ils pensent et opèrent en fonction de l'avenir. Nietzsche n'a jamais pensé qu'en fonction d'une apocalypse à venir, non pour l'exalter, car il devinait le visage sordide et calculateur que cette apocalypse finirait par prendre, mais pour l'éviter et la transformer en renaissance. Il a reconnu le nihilisme et l'a examiné comme un fait clinique. Il se disait le premier nihiliste accompli de l'Europe. Non par goût, mais par état, et parce qu'il était trop grand pour refuser l'héritage de son époque. Il a diagnostiqué en lui-même, et chez les autres, l'impuissance à croire et la disparition du fondement primitif de toute foi, c'est-à-dire la croyance à la vie. Le « peut-on vivre révolté ? » est devenu chez lui « peut-on vivre sans rien croire ? ». Sa réponse est positive. Oui, si l'on fait de l'absence de foi une méthode, si l'on pousse le nihilisme jusque dans ses conséquences dernières, et si, débouchant alors dans le désert et faisant confiance à ce qui va venir, on éprouve du même mouvement primitif la douleur et la joie.

Au lieu du doute méthodique, il a pratiqué la négation méthodique, la destruction appliquée de tout ce qui masque encore le nihilisme à lui-même, des idoles qui camouflent la mort de Dieu. « Pour élever un sanctuaire nouveau, il faut abattre un sanctuaire, telle est la loi. » Celui qui veut être créateur dans le bien et dans le mal, selon lui, doit d'abord être destructeur et briser les valeurs. « Ainsi le suprême mal fait partie du suprême bien, mais le suprême bien est créateur. » Il a écrit, à sa manière, le *Discours de la méthode* de son temps, sans la liberté et l'exactitude de ce XVIIᵉ siècle français qu'il admirait tant, mais avec la folle lucidité qui caractérise le XXᵉ siècle, siècle du génie, selon lui. Cette méthode de la révolte, il nous revient de l'examiner[1].

La première démarche de Nietzsche est ainsi de consentir à ce qu'il sait. L'athéisme, pour lui, va de soi, il est « constructif et radical ». La vocation supérieure de Nietzsche, à l'en croire, est de provoquer une sorte de crise et d'arrêt décisif dans le problème de l'athéisme. Le monde marche à l'aventure, il n'a pas de finalité. Dieu est donc inutile, puisqu'il ne veut rien. S'il voulait quelque chose, et l'on reconnaît ici la formulation traditionnelle du problème du mal, il lui faudrait assumer « une somme de douleur et d'illogisme qui abaisserait la valeur totale

---

1. C'est évidemment la dernière philosophie de Nietzsche, de 1880 à l'effondrement, qui nous occupera ici. Ce chapitre peut être considéré comme un commentaire à la *Volonté de Puissance*.

du devenir ». On sait que Nietzsche enviait publiquement à Stendhal sa formule : « la seule excuse de Dieu, c'est qu'il n'existe pas ». Privé de la volonté divine, le monde est privé également d'unité et de finalité. C'est pourquoi le monde ne peut être jugé. Tout jugement de valeur porté sur lui aboutit finalement à la calomnie de la vie. On juge alors de ce qui est, par référence à ce qui devrait être, royaume du ciel, idées éternelles, ou impératif moral. Mais ce qui devait être n'est pas; ce monde ne peut être jugé au nom de rien. « Les avantages de ce temps : rien n'est vrai, tout est permis. » Ces formules qui se répercutent dans des milliers d'autres, somptueuses ou ironiques, suffisent en tout cas à démontrer que Nietzsche accepte le fardeau entier du nihilisme et de la révolte. Dans ses considérations, d'ailleurs puériles, sur « le dressage et la sélection », il a même formulé la logique extrême du raisonnement nihiliste : « Problème : par quels moyens obtiendrait-on une forme rigoureuse de grand nihilisme contagieux qui enseignerait et pratiquerait avec une conscience toute scientifique la mort volontaire ? »

Mais Nietzsche colonise au profit du nihilisme les valeurs qui, traditionnellement, ont été considérées comme des freins au nihilisme. Principalement, la morale. La conduite morale, telle que Socrate l'a illustrée, ou telle que le christianisme la recommande, est en elle-même un signe de décadence. Elle veut substituer à l'homme de chair un homme reflet. Elle condamne l'univers des passions et des cris au nom d'un monde harmonieux, tout entier imaginaire. Si le nihilisme est l'impuissance à croire, son symptôme le plus grave ne se retrouve pas dans l'athéisme, mais dans l'impuissance à croire ce qui est, à voir ce qui se fait, à vivre ce qui s'offre. Cette infirmité est à la base de tout idéalisme. La morale n'a pas foi au monde. La vraie morale, pour Nietzsche,

ne se sépare pas de la lucidité. Il est sévère pour les
« calomniateurs du monde », parce qu'il décèle, dans
cette calomnie, le goût honteux de l'évasion. La morale
traditionnelle n'est pour lui qu'un cas spécial d'immortalité. « C'est le bien, dit-il, qui a besoin d'être justifié. » Et
encore : « C'est pour des raisons morales qu'on cessera un
jour de faire le bien. »

La philosophie de Nietzsche tourne certainement
autour du problème de la révolte. Exactement, elle
commence par être une révolte. Mais on sent le déplace-
ment opéré par Nietzsche. La révolte, avec lui, part du
« Dieu est mort » qu'elle considère comme un fait acquis;
elle se tourne alors contre tout ce qui vise à remplacer
faussement la divinité disparue et déshonore un monde,
sans doute sans direction, mais qui demeure le seul
creuset des dieux. Contrairement à ce que pensent certains de ses critiques chrétiens, Nietzsche n'a pas formé le
projet de tuer Dieu. Il l'a trouvé mort dans l'âme de son
temps. Il a, le premier, compris l'immensité de l'événement et décidé que cette révolte de l'homme ne pouvait
mener à une renaissance si elle n'était pas dirigée. Toute
autre attitude envers elle, que ce soit le regret ou la
complaisance, devait amener l'apocalypse. Nietzsche n'a
donc pas formulé une philosophie de la révolte, mais
édifié une philosophie sur la révolte.

S'il attaque le christianisme, en particulier, c'est seulement en tant que morale. Il laisse toujours intacts la
personne de Jésus, d'une part, et, d'autre part, les aspects
cyniques de l'Eglise. On sait qu'il admirait, en connais-
seur, les Jésuites. « Au fond, écrit-il, seul le Dieu moral
est réfuté[1]. » Le Christ, pour Nietzsche comme pour
Tolstoï, n'est pas un révolté. L'essentiel de sa doctrine se

---

1. « Vous dites que c'est la décomposition spontanée de Dieu, mais ce
n'est qu'une mue; il se dépouille de son épiderme moral. Et vous le verrez
reparaître, par-delà le Bien et le Mal. »

résume à l'assentiment total, la non-résistance au mal. Il
ne faut pas tuer, même pour empêcher de tuer. Il faut
accepter le monde tel qu'il est, refuser d'ajouter à son
malheur, mais consentir à souffrir personnellement du
mal qu'il contient. Le royaume des cieux est immédiatement à notre portée. Il n'est qu'une disposition intérieure
qui nous permet de mettre nos actes en rapport avec ces
principes, et qui peut nous donner la béatitude immédiate. Non pas la foi, mais les œuvres, voilà, selon
Nietzsche, le message du Christ. A partir de là, l'histoire
du christianisme n'est qu'une longue trahison de ce
message. Le Nouveau Testament est déjà corrompu, et,
de Paul aux Conciles, le service de la foi fait oublier les
œuvres.

Quelle est la corruption profonde que le christianisme
ajoute au message de son maître? L'idée du jugement,
étrangère à l'enseignement du Christ, et les notions
corrélatives de châtiment et de récompense. Dès cet
instant, la nature devient histoire, et histoire significative,
l'idée de la totalité humaine est née. De la bonne
nouvelle au jugement dernier, l'humanité n'a pas d'autre
tâche que de se conformer aux fins expressément morales
d'un récit écrit à l'avance. La seule différence est que les
personnages, à l'épilogue, se partagent d'eux-mêmes en
bons et en méchants. Alors que le seul jugement du
Christ consiste à dire que le péché de nature est sans
importance, le christianisme historique fera de toute la
nature la source du péché. « Qu'est-ce que le Christ nie?
tout ce qui porte à présent le nom de chrétien. » Le
christianisme croit lutter contre le nihilisme parce qu'il
donne une direction au monde, alors qu'il est nihiliste
lui-même dans la mesure où, imposant un sens imaginaire à la vie, il empêche de découvrir son vrai sens :
« Toute Eglise est la pierre roulée sur le sépulcre d'un
homme-dieu; elle cherche, par la force, à l'empêcher de

ressusciter. » La conclusion paradoxale, mais significative, de Nietzsche est que Dieu est mort à cause du
christianisme, dans la mesure où celui-ci a sécularisé le
sacré. Il faut entendre ici le christianisme historique et
« sa duplicité profonde et méprisable ».

Le même raisonnement dresse Nietzsche devant le
socialisme et toutes les formes de l'humanitarisme. Le
socialisme n'est qu'un christianisme dégénéré. Il maintient en effet cette croyance à la finalité de l'histoire qui
trahit la vie et la nature, qui substitue des fins idéales aux
fins réelles, et contribue à énerver les volontés et les
imaginations. Le socialisme est nihiliste, au sens désormais précis que Nietzsche confère à ce mot. Le nihiliste
n'est pas celui qui ne croit à rien, mais celui qui ne croit
pas à ce qui est. En ce sens, toutes les formes de
socialisme sont des manifestations encore dégradées de la
décadence chrétienne. Pour le christianisme, récompense
et châtiment supposaient une histoire. Mais, par une
logique inévitable, l'histoire tout entière finit par signifier
récompense et châtiment : de ce jour est né le messianisme collectiviste. Aussi bien, l'égalité des âmes devant
Dieu amène, Dieu étant mort, à l'égalité tout court. Là
encore, Nietzsche combat les doctrines socialistes en tant
que doctrines morales. Le nihilisme, qu'il se manifeste
dans la religion ou dans la prédication socialiste, est
l'aboutissement logique de nos valeurs dites supérieures.
L'esprit libre détruira ces valeurs, dénonçant les illusions
sur lesquelles elles reposent, le marchandage qu'elles
supposent, et le crime qu'elles commettent en empêchant
l'intelligence lucide d'accomplir sa mission : transformer
le nihilisme passif en nihilisme actif.

Dans ce monde débarrassé de Dieu et des idées morales, l'homme est maintenant solitaire et sans maître.
Personne moins que Nietzsche, et il se distingue par là

des romantiques, n'a laissé croire qu'une telle liberté pouvait être facile. Cette sauvage libération le mettait au rang de ceux dont il a dit lui-même qu'ils souffrent d'une nouvelle détresse et d'un nouveau bonheur. Mais, pour commencer, c'est la seule détresse qui crie : « Hélas, accordez-moi donc la folie... A moins d'être au-dessus de la loi, je suis le plus réprouvé d'entre les réprouvés. » Pour qui ne peut se maintenir au-dessus de la loi, il lui faut en effet trouver une autre loi, ou la démence. A partir du moment où l'homme ne croit plus en Dieu, ni dans la vie immortelle, il devient « responsable de tout ce qui vit, de tout ce qui, né de la douleur, est voué à souffrir de la vie ». C'est à lui, et à lui seul qu'il revient de trouver l'ordre et la loi. Alors commencent le temps des réprouvés, la quête exténuante des justifications, la nostalgie sans but, « la question la plus douloureuse, la plus déchirante, celle du cœur qui se demande : où pourrais-je me sentir chez moi ? ».

Parce qu'il était l'esprit libre, Nietzsche savait que la liberté de l'esprit n'est pas un confort, mais une grandeur que l'on veut et que l'on obtient, de loin en loin, par une lutte épuisante. Il savait que le risque est grand, lorsqu'on veut se tenir au-dessus de la loi, de descendre au-dessous de cette loi. C'est pourquoi il a compris que l'esprit ne trouvait sa véritable émancipation que dans l'acceptation de nouveaux devoirs. L'essentiel de sa découverte consiste à dire que, si la loi éternelle n'est pas la liberté, l'absence de loi l'est encore moins. Si rien n'est vrai, si le monde est sans règle, rien n'est défendu ; pour interdire une action, il faut en effet une valeur et un but. Mais, en même temps, rien n'est autorisé ; il faut aussi valeur et but pour élire une autre action. La domination absolue de la loi n'est pas la liberté, mais non plus l'absolue disponibilité. Tous les possibles additionnés ne font pas la liberté, mais l'impossible est esclavage. Le chaos lui aussi

est une servitude. Il n'y a de liberté que dans un monde
où ce qui est possible se trouve défini en même temps que
ce qui ne l'est pas. Sans loi, point de liberté. Si le destin
n'est pas orienté par une valeur supérieure, si le hasard
est roi, voici la marche dans les ténèbres, l'affreuse liberté
de l'aveugle. Au terme de la plus grande libération,
Nietzsche choisit donc la plus grande dépendance. « Si
nous ne faisons pas de la mort de Dieu un grand
renoncement et une perpétuelle victoire sur nous-mêmes,
nous aurons à payer pour cette perte. » Autrement dit,
avec Nietzsche, la révolte débouche dans l'ascèse. Une
logique plus profonde remplace alors le « si rien n'est
vrai, tout est permis » de Karamazov par un « si rien
n'est vrai, rien n'est permis ». Nier qu'une seule chose
soit défendue en ce monde revient à renoncer à ce qui est
permis. Là où nul ne peut plus dire ce qui est noir et ce
qui est blanc, la lumière s'éteint et la liberté devient
prison volontaire.

Cette impasse où Nietzsche pousse méthodiquement
son nihilisme, on peut dire qu'il s'y rue avec une sorte de
joie affreuse. Son but avoué est de rendre à l'homme de
son temps la situation intenable. Le seul espoir semble
être pour lui de parvenir à l'extrémité de la contradiction.
Si l'homme alors ne veut pas périr dans les nœuds qui
l'étouffent, il lui faudra les trancher d'un coup, et créer
ses propres valeurs. La mort de Dieu n'achève rien et ne
peut se vivre qu'à la condition de préparer une résurrection. « Quand on ne trouve pas la grandeur en Dieu, dit
Nietzsche, on ne la trouve nulle part; il faut la nier ou la
créer. » La nier était la tâche du monde qui l'entourait et
qu'il voyait courir au suicide. La créer fut la tâche
surhumaine pour laquelle il a voulu mourir. Il savait en
effet que la création n'est possible qu'à l'extrémité de la
solitude et que l'homme ne se résoudrait à ce vertigineux
effort que si, dans la plus extrême misère de l'esprit, il lui

fallait consentir ce geste ou mourir. Nietzsche lui crie donc que la terre est sa seule vérité, à laquelle il faut être fidèle, sur laquelle il faut vivre et faire son salut. Mais il lui enseigne en même temps que vivre sur une terre sans loi est impossible parce que vivre suppose précisément une loi. Comment vivre libre et sans loi ? A cette énigme, l'homme doit répondre, sous peine de mort.

Nietzsche du moins ne se dérobe pas. Il répond et sa réponse est dans le risque : Damoclès ne danse jamais mieux que sous l'épée. Il faut accepter l'inacceptable et se tenir à l'intenable. A partir du moment où l'on reconnaît que le monde ne poursuit aucune fin, Nietzsche propose d'admettre son innocence, d'affirmer qu'il ne relève pas du jugement puisqu'on ne peut le juger sur aucune intention, et de remplacer par conséquent tous les jugements de valeur par un seul oui, une adhésion entière et exaltée à ce monde. Ainsi, du désespoir absolu jaillira la joie infinie, de la servitude aveugle, la liberté sans merci. Etre libre, c'est justement abolir les fins. L'innocence du devenir, dès qu'on y consent, figure le maximum de liberté. L'esprit libre aime ce qui est nécessaire. La pensée profonde de Nietzsche est que la nécessité des phénomènes, si elle est absolue, sans fissures, n'implique aucune sorte de contrainte. L'adhésion totale à une nécessité totale, telle est sa définition paradoxale de la liberté. La question « libre de quoi ? » est alors remplacée par « libre pour quoi ? ». La liberté coïncide avec l'héroïsme. Elle est l'ascétisme du grand homme, « l'arc le plus tendu qui soit ».

Cette approbation supérieure, née de l'abondance et de la plénitude, est l'affirmation sans restrictions de la faute elle-même et de la souffrance, du mal et du meurtre, de tout ce que l'existence a de problématique et d'étrange. Elle naît d'une volonté arrêtée d'être ce que l'on est dans un monde qui soit ce qu'il est. « Se considérer soi-même comme une fatalité, ne pas vouloir se faire autrement que l'on est... » Le mot est prononcé. L'ascèse nietzschéenne, partie de la reconnaissance de la fatalité, aboutit à une divinisation de la fatalité. Le destin devient d'autant plus adorable qu'il est plus implacable. Le dieu moral, la pitié, l'amour sont autant d'ennemis de la fatalité qu'ils essaient de compenser. Nietzsche ne veut pas de rachat. La joie du devenir est la joie de l'anéantissement. Mais l'individu seul est abîmé. Le mouvement de révolte où l'homme revendiquait son être propre disparaît dans la soumission absolue de l'individu au devenir. L'*amor fati* remplace ce qui était un *odium fati*. « Tout individu collabore à tout l'être cosmique, que nous le sachions ou non, que nous le voulions ou non. » L'individu se perd ainsi dans le destin de l'espèce et le mouvement éternel des mondes. « Tout ce qui a été est éternel, la mer le rejette au rivage. »

Nietzsche retourne alors aux origines de la pensée, aux présocratiques. Ces derniers supprimaient les causes finales pour laisser intacte l'éternité du principe qu'ils imaginaient. Seule est éternelle la force qui n'a pas de but, le « Jeu » d'Héraclite. Tout l'effort de Nietzsche est de démontrer la présence de la loi dans le devenir et du jeu dans la nécessité : « L'enfant c'est l'innocence et l'oubli, un recommencement, un jeu, une roue qui roule d'elle-même, un premier mouvement, le don sacré de dire oui. » Le monde est divin parce que le monde est gratuit. C'est pourquoi l'art seul, par son égale gratuité, est capable de l'appréhender. Aucun jugement ne rend compte du monde, mais l'art peut nous apprendre à le répéter, comme le monde se répète au long des retours éternels. Sur la même grève, la mer primordiale répète inlassablement les mêmes paroles et rejette les mêmes êtres étonnés de vivre. Mais pour celui, du moins, qui consent à revenir et à ce que tout revienne, qui se fait écho et écho exalté, il participe de la divinité du monde.

Par ce biais, en effet, la divinité de l'homme finit par s'introduire. Le révolté qui, d'abord, nie Dieu vise ensuite à le remplacer. Mais le message de Nietzsche est que le révolté ne devient Dieu qu'en renonçant à toute révolte, même à celle qui produit les dieux pour corriger ce monde. « S'il y a un Dieu, comment supporter de ne l'être pas ? » Il y a un Dieu, en effet, qui est le monde. Pour participer à sa divinité, il suffit de dire oui. « Ne plus prier, bénir », et la terre se couvrira d'hommes-dieux. Dire oui au monde, le répéter, c'est à la fois recréer le monde et soi-même, c'est devenir le grand artiste, le créateur. Le message de Nietzsche se résume dans le mot de création, avec le sens ambigu qu'il a pris. Nietzsche n'a jamais exalté que l'égoïsme et la dureté propres à tout créateur. La transmutation des valeurs consiste seulement à remplacer la valeur du juge par celle du créateur : le respect et la passion de ce qui est. La divinité sans l'immortalité définit la liberté du créateur. Dionysos, dieu de la terre, hurle éternellement dans le démembrement. Mais il figure en même temps cette beauté bouleversée qui coïncide avec la douleur. Nietzsche a pensé que dire oui à la terre et à Dionysos était dire oui à ses souffrances. Accepter tout, et la suprême contradiction, et la douleur en même temps, c'était régner sur tout. Nietzsche acceptait de payer le prix pour ce royaume. Seule, la terre « grave et souffrante » est vraie. Seule, elle est la divinité. De même que cet Empédocle qui se précipitait dans l'Etna pour aller chercher la vérité où elle est, dans les entrailles de la terre, Nietzsche proposait à l'homme de s'abîmer dans le cosmos pour retrouver sa divinité éternelle et devenir lui-même Dionysos. La *Volonté de Puissance* s'achève ainsi, comme les *Pensées* de Pascal, à quoi elle fait si souvent penser, par un pari. L'homme n'obtient pas encore la certitude, mais la volonté de certitude, ce qui n'est pas la même chose. Nietzsche, aussi bien, à cette extrémité vacillait : « Voilà ce qui est impardonnable en toi. Tu as les pouvoirs et tu refuses de signer. » Il devait pourtant signer. Mais le nom de Dionysos n'a immortalisé que les billets à Ariane, qu'il écrivit dans la folie.

Dans un certain sens, la révolte, chez Nietzsche, aboutit encore à l'exaltation du mal. La différence est que le mal n'est plus alors une revanche. Il est accepté comme l'une des faces possibles du bien et, plus certainement encore, comme une fatalité. Il est donc pris pour être dépassé et, pour ainsi dire, comme un remède. Dans l'esprit de Nietzsche, il s'agissait seulement du fier consentement de l'âme devant ce qu'elle ne peut éviter. On connaît pourtant sa postérité et quelle politique devait s'autoriser de celui qui se disait le dernier Allemand antipolitique. Il imaginait des tyrans artistes. Mais la tyrannie est plus naturelle que l'art aux médiocres. « Plutôt César Borgia, que Parsifal », s'écriait-il. Il a eu et César et Borgia mais privés de l'aristocratie du cœur qu'il attribuait aux grands individus de la Renaissance. Quand il demandait que l'individu s'inclinât devant l'éternité de l'espèce et s'abîmât dans le grand cycle du temps, on a fait de la race un cas particulier de l'espèce et on a plié l'individu devant ce dieu sordide. La vie dont il parlait avec crainte et tremblement a été dégradée en une biologie à l'usage domestique. Une race de seigneurs incultes ânonnant la volonté de puissance a pris enfin à son compte la « difformité antisémite » qu'il n'a cessé de mépriser.

Il avait cru au courage uni à l'intelligence, et c'est là ce qu'il appelait la force. On a tourné, en son nom, le courage contre l'intelligence; et cette vertu qui fut véritablement la sienne s'est ainsi transformée en son contraire :

la violence aux yeux crevés. Il avait confondu liberté et solitude, selon la loi d'un esprit fier. Sa « solitude profonde de midi et de minuit » s'est pourtant perdue dans la foule mécanisée qui a fini par déferler sur l'Europe. Défenseur du goût classique, de l'ironie, de la frugale impertinence, aristocrate qui a su dire que l'aristocratie consiste à pratiquer la vertu sans se demander pourquoi, et qu'il faut douter d'un homme qui aurait besoin de raisons pour rester honnête, fou de droiture (« cette droiture devenue un instinct, une passion »), serviteur obstiné de cette « équité suprême de la suprême intelligence qui a pour ennemi mortel le fanatisme », son propre pays, trente-trois ans après sa mort, l'a érigé en instituteur de mensonge et de violence et a rendu haïssables des notions et des vertus que son sacrifice avait faites admirables. Dans l'histoire de l'intelligence, exception faite pour Marx, l'aventure de Nietzsche n'a pas d'équivalent; nous n'aurons jamais fini de réparer l'injustice qui lui a été faite. On connaît sans doute des philosophies qui ont été traduites, et trahies, dans l'histoire. Mais, jusqu'à Nietzsche et au national-socialisme, il était sans exemple qu'une pensée tout entière éclairée par la noblesse et les déchirements d'une âme exceptionnelle ait été illustrée aux yeux du monde par une parade de mensonges, et par l'affreux entassement des cadavres concentrationnaires. La prédication de la surhumanité aboutissant à la fabrication méthodique des sous-hommes, voilà le fait qui doit sans doute être dénoncé, mais qui demande aussi à être interprété. Si l'aboutissement dernier du grand mouvement de révolte du XIXᵉ et du XXᵉ siècle devait être cet impitoyable asservissement, ne faudrait-il pas tourner alors le dos à la révolte et reprendre le cri désespéré de Nietzsche à son époque : « Ma conscience et la vôtre ne sont plus une même conscience » ?

Reconnaissons d'abord qu'il nous sera toujours impos-

sible de confondre Nietzsche et Rosenberg. Nous devons
être les avocats de Nietzsche. Lui-même l'a dit, dénonçant par avance son impure descendance, « celui qui a
libéré son esprit doit encore se purifier ». Mais la
question est au moins de savoir si la libération de l'esprit,
telle qu'il la concevait, n'exclut pas la purification. Le
mouvement même qui aboutit à Nietzsche, et qui le
porte, a ses lois et sa logique qui, peut-être, expliquent le
sanglant travestissement dont on a revêtu sa philosophie.
N'y a-t-il rien dans son œuvre qui puisse être utilisé dans
le sens du meurtre définitif? Les tueurs, à condition de
nier l'esprit pour la lettre et même ce qui, dans la lettre,
demeure encore de l'esprit, ne pouvaient-ils trouver en lui
leurs prétextes? Il faut répondre oui. A partir du moment
où l'on néglige l'aspect méthodique de la pensée nietzschéenne (et il n'est pas sûr que lui-même s'y soit toujours
tenu), sa logique révoltée ne connaît plus de limites.

On remarquera aussi bien que ce n'est pas dans le refus
nietzschéen des idoles que le meurtre trouve sa justification, mais dans l'adhésion forcenée qui couronne l'œuvre
de Nietzsche. Dire oui à tout suppose qu'on dise oui au
meurtre. Il est d'ailleurs deux façons de consentir au
meurtre. Si l'esclave dit oui à tout, il dit oui à l'existence
du maître et à sa propre douleur; Jésus enseigne la
non-résistance. Si le maître dit oui à tout, il dit oui à
l'esclavage et à la douleur des autres; voici le tyran et la
glorification du meurtre. « N'est-il pas risible que l'on
croie à une loi sacrée, infrangible, tu ne mentiras pas, tu
ne tueras pas, dans une existence dont le caractère est le
mensonge perpétuel, le meurtre perpétuel? » En effet, et
la révolte métaphysique dans son premier mouvement
était seulement la protestation contre le mensonge et le
crime de l'existence. Le oui nietzschéen, oublieux du non
originel, renie la révolte elle-même, en même temps qu'il
renie la morale qui refuse le monde tel qu'il est. Nietzs-

che appelait de tous ses vœux un César romain avec l'âme du Christ. C'était dire oui en même temps à l'esclave et au maître, dans son esprit. Mais finalement dire oui aux deux revient à sanctifier le plus fort des deux, c'est-à-dire le maître. Le César devait fatalement renoncer à la domination de l'esprit pour choisir le règne du fait. « Comment tirer parti du crime? » s'interrogeait Nietzsche, en bon professeur fidèle à sa méthode. Le César devait répondre : en le multipliant. « Quand les fins sont grandes, a écrit Nietzsche pour son malheur, l'humanité use d'une autre mesure et ne juge plus le crime comme tel, usât-il des plus effroyables moyens. » Il est mort en 1900, au bord du siècle où cette prétention allait devenir mortelle. En vain s'était-il écrié à l'heure de la lucidité : « Il est facile de parler de toutes sortes d'actes immoraux, mais aura-t-on la force de les supporter? Par exemple, je ne pourrai pas tolérer de manquer à ma parole ou de tuer; je languirai, plus ou moins longtemps, mais j'en mourrai, tel serait mon sort. » A partir du moment où l'assentiment était donné à la totalité de l'expérience humaine, d'autres pouvaient venir, qui, loin de languir, se renforceraient dans le mensonge et le meurtre. La responsabilité de Nietzsche est d'avoir, pour des raisons supérieures de méthode, légitimé, ne fût-ce qu'un instant, au midi de la pensée, ce droit au déshonneur dont Dostoïevski disait déjà qu'on est toujours sûr, l'offrant aux hommes, de les voir s'y ruer. Mais sa responsabilité involontaire va encore plus loin.

Nietzsche est bien ce qu'il reconnaissait être : la conscience la plus aiguë du nihilisme. Le pas décisif qu'il fait accomplir à l'esprit de révolte consiste à le faire sauter de la négation de l'idéal à la sécularisation de l'idéal. Puisque le salut de l'homme ne se fait pas en Dieu, il doit se faire sur la terre. Puisque le monde n'a pas de direction, l'homme, à partir du moment où il

l'accepte, doit lui en donner une, qui aboutisse à une
humanité supérieure. Nietzsche revendiquait la direction
de l'avenir humain. « La tâche de gouverner la terre va
nous échoir. » Et ailleurs : « Le temps approche où il
faudra lutter pour la domination de la terre, et cette lutte
sera menée au nom des principes philosophiques. » Il
annonçait ainsi le XXᵉ siècle. Mais s'il l'annonçait, c'est
qu'il était averti de la logique intérieure du nihilisme et
savait que l'un de ses aboutissements était l'empire. Par
là même, il préparait cet empire.

Il y a liberté pour l'homme sans dieu, tel que l'imaginait Nietzsche, c'est-à-dire solitaire. Il y a liberté à midi
quand la roue du monde s'arrête et que l'homme dit oui à
ce qui est. Mais ce qui est devient. Il faut dire oui au
devenir. La lumière finit par passer, l'axe du jour s'incline. L'histoire recommence alors et, dans l'histoire, il
faut chercher la liberté; à l'histoire, il faut dire oui. Le
nietzschéisme, théorie de la volonté de puissance individuelle, était condamné à s'inscrire dans une volonté de
puissance totale. Il n'était rien sans l'empire du monde.
Nietzsche haïssait sans doute les libres penseurs et les
humanitaires. Il prenait les mots « liberté de l'esprit »
dans leur sens le plus extrême : la divinité de l'esprit
individuel. Mais il ne pouvait empêcher que les libres
penseurs partissent du même fait historique que lui, la
mort de Dieu, et que les conséquences fussent les mêmes.
Nietzsche a bien vu que l'humanitarisme n'était qu'un
christianisme privé de justification supérieure, qui
conservait les causes finales en rejetant la cause première.
Mais il n'a pas aperçu que les doctrines d'émancipation
socialiste devaient prendre en charge, par une logique
inévitable du nihilisme, ce dont lui-même avait rêvé : la
surhumanité.

La philosophie sécularise l'idéal. Mais viennent les
tyrans et ils sécularisent bientôt les philosophies qui leur

en donnent le droit. Nietzsche avait déjà deviné cette colonisation à propos de Hegel dont l'originalité, selon lui, fut d'inventer un panthéisme dans lequel le mal, l'erreur et la souffrance ne puissent plus servir d'argument contre la divinité. « Mais l'Etat, les puissances établies ont immédiatement utilisé cette initiative grandiose. » Lui-même pourtant avait imaginé un système où le crime ne pouvait plus servir d'argument contre rien et où la seule valeur résidait dans la divinité de l'homme. Cette initiative grandiose demandait aussi à être utilisée. Le national-socialisme à cet égard n'est qu'un héritier passager, l'aboutissement rageur et spectaculaire du nihilisme. Autrement logiques et ambitieux seront ceux qui, corrigeant Nietzsche par Marx, choisiront de ne dire oui qu'à l'histoire et non plus à la création tout entière. Le rebelle que Nietzsche agenouillait devant le cosmos sera dès lors agenouillé devant l'histoire. Quoi d'étonnant? Nietzsche, du moins dans sa théorie de la surhumanité, Marx avant lui avec la société sans classes, remplacent tous deux l'au-delà par le plus tard. En cela, Nietzsche trahissait les Grecs et l'enseignement de Jésus qui, selon lui, remplaçaient l'au-delà par le tout de suite. Marx, comme Nietzsche, pensait stratégiquement, comme lui haïssait la vertu formelle. Leurs deux révoltes qui finissent également par l'adhésion à un certain aspect de la réalité vont se fondre dans le marxisme-léninisme et s'incarner dans cette caste, dont parlait déjà Nietzsche, qui devait « remplacer le prêtre, l'éducateur, le médecin ». La différence, capitale, est que Nietzsche, en attendant le surhomme, proposait de dire oui à ce qui est et Marx à ce qui devient. Pour Marx, la nature est ce qu'on subjugue pour obéir à l'histoire, pour Nietzsche ce à quoi on obéit, pour subjuguer l'histoire. C'est la différence du chrétien au Grec. Nietzsche, du moins, a prévu ce qui allait arriver : « Le socialisme moderne tend à créer une forme de jésuitisme séculier, à faire de tous les hommes des instruments » et encore : « Ce qu'on désire, c'est le bien-être... Par suite on marche vers un esclavage spirituel tel qu'on n'en a jamais vu... Le césarisme intellectuel plane au-dessus de toute l'activité des négociants et des philosophes. » Passée au creuset de la philosophie nietzschéenne, la révolte, dans sa folie de liberté, aboutit au césarisme biologique ou historique. Le non absolu avait poussé Stirner à diviniser le crime en même temps que l'individu. Mais le oui absolu aboutit à universaliser le meurtre en même temps que l'homme lui-même. Le marxisme-léninisme a pris réellement en charge la volonté de Nietzsche, moyennant l'ignorance de quelques vertus nietzschéennes. Le grand rebelle crée alors de ses propres mains, et pour s'y enfermer, le règne implacable de la nécessité. Echappé à la prison de Dieu, son premier souci sera de construire la prison de l'histoire et de la raison, achevant ainsi le camouflage et la consécration de ce nihilisme que Nietzsche a prétendu vaincre.

LA POÉSIE RÉVOLTÉE

Si la révolte métaphysique refuse le oui et se borne à
nier absolument, elle se voue à paraître. Si elle se
précipite dans l'adoration de ce qui est, renonçant à
contester une part de la réalité, elle s'oblige tôt ou tard à
faire. Entre les deux, Ivan Karamazov représente, mais
dans un sens douloureux, le laisser-faire. La poésie
révoltée, à la fin du XIXe et au début du XXe siècle, a
constamment oscillé entre ces deux extrémités : la littérature et la volonté de puissance, l'irrationnel et le
rationnel, le rêve désespéré et l'action implacable. Une
dernière fois, ces poètes, et surtout les surréalistes, éclai-
rent pour nous le chemin qui mène du paraître au faire,
dans un raccourci spectaculaire.

Hawthorne a pu écrire de Melville qu'incroyant, il ne
savait se reposer dans l'incroyance. De même, de ces
poètes jetés à l'assaut du ciel, il est possible de dire que,
voulant tout renverser, ils ont affirmé en même temps
leur nostalgie désespérée d'un ordre. Par une ultime
contradiction, ils ont voulu tirer raison de la déraison et
faire de l'irrationnel une méthode. Ces grands héritiers du
romantisme ont prétendu rendre la poésie exemplaire et
trouver, dans ce qu'elle avait de plus déchirant, la vraie
vie. Ils ont divinisé le blasphème et transformé la poésie

en expérience et en moyen d'action. Jusqu'à eux, en effet, ceux qui avaient prétendu agir sur l'événement et sur l'homme, en Occident au moins, l'avaient fait au nom de règles rationnelles. Le surréalisme au contraire, après Rimbaud, a voulu trouver dans la démence et la subversion une règle de construction. Rimbaud, par son œuvre et seulement par elle, avait indiqué la voie, mais à la manière fulgurante dont l'orage révèle l'orée d'un chemin. Le surréalisme a creusé ce chemin et en a codifié le repérage. Par ses outrances comme par ses reculs, il a donné sa dernière et somptueuse expression à une théorie pratique de la révolte irrationnelle, dans le temps même où, sur une autre voie, la pensée révoltée fondait le culte de la raison absolue. Ses inspirateurs, Lautréamont et Rimbaud, nous apprennent en tout cas par quelles voies le désir irrationnel de paraître peut amener le révolté aux formes les plus liberticides de l'action.

LAUTRÉAMONT ET LA BANALITÉ

Lautréamont démontre que le désir de paraître se dissimule aussi, chez le révolté, derrière la volonté de banalité. Dans les deux cas, qu'il se grandisse ou qu'il s'abaisse, le révolté veut être autre qu'il n'est, alors même qu'il s'est dressé pour être reconnu dans son être véritable. Les blasphèmes et le conformisme de Lautréamont illustrent également cette malheureuse contradiction qui se résout avec lui dans la volonté de n'être rien. Loin qu'il y ait palinodie, comme on l'estime généralement, la même rage d'anéantissement explique l'appel de Maldoror à la grande nuit originelle et les banalités laborieuses des *Poésies*.

On comprend avec Lautréamont que la révolte est adolescente. Nos grands terroristes de la bombe et de la poésie sortent à peine de l'enfance. *Les Chants de Maldoror* sont le livre d'un collégien presque génial; leur pathétique naît justement des contradictions d'un cœur enfant dressé contre la création, et contre lui-même. Comme le Rimbaud des *Illuminations*, jeté contre les limites du monde, le poète choisit d'abord l'apocalypse et la destruction, plutôt que d'accepter la règle impossible qui le fait ce qu'il est dans le monde tel qu'il va.

« Je me présente pour défendre l'homme », dit Lautréamont sans simplicité. Maldoror est-il donc l'ange de la pitié? Il l'est d'une certaine manière, ayant pitié de lui-même. Pourquoi? Ceci reste à découvrir. Mais la pitié déçue, outragée, inavouable et inavouée, le portera à de singulières extrémités. Maldoror, selon ses propres termes, a reçu la vie comme une blessure et a défendu au suicide de guérir la cicatrice (*sic*). Il est, comme Rimbaud, celui qui souffre et qui s'est révolté; mais, reculant mystérieusement à dire qu'il se révolte contre ce qu'il est, il met en avant l'éternel alibi de l'insurgé : l'amour des hommes.

Simplement, celui qui se présente pour défendre l'homme écrit en même temps : « Montre-moi un homme qui soit bon. » Ce mouvement perpétuel est celui de la révolte nihiliste. On se révolte contre l'injustice faite à soi-même et à l'homme. Mais dans l'instant de lucidité où l'on aperçoit en même temps la légitimité de cette révolte et son impuissance, la fureur de négation s'étend alors à cela même que l'on prétendait défendre. Ne pouvant réparer l'injustice par l'édification de la justice, on préfère au moins la noyer dans une injustice encore plus générale qui se confond enfin avec l'anéantissement. « Le mal que vous m'avez fait est trop grand, trop grand le mal que je vous ai fait pour qu'il soit volontaire. »

Pour ne pas se haïr soi-même, il faudrait se déclarer
innocent, hardiesse toujours impossible à l'homme seul;
son empêchement est qu'il se connaît. On peut au moins
déclarer que tous sont innocents, quoique traités en
coupables. Dieu, alors, est le criminel.

Des romantiques à Lautréamont, il n'y a donc pas de
progrès réels, sinon dans le ton. Lautréamont ressuscite,
une fois de plus, avec quelques perfectionnements, la
figure du Dieu d'Abraham et l'image du rebelle lucifé-
rien. Il place Dieu « sur un trône formé d'excréments
humains et d'or », où siège « avec un orgueil idiot, le
corps recouvert d'un linceul fait avec des draps non lavés,
celui qui s'intitule lui-même le Créateur ». L'horrible
Eternel « à la figure de vipère », « le rusé bandit » qu'on
voit « embraser des incendies où périssent les vieillards et
les enfants » roule, ivre, dans le ruisseau, ou cherche au
bordel d'ignobles jouissances. Dieu n'est pas mort, mais il
est tombé. En face de la divinité déchue, Maldoror est
peint comme un cavalier conventionnel au manteau noir.
Il est le Maudit. « Il ne faut pas que les yeux soient
témoins de la laideur que l'Être suprême, avec un sourire
de haine puissante, a mise sur moi. » Il a tout renié,
« père, mère, Providence, amour, idéal, afin de ne plus
penser qu'à lui seul ». Torturé par l'orgueil, ce héros a
tous les prestiges du dandy métaphysique : « Figure plus
qu'humaine, triste comme l'univers, belle comme le
suicide. » Aussi bien, comme le révolté romantique,
désespérant de la justice divine, Maldoror prendra le parti
du mal. Faire souffrir et, ce faisant, souffrir, tel est le
programme. Les *Chants* sont de véritables litanies du
mal.

A ce tournant, on ne défend même plus la créature. Au
contraire, « attaquer par tous les moyens l'homme, cette
bête fauve, et le créateur... », tel est le dessein annoncé des
Chants. Bouleversé à la pensée d'avoir Dieu pour en-

nemi, ivre de la solitude puissante des grands criminels
(« moi seul contre l'humanité »), Maldoror va se lancer
contre la création et son auteur. Les *Chants* exaltent « la
sainteté du crime », annoncent une série croissante de
« crimes glorieux », et la stance 20 du chant II inaugure
même une véritable pédagogie du crime et de la violence.

Une si belle ardeur est, à cette époque, convention-
nelle. Elle ne coûte rien. La véritable originalité de
Lautréamont est ailleurs[1]. Les romantiques maintenaient
avec précaution l'opposition fatale entre la solitude
humaine et l'indifférence divine, les expressions littéraires
de cette solitude étant le château isolé et le dandy. Mais
l'œuvre de Lautréamont parle d'un drame plus profond.
Il semble bien que cette solitude lui ait été insupportable
et que, dressé contre la création, il ait voulu en détruire les
limites. Loin de chercher à fortifier de tours crénelées le
règne humain, il a voulu confondre tous les règnes. La
création a été ramenée par lui aux mers primitives où la
morale perd son sens en même temps que tous les
problèmes, dont celui, effrayant selon lui, de l'immortalité de l'âme. Il n'a pas voulu ériger une image spectaculaire du rebelle ou du dandy en face de la création, mais
confondre l'homme et le monde dans le même anéantissement. Il s'est attaqué à la frontière même qui sépare
l'homme de l'univers. La liberté totale, celle du crime en
particulier, suppose la destruction des frontières humaines. Ce n'est pas assez de vouer à l'exécration tous les
hommes et soi-même. Il faut encore ramener le règne
humain au niveau des règnes de l'instinct. On trouve chez
Lautréamont ce refus de la conscience rationnelle, ce

---

1. Elle fait la différence entre le chant I, publié à part, d'un byronisme
assez banal, et les chants suivants où resplendit la rhétorique du monstre.
Maurice Blanchot a bien vu l'importance de cette coupure.

retour à l'élémentaire qui est l'une des marques des
civilisations en révolte contre elles-mêmes. Il ne s'agit
plus de paraître, par un effort obstiné de la conscience,
mais de ne plus être en tant que conscience.

Toutes les créatures des *Chants* sont amphibies, parce
que Maldoror refuse la terre et ses limitations. La flore est
faite d'algues et de goémons. Le château de Maldoror est
sur les eaux. Sa patrie, le vieil océan. L'océan, double
symbole, est à la fois le lieu de l'anéantissement et de la
réconciliation. Il apaise, à sa manière, la soif puissante
des âmes vouées au mépris d'elles-mêmes et des autres, la
soif de ne plus être. Les *Chants* seraient ainsi nos
Métamorphoses, où le sourire antique est remplacé par le
rire d'une bouche coupée au rasoir, image d'un humour
forcené et grinçant. Ce bestiaire ne peut pas cacher tous
les sens qu'on a voulu y trouver, mais il révèle au moins
une volonté d'anéantissement qui prend sa source au
cœur le plus noir de la révolte. L' « abêtissez-vous »
pascalien prend avec lui un sens littéral. Il semble que
Lautréamont n'ait pu supporter la clarté froide et implacable où il faut durer pour vivre. « Ma subjectivité et un
créateur, c'est trop pour un cerveau. » Il a choisi alors de
réduire la vie, et son œuvre, à la nage fulgurante de la
seiche au milieu d'un nuage d'encre. Le beau passage où
Maldoror s'accouple en haute mer à la femelle du requin
« d'un accouplement long, chaste et hideux », le récit
significatif, surtout, où Maldoror transformé en poulpe
assaille le Créateur, sont des expressions claires d'une
évasion hors des frontières de l'être et d'un attentat
convulsé contre les lois de la nature.

Pour ceux qui se voient rejetés de la patrie harmonieuse où justice et passion s'équilibrent enfin, ils préfèrent encore à la solitude les royaumes amers où les mots
n'ont plus de sens, où règnent la force et l'instinct de
créatures aveugles. Ce défi est en même temps une

mortification. La lutte avec l'ange du chant II s'achève dans la défaite et le pourrissement de l'ange. Ciel et terre sont alors ramenés et confondus aux abîmes liquides de la vie primordiale. Ainsi l'homme-requin des *Chants* « n'avait acquis le nouveau changement des extrémités de ses bras et de ses jambes, que comme l'expiatoire châtiment de quelque crime inconnu ». Il y a, en effet, un crime, ou l'illusion d'un crime (est-ce l'homosexualité ?), dans cette vie mal connue de Lautréamont. Aucun lecteur des *Chants* ne peut se défendre de l'idée qu'il manque à ce livre une *Confession de Stavroguine*.

Faute de confession il faut voir dans les *Poésies* le redoublement de cette mytérieuse volonté d'expiation. Le mouvement propre à certaines formes de révolte qui consiste, nous le verrons, à restaurer la raison au terme de l'aventure irrationnelle, à retrouver l'ordre à force de désordre et à se charger volontairement de chaînes plus lourdes encore que celles dont on a voulu se libérer est dessiné, dans cette œuvre, avec une telle volonté de simplification et un tel cynisme qu'il faut bien que cette conversion ait un sens. Aux *Chants* qui exaltaient le non absolu succède une théorie du oui absolu, à la révolte sans merci le conformisme sans nuances. Ceci, dans la lucidité. La meilleure explication des *Chants*, les *Poésies* nous la donnent en effet. « Le désespoir se nourrissant avec un parti pris de ces fantasmagories conduit imperturbablement le littérateur à l'abrogation en masse des lois divines et sociales, et à la méchanceté théorique et pratique. » Les *Poésies* dénoncent aussi « la culpabilité d'un écrivain qui roule sur les pentes du néant et se méprise lui-même avec des cris joyeux ». Mais à ce mal elles ne donnent pas d'autre remède que le conformisme métaphysique : « Puisque la poésie du doute en arrive ainsi à un tel point de désespoir morne et de méchanceté théorique, c'est qu'elle est radicalement fausse; par cette raison qu'on y discute les principes et qu'il ne faut pas les discuter. » (Lettre à Darassé.) Ces belles raisons résument, en somme, la morale de l'enfant de chœur et du manuel d'instruction militaire. Mais le conformisme peut être forcené, et par là insolite. Quand on a exalté la victoire de l'aigle malfaisant sur le dragon de l'espérance, on peut répéter obstinément qu'on ne chante plus que l'espoir, on peut écrire : « Avec ma voix et ma solennité des grands jours, je te rappelle dans mes foyers déserts, glorieux espoirs », il faut encore convaincre. Consoler l'humanité, la traiter en frère, revenir à Confucius, Bouddha, Socrate, Jésus-Christ, « moralistes qui couraient les villages en mourant de faim » (ce qui est historiquement hasardé), ce sont encore les projets du désespoir. Ainsi, au cœur du vice, la vertu, la vie rangée, ont une odeur de nostalgie. Car Lautréamont refuse la prière et le Christ pour lui n'est qu'un moraliste. Ce qu'il propose, qu'il se propose plutôt, c'est l'agnosticisme et l'accomplissement du devoir. Un si beau programme suppose par malheur l'abandon, la douceur des soirs, un cœur sans amertume, une réflexion détendue. Lautréamont émeut lorsqu'il écrit soudain : « Je ne connais pas d'autre grâce que celle d'être né. » Mais on devine les dents serrées quand il ajoute : « Un esprit impartial la trouve complète. » Il n'y a pas d'esprit impartial devant la vie et la mort. Le révolté, avec Lautréamont, fuit au désert. Mais ce désert du conformisme est aussi lugubre qu'un Harrar. Le goût de l'absolu le stérilise encore et la fureur de l'anéantissement. Comme Maldoror voulait la révolte totale, Lautréamont, pour les mêmes raisons, décrète la banalité absolue. Le cri de la conscience qu'il cherchait à étouffer dans l'océan primitif, à confondre avec les hurlements de la bête, qu'à un autre moment il tentait de distraire dans l'adoration des mathématiques, il veut l'étouffer maintenant dans l'application d'un morne conformisme. Le révolté tente alors de se rendre sourd à cet appel vers l'être qui gît aussi au fond de sa révolte. Il s'agit de ne plus être, soit en refusant d'être quoi que ce soit, soit en acceptant d'être n'importe quoi[1]. Dans les deux cas, il s'agit d'une rêveuse convention. La banalité aussi est une attitude.

Le conformisme est une des tentations nihilistes de la révolte qui domine une grande partie de notre histoire intellectuelle. Elle montre en tout cas comment le révolté qui passe à l'action, s'il oublie ses origines, est tenté par le plus grand conformisme. Elle explique donc le XXᵉ siècle. Lautréamont, salué ordinairement comme le chantre de la révolte pure, annonce au contraire le goût de l'asservissement intellectuel qui s'épanouit dans notre monde. Les *Poésies* ne sont qu'une préface à un « livre futur »; et tous de rêver sur ce livre futur, aboutissement idéal de la révolte littéraire. Mais il s'écrit aujourd'hui, contre Lautréamont, à des millions d'exemplaires, sur l'ordre des bureaux. Le génie, sans aucun doute, ne se sépare pas de la banalité. Mais il ne s'agit pas de la banalité des autres; celle que, vainement, on se propose de rejoindre et qui rejoint elle-même le créateur, quand il le faut, par les moyens de la police. Il s'agit, pour le créateur, de sa propre banalité, tout entière à créer. Chaque génie est à la fois étrange et banal. Il n'est rien s'il est seulement l'un ou l'autre. Nous devrons nous en souvenir en ce qui concerne la révolte. Elle a ses dandys et ses valets, mais n'y reconnaît pas ses fils légitimes.

1. De même Fantasio veut être ce bourgeois qui passe.

SURRÉALISME ET RÉVOLUTION

Il sera à peine question ici de Rimbaud. Sur lui, tout a
été dit, et plus encore, malheureusement. On précisera
cependant, parce que cette précision concerne notre sujet,
que Rimbaud n'a été le poète de la révolte que dans son
œuvre. Sa vie, loin de légitimer le mythe qu'elle a suscité,
illustre seulement – une lecture objective des lettres du
Harrar suffit à le montrer – un consentement au pire
nihilisme qui soit. Rimbaud a été déifié pour avoir
renoncé au génie qui était le sien, comme si ce renoncement supposait une vertu surhumaine. Bien que cela
disqualifie les alibis de nos contemporains, il faut dire au
contraire que le génie seul suppose une vertu, non le
renoncement au génie. La grandeur de Rimbaud n'est pas
dans les premiers cris de Charleville ni dans les trafics du
Harrar. Elle éclate à l'instant où, donnant à la révolte le
langage le plus étrangement juste qu'elle ait jamais reçu,
il dit à la fois son triomphe et son angoisse, la vie absente
au monde et le monde inévitable, le cri vers l'impossible
et la réalité rugueuse à étreindre, le refus de la morale et
la nostalgie irrésistible du devoir. A ce moment, où
portant en lui-même l'illumination et l'enfer, insultant et
saluant la beauté, il fait d'une contradiction irréductible
un chant double et alterné, il est le poète de la révolte, et
le plus grand. L'ordre de conception de ses deux grandes
œuvres n'importe pas. De toute manière, il y eut trop peu
de temps entre les deux conceptions et tout artiste sait, de
la certitude absolue qui naît de l'expérience d'une vie,
que Rimbaud a porté la *Saison* et les *Illuminations* en
même temps. S'il les a écrites l'une après l'autre, il les a
souffertes dans le même moment. Cette contradiction, qui
le tuait, était son vrai génie.

Mais où donc est la vertu de celui qui se détourne de la contradiction et trahit son génie avant de l'avoir souffert jusqu'à la fin ? Le silence de Rimbaud n'est pas pour lui une nouvelle manière de se révolter. Du moins, nous ne pouvons plus l'affirmer depuis la publication des lettres au Harrar. Sa métamorphose sans doute est mystérieuse. Mais il y a aussi du mystère dans la banalité qui vient à ces brillantes jeunes filles que le mariage transforme en machines à sous et à crochet. Le mythe construit autour de Rimbaud suppose et affirme que plus rien n'était possible après la *Saison en enfer.* Qu'est-ce donc qui est impossible au poète couronné de dons, au créateur inépuisable ? Après *Moby Dick, Le Procès, Zarathoustra, Les Possédés,* qu'imaginer ? Pourtant, de grandes œuvres, après celles-ci, naissent encore qui enseignent et corrigent, témoignent pour ce qu'il y a de plus fier en l'homme et ne s'achèvent qu'à la mort du créateur. Qui ne regretterait cette œuvre plus grande que la *Saison*, et dont une démission nous a frustrés ?

L'Abyssinie est-elle au moins un couvent, est-ce le Christ qui a fermé la bouche de Rimbaud ? Ce Christ serait alors celui qui trône de nos jours aux guichets de banque, si l'on en juge par ces lettres où le poète maudit ne parle que de son argent qu'il veut voir « bien placé » et « rapportant régulièrement [1] ». Celui qui chantait dans les supplices, qui avait injurié Dieu et la beauté, qui s'armait contre la justice et l'espérance, qui séchait glorieusement à l'air du crime, veut seulement se marier avec quelqu'un qui « ait un avenir ». Le mage, le voyant, le forçat intraitable sur qui se referme toujours le bagne, l'homme-roi sur la terre sans dieux, porte perpétuellement huit

---

1. Il est juste de remarquer que le ton de ces lettres peut s'expliquer par leurs destinataires. Mais on n'y sent pas l'effort du mensonge. Pas un mot où l'ancien Rimbaud se trahisse.

kilos d'or dans une ceinture qui lui barre le ventre et dont
il se plaint qu'elle lui donne la dysenterie. Est-ce là le
héros mythique qu'on propose à tant de jeunes hommes
qui ne crachent pas, eux, sur le monde, mais mourraient
de honte à la seule idée de cette ceinture? Pour maintenir
le mythe, il faut ignorer ces lettres décisives. On comprend
qu'elles aient été si peu commentées. Elles sont sacrilèges,
comme l'est parfois la vérité. Grand et admirable poète,
le plus grand de son temps, oracle fulgurant, voilà ce
qu'est Rimbaud. Mais il n'est pas l'homme-dieu, l'exemple farouche, le moine de la poésie qu'on a voulu nous
présenter. L'homme n'a retrouvé sa grandeur que sur ce
lit d'hôpital, à l'heure de la fin difficile, où même la
médiocrité du cœur devient émouvante : « Que je suis
malheureux, que je suis donc malheureux... et j'ai de
l'argent sur moi que je ne puis même pas surveiller! » Le
grand cri de ces heures misérables rend par bonheur
Rimbaud à cette part de la commune mesure qui coïncide involontairement avec la grandeur : « Non, non, à
présent je me révolte contre la mort! » Le jeune Rimbaud
ressuscite devant l'abîme, et avec lui la révolte de ces
temps où l'imprécation contre la vie n'était que le
désespoir de la mort. C'est alors que le trafiquant bourgeois rejoint l'adolescent déchiré que nous avons si
chèrement aimé. Il le rejoint dans l'effroi et la douleur
amère où se retrouvent finalement les hommes qui n'ont
pas su saluer le bonheur. Ici seulement commencent sa
passion et sa vérité.

Au reste, le Harrar était en effet annoncé dans l'œuvre,
mais sous la forme de la démission dernière. « Le
meilleur, un sommeil bien ivre, sur la grève. » La rage de
l'anéantissement, propre à tout révolté, prend alors la
forme la plus commune. L'apocalypse du crime, telle
qu'elle est figurée par Rimbaud dans le prince qui tue
inlassablement ses sujets, le long dérèglement sont des

thèmes révoltés que les surréalistes retrouveront. Mais, finalement, l'accablement nihiliste a prévalu; la lutte, le crime lui-même excèdent l'âme épuisée. Le voyant, qui, si l'on ose dire, buvait pour ne pas oublier, finit par trouver dans l'ivresse le lourd sommeil que connaissent bien nos contemporains. On dort, sur la grève, ou à Aden. Et l'on consent, non plus activement, mais passivement, à l'ordre du monde, même si cet ordre est dégradant. Le silence de Rimbaud prépare aussi au silence de l'Empire qui plane au-dessus d'esprits résignés à tout, sauf à la lutte. Cette grande âme soudain soumise à l'argent annonce d'autres exigences, d'abord démesurées, et puis qui se mettront au service des polices. N'être rien, voilà le cri de l'esprit lassé de ses propres révoltes. Il s'agit alors d'un suicide de l'esprit moins respectable après tout que celui des surréalistes et plus gros de conséquences. Le surréalisme, justement, au terme de ce grand mouvement de révolte n'est significatif que parce qu'il a tenté de continuer le seul Rimbaud qui vaille la tendresse. Tirant de la lettre sur le voyant, et de la méthode qu'elle suppose, la règle d'une ascèse révoltée, il illustre cette lutte entre la volonté d'être et le désir d'anéantissement, le non et le oui, que nous avons retrouvée à tous les stades de la révolte. Pour toutes ces raisons, plutôt que de répéter les commentaires incessants qui entourent l'œuvre de Rimbaud, il paraît préférable de le retrouver et de le suivre chez ses héritiers.

Révolte absolue, insoumission totale, sabotage en règle, humour et culte de l'absurde, le surréalisme, dans son intention première, se définit comme le procès de tout, toujours à recommencer. Le refus de toutes les déterminations est net, tranché, provocant. « Nous sommes des spécialistes de la révolte. » Machine à chavirer l'esprit, selon Aragon, le surréalisme s'est forgé d'abord dans le mouvement « dada » dont il faut noter les origines romantiques, et le dandysme anémié[1]. La non-signification et la contradiction sont alors cultivées pour elles-mêmes. « Les vrais dadas sont contre Dada. Tout le monde est directeur de Dada. » Ou encore : « Qu'est-ce qui est bien? Qu'est-ce qui est laid? Qu'est-ce qui est grand, fort, faible... Connais pas! Connais pas! » Ces nihilistes de salon étaient évidemment menacés de fournir en serviteurs les orthodoxies les plus strictes. Mais il y a dans le surréalisme quelque chose de plus que ce non-conformisme de parade, l'héritage de Rimbaud, justement, que Breton résume ainsi : « Devons-nous laisser là toute espérance? »

Un grand appel vers la vie absente s'arme d'un refus total du monde présent, comme le dit assez superbement Breton : « Incapable de prendre mon parti du sort qui m'est fait, atteint dans ma conscience la plus haute par ce défi de justice, je me garde d'adapter mon existence aux conditions dérisoires ici-bas de toute existence. » L'esprit, selon Breton, ne peut trouver à se fixer ni dans la vie ni au-delà. Le surréalisme veut répondre à cette inquiétude sans repos. Il est un « cri de l'esprit qui se retourne contre lui-même et est bien décidé à broyer désespérément ces entraves ». Il crie contre la mort et « la durée dérisoire » d'une condition précaire. Le surréalisme se place donc aux ordres de l'impatience. Il vit dans un certain état de fureur blessée; du même coup dans la rigueur et l'intransigeance fière, qui supposent une morale. Dès ses origines, le surréalisme, évangile du désordre, s'est trouvé dans l'obligation de créer un ordre. Mais il n'a d'abord songé

---

1. Jarry, un des maîtres du dadaïsme, est la dernière incarnation, mais plus singulière que géniale, du dandy métaphysique.

qu'à détruire, par la poésie d'abord sur le plan de l'imprécation, par des marteaux matériels ensuite. Le procès du monde réel est devenu logiquement le procès de la création.

L'antithéisme surréaliste est raisonné et méthodique. Il s'affermit d'abord sur une idée de la non-culpabilité absolue de l'homme à qui il convient de rendre « toute la puissance qu'il a été capable de mettre sur le mot Dieu ». Comme dans toute l'histoire de la révolte, cette idée de la non-culpabilité absolue, surgie du désespoir, s'est peu à peu transformée en folie de châtiment. Les surréalistes, en même temps qu'ils exaltaient l'innocence humaine, ont cru pouvoir exalter le meurtre et le suicide. Ils ont parlé du suicide comme d'une solution et Crevel, qui estimait cette solution « la plus vraisemblablement juste et définitive », s'est tué, comme Rigaut et Vaché. Aragon a pu stigmatiser ensuite les bavards du suicide. Il n'empêche que célébrer l'anéantissement, et ne point s'y précipiter avec les autres, ne fait honneur à personne. Sur ce point, le surréalisme a gardé de la « littérature », qu'il abominait, les pires facilités, et justifié le cri bouleversant, de Rigaut : « Vous êtes tous des poètes et, moi, je suis du côté de la mort. »

Le surréalisme ne s'en est pas tenu là. Il a choisi comme héros Violette Nozière ou le criminel anonyme de droit commun, affirmant ainsi, devant le crime lui-même, l'innocence de la créature. Mais il a osé dire aussi, et ceci est le mot que, depuis 1933, André Breton doit regretter, que l'acte surréaliste le plus simple consistait à descendre dans la rue, revolver au poing, et à tirer au hasard dans la foule. A qui refuse toute autre détermination que celle de l'individu et de son désir, toute primauté, sinon celle de l'inconscient, il revient en effet de se révolter en même temps contre la société et la raison.

La théorie de l'acte gratuit couronne la revendication de la liberté absolue. Qu'importe si, pour finir, cette liberté se résume dans la solitude que définit Jarry : « Lorsque j'aurai pris toute la phynance, je tuerai tout le monde et je m'en irai. » L'essentiel est que les entraves soient niées et l'irrationnel triomphant. Que signifie en effet cette apologie du meurtre, sinon que, dans un monde sans signification et sans honneur, seul le désir d'être, sous toutes ses formes, est légitime? L'élan de la vie, la poussée de l'inconscient, le cri de l'irrationnel sont les seules vérités pures qu'il faille favoriser. Tout ce qui s'oppose au désir, et principalement la société, doit donc être détruit sans merci. On comprend alors la remarque d'André Breton à propos de Sade : « Certes, l'homme ne consent plus ici à s'unir à la nature que dans le crime; resterait à savoir si ce n'est pas encore une des façons les plus folles, les plus indiscutables, d'aimer. » On sent bien qu'il s'agit de l'amour sans objet qui est celui des âmes déchirées. Mais cet amour vide et avide, cette folie de possession est celle que précisément la société entrave inévitablement. C'est pourquoi Breton, qui porte encore l'embarras de ces déclarations, a pu faire l'éloge de la trahison et déclarer (ce que les surréalistes ont essayé de prouver) que la violence est le seul mode adéquat d'expression.

Mais la société n'est pas faite que de personnes. Elle est aussi institution. Trop bien nés pour tuer tout le monde, les surréalistes, par la logique même de leur attitude, en sont venus à considérer que, pour libérer le désir, il fallait renverser d'abord la société. Ils ont choisi de servir la révolution de leur temps. De Walpole et de Sade, par une cohérence qui fait le sujet de cet essai, les surréalistes sont passés à Helvétius et à Marx. Mais on sent bien que ce n'est pas l'étude du marxisme qui les a menés à la révolution[1]. Au contraire, l'effort incessant du surréalisme sera de concilier, avec le marxisme, les exigences qui l'ont amené à la révolution. On peut dire sans paradoxe que les surréalistes sont venus au marxisme à cause même de ce qu'ils détestent le plus en lui, aujourd'hui. On hésite, sachant le fond et la noblesse de son exigence, et quand on a partagé le même déchirement, à rappeler à André Breton que son mouvement a mis en principes l'établissement d'une « autorité impitoyable » et d'une dictature, le fanatisme politique, le refus de la libre discussion et la nécessité de la peine de mort. On s'étonne aussi devant l'étrange vocabulaire de cette époque (« sabotage », « indicateur », etc.) qui est celui de la révolution policière. Mais ces frénétiques voulaient une « révolution quelconque », n'importe quoi qui les sortît du monde de boutiquiers et de compromis où ils étaient forcés de vivre. Ne pouvant avoir le meilleur, ils préféraient encore le pire. En cela, ils étaient nihilistes. Ils n'apercevaient pas que ceux d'entre eux qui devaient rester fidèles, désormais, au marxisme, étaient fidèles en même temps à leur nihilisme premier. La vraie destruction du langage, que le surréalisme a souhaitée avec tant d'obstination, ne réside pas dans l'incohérence ou l'automatisme. Elle réside dans le mot d'ordre. Aragon a eu beau commencer par une dénonciation de « la déshonorante attitude pragmatique », c'est en elle qu'il a fini par trouver la libération totale de la morale, même si cette libération a coïncidé avec une autre servitude. Celui des surréalistes qui réfléchissait le plus profondément alors à ce problème, Pierre Naville, cherchant le dénominateur commun à l'action révolutionnaire et à l'action surréaliste, le localisait, avec profondeur, dans le pessi-

1. On compterait sur les doigts de la main les communistes qui sont venus à la révolution par l'étude du marxisme. On se convertit d'abord et on lit ensuite les Ecritures et les Pères.

misme, c'est-à-dire « le dessein d'accompagner l'homme à sa perte et de ne rien négliger pour que cette perdition soit utile ». Ce mélange d'augustinisme et de machiavélisme définit en effet la révolution du XXᵉ siècle; on ne peut donner d'expression plus audacieuse au nihilisme du temps. Les renégats du surréalisme ont été fidèles au nihilisme dans la plupart de ses principes. D'une certaine manière, ils voulaient mourir. Si André Breton et quelques autres ont finalement rompu avec le marxisme, c'est qu'il y avait en eux quelque chose de plus que le nihilisme, une seconde fidélité à ce qu'il y a de plus pur dans les origines de la révolte : ils ne voulaient pas mourir.

Certes, les surréalistes ont voulu professer le matérialisme. « A l'origine de la révolte du cuirassé *Potemkine*, il nous plaît de reconnaître ce terrible morceau de viande. » Mais il n'y a pas chez eux, comme chez les marxistes, une amitié, même intellectuelle, pour ce morceau de viande. La charogne figure seulement le monde réel qui fait naître en effet la révolte, mais contre lui. Elle n'explique rien, si elle légitime tout. La révolution pour les surréalistes n'était pas une fin qu'on réalise au jour le jour, dans l'action, mais un mythe absolu et consolateur. Elle était « la vie véritable, comme l'amour », dont parlait Eluard, qui n'imaginait pas alors que son ami Kalandra dût mourir de cette vie-là. Ils voulaient le « communisme du génie », non pas l'autre. Ces curieux marxistes se déclaraient en insurrection contre l'histoire et célébraient l'individu héroïque. « L'histoire est régie par des lois que la lâcheté des individus conditionne. » André Breton voulait, en même temps, la révolution et l'amour, qui sont incompatibles. La révolution consiste à aimer un homme qui n'existe pas encore. Mais pour celui qui aime un être vivant, s'il l'aime vraiment, il ne peut accepter de mourir que pour celui-là. En réalité, la révolution n'était pour André Breton qu'un cas particulier de la révolte alors que pour les marxistes et, en général, pour toute pensée politique, seul le contraire est vrai. Breton ne cherchait pas à réaliser, par l'action, la cité heureuse qui devait couronner l'histoire. L'une des thèses fondamentales du surréalisme est en effet qu'il n'y a pas de salut. L'avantage de la révolution n'était pas de donner aux hommes le bonheur, « l'abominable confort terrestre ». Elle devait au contraire, dans l'esprit de Breton, purifier et éclairer leur tragique condition. La révolution mondiale et les terribles sacrifices qu'elle suppose ne devaient apporter qu'un bienfait : « empêcher que la précarité tout artificielle de la condition sociale ne voile la précarité réelle de la condition humaine ». Simplement, pour Breton, ce progrès était démesuré. Autant dire que la révolution devait être mise au service de l'ascèse intérieure par laquelle chaque homme peut transfigurer le réel en merveilleux, « revanche éclatante de l'imagination de l'homme ». Le merveilleux tient chez André Breton la place que tient le rationnel chez Hegel. On ne peut donc rêver opposition plus complète avec la philosophie politique du marxisme. Les longues hésitations de ceux qu'Artaud appelait les Amiel de la révolution s'expliquent sans peine. Les surréalistes étaient plus différents de Marx que ne le furent des réactionnaires comme Joseph de Maistre par exemple. Ceux-ci utilisent la tragédie de l'existence pour refuser la révolution, c'est-à-dire pour maintenir une situation historique. Les marxistes l'utilisent pour légitimer la révolution, c'est-à-dire pour créer une autre situation historique. Tous deux mettent la tragédie humaine au service de leurs fins pragmatiques. Breton, lui, utilisait la révolution pour consommer la tragédie et mettait en fait, malgré le titre de sa revue, la révolution au service de l'aventure surréaliste.

La rupture définitive s'explique enfin si l'on songe que le marxisme demandait la soumission de l'irrationnel, alors que les surréalistes s'étaient levés pour défendre l'irrationnel jusqu'à la mort. Le marxisme tendait à la conquête de la totalité et le surréalisme, comme toute expérience spirituelle, à l'unité. La totalité peut demander la soumission de l'irrationnel, si le rationnel suffit à conquérir l'empire du monde. Mais le désir d'unité est plus exigeant. Il ne lui suffit pas que tout soit rationnel. Il veut surtout que le rationnel et l'irrationnel soient réconciliés au même niveau. Il n'y a pas d'unité qui suppose une mutilation.

Pour André Breton, la totalité ne pouvait être qu'une étape, nécessaire peut-être, mais à coup sûr insuffisante, sur le chemin de l'unité. Nous retrouvons ici le thème du Tout ou Rien. Le surréalisme tend à l'universel et le reproche curieux, mais profond, que Breton fait à Marx consiste à dire justement que celui-ci n'est pas universel. Les surréalistes voulaient concilier le « transformer le monde » de Marx et le « changer la vie » de Rimbaud. Mais le premier mène à conquérir la totalité du monde et le second à conquérir l'unité de la vie. Toute totalité, paradoxalement, est restrictive. Finalement, les deux formules ont divisé le groupe. En choisissant Rimbaud, Breton a montré que le surréalisme n'était pas action, mais ascèse et expérience spirituelle. Il a remis au premier plan ce qui fait l'originalité profonde de son mouvement, par quoi il est si précieux à une réflexion sur la révolte, la restauration du sacré et la conquête de l'unité. Plus il a approfondi cette originalité, plus irrémédiablement il s'est séparé de ses compagnons politiques, en même temps que de quelques-unes de ses premières pétitions.

André Breton n'a jamais varié, en effet, dans sa revendication du surréel, fusion du rêve et de la réalité, sublimation de la vieille contradiction entre l'idéal et le réel. On connaît la solution surréaliste : l'irrationalité concrète, le hasard objectif. La poésie est une conquête, et la seule possible, du « point suprême ». « Un certain point de l'esprit d'où la vie et la mort, le réel et l'imaginaire, le passé et le futur... cessent d'être perçus contradictoirement. » Qu'est donc ce point suprême qui doit marquer « l'avortement colossal du système hégélien »? C'est la recherche du sommet-abîme, familier aux mystiques. En vérité, il s'agit d'un mysticisme sans Dieu qui apaise et illustre la soif d'absolu du révolté. L'ennemi essentiel du surréalisme est le rationalisme. La pensée de Breton offre d'ailleurs le curieux spectacle d'une pensée occidentale où le principe d'analogie est sans cesse favorisé au détriment des principes d'identité et de contradiction. Justement, il s'agit de fondre les contradictions au feu du désir et de l'amour, et de faire tomber les murs de la mort. La magie, les civilisations primitives ou naïves, l'alchimie, la rhétorique des fleurs de feu ou des nuits blanches, sont autant d'étapes merveilleuses sur le chemin de l'unité et de la pierre philosophale. Le surréalisme, s'il n'a pas changé le monde, l'a fourni de quelques mythes étranges qui justifient en partie Nietzsche lorsqu'il annonçait le retour des Grecs. En partie seulement, car il s'agit de la Grèce de l'ombre, celle des mystères et des dieux noirs. Finalement, comme l'expérience de Nietzsche se couronnait dans l'acceptation de midi, celle du surréalisme culmine dans l'exaltation de minuit, le culte obstiné et angoissé de l'orage. Breton, selon ses propres paroles, a compris que, malgré tout, la vie était donnée. Mais son adhésion ne pouvait être celle de la pleine lumière, dont nous avons besoin. « Trop de nord en moi, a-t-il dit, pour que je sois l'homme de la pleine adhésion. »

Il a cependant fait diminuer, contre lui-même, souvent,

la part de la négation et mis au jour la revendication
positive de la révolte. Il a choisi la rigueur plutôt que le
silence, et retenu seulement la « sommation morale » qui,
selon Bataille, animait le premier surréalisme : « Substituer une morale nouvelle à la morale en cours, cause de
tous nos maux. » Il n'a sans doute pas réussi, ni personne
aujourd'hui, dans cette tentative de fonder la nouvelle
morale. Mais il n'a jamais désespéré de pouvoir le faire.
Devant l'horreur d'une époque où l'homme qu'il voulait
magnifier est obstinément dégradé au nom même de
certains des principes que le surréalisme avait adoptés,
Breton s'est senti contraint de proposer, provisoirement,
un retour à la morale traditionnelle. Il y a là une pause,
peut-être. Mais c'est la pause du nihilisme et le vrai
progrès de la révolte. Après tout, faute de pouvoir se
donner la morale et les valeurs dont il a clairement senti
la nécessité, on sait assez que Breton a choisi l'amour.
Dans la chiennerie de son temps, et ceci ne peut s'oublier, il est le seul à avoir parlé profondément de l'amour.
L'amour est la morale en transes qui a servi de patrie à
cet exilé. Certes, une mesure manque encore ici. Ni une
politique, ni une religion, le surréalisme n'est peut-être
qu'une impossible sagesse. Mais c'est la preuve même
qu'il n'y a pas de sagesse confortable : « Nous voulons,
nous aurons l'au-delà de nos jours », s'est écrié admirablement Breton. La nuit splendide où il se complaît,
pendant que la raison, passée à l'action, fait déferler ses
armées sur le monde, annonce peut-être en effet ces
aurores qui n'ont pas encore lui, et les matinaux de René
Char, poète de notre renaissance.

NIHILISME ET HISTOIRE

Cent cinquante ans de révolte métaphysique et de nihilisme ont vu revenir avec obstination, sous des masques différents, le même visage ravagé, celui de la protestation humaine. Tous, dressés contre la condition et son créateur, ont affirmé la solitude de la créature, le néant de toute morale. Mais tous, dans le même temps, ont cherché à construire un royaume purement terrestre où régnerait la règle de leur choix. Rivaux du Créateur, ils ont été conduits logiquement à refaire la création à leur compte. Ceux qui, pour le monde qu'ils venaient de créer, ont refusé toute autre règle que celle du désir et de la puissance, ont couru au suicide ou à la folie, et chanté l'apocalypse. Pour les autres, qui ont voulu créer leur règle par leur propre force, ils ont choisi la vaine parade, le paraître ou la banalité; ou encore le meurtre et la destruction. Mais Sade et les romantiques, Karamazov ou Nietzsche ne sont entrés dans le monde de la mort que parce qu'ils voulurent la vraie vie. Si bien que, par un effet inverse, c'est l'appel déchiré vers la règle, l'ordre et la morale, qui retentit dans cet univers dément. Leurs conclusions n'ont été néfastes ou liberticides qu'à partir du moment où ils ont rejeté le fardeau de la révolte, fui la tension qu'elle suppose et choisi le confort de la tyrannie ou de la servitude.

L'insurrection humaine, dans ses formes élevées et tragiques, n'est et ne peut être qu'une longue protestation contre la mort, une accusation enragée de cette condition régie par la peine de mort généralisée. Dans tous les cas que nous avons rencontrés, la protestation, chaque fois, s'adresse à tout ce qui, dans la création, est dissonance, opacité, solution de continuité. Il s'agit donc, pour l'essentiel, d'une interminable revendication d'unité. Le refus de la mort, le désir de durée et de transparence, sont les ressorts de toutes ces folies, sublimes ou puériles. Est-ce seulement le lâche et personnel refus de mourir? Non, puisque beaucoup de ces rebelles ont payé ce qu'il fallait pour être à la hauteur de leur exigence. Le révolté ne demande pas la vie, mais les raisons de la vie. Il refuse la conséquence que la mort apporte. Si rien ne dure, rien n'est justifié, ce qui meurt est privé de sens. Lutter contre la mort, revient à revendiquer le sens de la vie, à combattre pour la règle et pour l'unité.

La protestation contre le mal qui est au cœur même de la révolte métaphysique est significative à cet égard. Ce n'est pas la souffrance de l'enfant qui est révoltante en elle-même, mais le fait que cette souffrance ne soit pas justifiée. Après tout, la douleur, l'exil, la claustration, sont quelquefois acceptés quand la médecine ou le bon sens nous en persuadent. Aux yeux du révolté, ce qui manque à la douleur du monde, comme aux instants de son bonheur, c'est un principe d'explication. L'insurrection contre le mal demeure, avant tout, une revendication d'unité. Au monde des condamnés à mort, à la mortelle opacité de la condition, le révolté oppose inlassablement son exigence de vie et de transparence définitives. Il est à la recherche, sans le savoir, d'une morale ou d'un sacré. La révolte est une ascèse, quoique aveugle. Si le révolté blasphème alors, c'est dans l'espoir du nouveau dieu. Il s'ébranle sous le choc du premier et du plus profond des mouvements religieux, mais il s'agit d'un mouvement religieux déçu. Ce n'est pas la révolte en elle-même qui est noble, mais ce qu'elle exige, même si ce qu'elle obtient est encore ignoble.

Du moins faut-il savoir reconnaître ce qu'elle obtient d'ignoble. Chaque fois qu'elle déifie le refus total de ce qui est, le non absolu, elle tue. Chaque fois qu'elle accepte aveuglément ce qui est, et qu'elle crie le oui absolu, elle tue. La haine du créateur peut tourner en haine de la création ou en amour exclusif et provocant de ce qui est. Mais, dans les deux cas, elle débouche sur le meurtre et perd le droit d'être appelée révolte. On peut être nihiliste de deux façons, et chaque fois par une intempérance d'absolu. Il y a apparemment les révoltés qui veulent mourir et ceux qui veulent faire mourir. Mais ce sont les mêmes, brûlés du désir de la vraie vie, frustrés de l'être et préférant alors l'injustice généralisée à une justice mutilée. A ce degré d'indignation, la raison devient fureur. S'il est vrai que la révolte instinctive du cœur humain marche peu à peu au long des siècles vers sa plus grande conscience, elle a grandi aussi, nous l'avons vu, en audace aveugle jusqu'au moment démesuré où elle a décidé de répondre au meurtre universel par l'assassinat métaphysique.

Le *même si* dont nous avons reconnu qu'il marquait le moment capital de la révolte métaphysique, s'accomplit en tout cas dans la destruction absolue. Ce n'est pas la révolte ni sa noblesse qui rayonnent aujourd'hui sur le monde, mais le nihilisme. Et ce sont ses conséquences que nous devons retracer, sans perdre de vue la vérité de ses origines. Même si Dieu existait, Ivan ne se rendrait pas à lui devant l'injustice faite à l'homme. Mais une plus longue rumination de cette injustice, une flamme plus

amère, ont transformé le « même si tu existes » en « tu
ne mérites pas d'exister », puis « tu n'existes pas ». Les
victimes ont cherché la force et les raisons du crime
dernier dans l'innocence qu'elles se reconnaissaient.
Désespérant de leur immortalité, assurées de leur condamnation, elles ont décidé le meurtre de Dieu. S'il est
faux de dire que, de ce jour, a commencé la tragédie de
l'homme contemporain, il n'est pas vrai, non plus, qu'elle
s'y soit achevée. Cet attentat marque au contraire le plus haut
moment d'un drame commencé depuis la fin du
monde antique et dont les dernières paroles n'ont pas
encore retenti. De ce moment, l'homme décide de s'exclure de la grâce et de vivre par ses propres moyens. Le
progrès, de Sade à nos jours, a consisté à élargir de plus
en plus le lieu clos où, selon sa propre règle, régnait
farouchement l'homme sans dieu. On a poussé de plus en
plus les frontières du camp retranché, face à la divinité,
jusqu'à faire de l'univers entier une forteresse contre le
dieu déchu et exilé. L'homme, au bout de sa révolte,
s'enfermait; sa grande liberté consistait seulement, du
château tragique de Sade au camp de concentration, à
bâtir la prison de ses crimes. Mais l'état de siège peu à
peu se généralise, la revendication de liberté veut s'étendre à tous. Il faut bâtir alors le seul royaume qui s'oppose
à celui de la grâce, celui de la justice, et réunir enfin la
communauté humaine sur les débris de la communauté
divine. Tuer Dieu et bâtir une Eglise, c'est le mouvement
constant et contradictoire de la révolte. La liberté absolue
devient enfin une prison de devoirs absolus, une ascèse
collective, une histoire pour finir. Le XIXᵉ siècle qui est
celui de la révolte débouche ainsi sur le XXᵉ siècle de la
justice et de la morale, où chacun se frappe la poitrine.
Chamfort, moraliste de la révolte, en avait déjà donné la
formule : « Il faut être juste avant d'être généreux, comme
on a des chemises avant d'avoir des dentelles. » On

renoncera donc à la morale de luxe pour l'âpre éthique des bâtisseurs.

Cet effort convulsé vers l'empire du monde et vers la règle universelle, il nous faut l'aborder maintenant. Nous sommes arrivés à ce moment où la révolte, rejetant toute servitude, vise à annexer la création entière. A chacun de ces échecs, déjà, nous avions vu s'annoncer la solution politique et conquérante. Désormais, de ses acquisitions, elle ne retiendra, avec le nihilisme moral, que la volonté de puissance. Le révolté ne voulait, en principe, que conquérir son être propre et le maintenir à la face de Dieu. Mais il perd la mémoire de ses origines et, par la loi d'un impérialisme spirituel, le voici en marche pour l'empire du monde à travers des meurtres multipliés à l'infini. Il a chassé Dieu de son ciel, mais, l'esprit de révolte métaphysique rejoignant alors franchement le mouvement révolutionnaire, la revendication irration-nelle de la liberté va prendre paradoxalement pour arme la raison, seul pouvoir de conquête qui lui semble purement humain. Dieu mort, restent les hommes, c'est-à-dire l'histoire qu'il faut comprendre et bâtir. Le nihi-lisme, qui, au sein de la révolte, submerge alors la force de création, ajoute seulement qu'on peut la bâtir par tous les moyens. Aux cimes de l'irrationnel, l'homme, sur une terre qu'il sait désormais solitaire, va joindre les crimes de la raison en marche vers l'empire des hommes. Au « je me révolte, donc nous sommes », il ajoute, méditant de prodigieux desseins et la mort même de la révolte : « Et nous sommes seuls. »

III

La révolte historique

La liberté, « ce nom terrible écrit sur le char des orages [1] », est au principe de toutes les révolutions. Sans elle, la justice paraît aux rebelles inimaginable. Un temps vient, pourtant, où la justice exige la suspension de la liberté. La terreur, petite ou grande, vient alors couronner la révolution. Chaque révolte est nostalgie d'innocence et appel vers l'être. Mais la nostalgie prend un jour les armes et elle assume la culpabilité totale, c'est-à-dire le meurtre et la violence. Les révoltes serviles, les révolutions régicides et celles du XXᵉ siècle, ont ainsi accepté, consciemment, une culpabilité, de plus en plus grande dans la mesure où elles se proposaient d'instaurer une libération de plus en plus totale. Cette contradiction, devenue éclatante, empêche nos révolutionnaires d'avoir l'air de bonheur et d'espérance qui éclatait sur le visage et dans les discours de nos Constituants. Est-elle inévitable, caractérise-t-elle ou trahit-elle la valeur de révolte, c'est la question qui se pose à propos de la révolution comme elle se posait à propos de la révolte métaphysique. En vérité, la révolution n'est que la suite logique de la révolte métaphysique et nous suivrons, dans l'analyse du mouvement révolutionnaire, le même effort désespéré et san-

1. Philothée O'Neddy.

glant pour affirmer l'homme en face de ce qui le nie. L'esprit révolutionnaire prend ainsi la défense de cette part de l'homme qui ne veut pas s'incliner. Simplement, il tente de lui donner son règne dans le temps. Refusant Dieu, il choisit l'histoire, par une logique apparemment inévitable.

En théorie, le mot révolution garde le sens qu'il a en astronomie. C'est un mouvement qui boucle la boucle, qui passe d'un gouvernement à l'autre après une translation complète. Un changement de régime de propriété sans changement de gouvernement correspondant n'est pas une révolution, mais une réforme. Il n'y a pas de révolution économique, que ses moyens soient sanglants ou pacifiques, qui n'apparaisse en même temps politique. La révolution, par là, se distingue déjà du mouvement de révolte. Le mot fameux : « Non, sire, ce n'est pas une révolte, c'est une révolution » met l'accent sur cette différence essentielle. Il signifie exactement « c'est la certitude d'un nouveau gouvernement ». Le mouvement de révolte, à l'origine, tourne court. Il n'est qu'un témoignage sans cohérence. La révolution commence au contraire à partir de l'idée. Précisément, elle est l'insertion de l'idée dans l'expérience historique quand la révolte est seulement le mouvement qui mène de l'expérience individuelle à l'idée. Alors que l'histoire, même collective, d'un mouvement de révolte est toujours celle d'un engagement sans issue dans les faits, d'une protestation obscure qui n'engage ni systèmes ni raisons, une révolution est une tentative pour modeler l'acte sur une idée, pour façonner le monde dans un cadre théorique. C'est pourquoi la révolte tue des hommes alors que la révolution détruit à la fois des hommes et des principes. Mais, pour les mêmes raisons, on peut dire qu'il n'y a pas encore eu de révolution dans l'histoire. Il ne peut y en avoir qu'une qui serait la révolution définitive. Le mou-

vement qui semble achever la boucle en entame déjà une
nouvelle à l'instant même où le gouvernement se constitue. Les anarchistes, Varlet en tête, ont bien vu que
gouvernement et révolution sont incompatibles au sens
direct. « Il implique contradiction, dit Proudhon, que le
gouvernement puisse être jamais révolutionnaire et cela
par la raison toute simple qu'il est gouvernement. »
Expérience faite, ajoutons à cela que le gouvernement ne
peut être révolutionnaire que contre d'autres gouvernements. Les gouvernements révolutionnaires s'obligent la
plupart du temps à être des gouvernements de guerre.
Plus la révolution est étendue et plus l'enjeu de la guerre
qu'elle suppose est considérable. La société issue de 1789
veut se battre pour l'Europe. Celle qui est née de 1917 se
bat pour la domination universelle. La révolution totale
finit ainsi par revendiquer, nous verrons pourquoi, l'empire du monde.

En attendant cet accomplissement, s'il doit survenir,
l'histoire des hommes, en un sens, est la somme de leurs
révoltes successives. Autrement dit, le mouvement de
translation qui trouve une expression claire dans l'espace
n'est qu'une approximation dans le temps. Ce qu'on
appelait dévotement au XIXᵉ siècle l'émancipation progressive du genre humain apparaît de l'extérieur comme
une suite ininterrompue de révoltes qui se dépassent et
tentent de trouver leur forme dans l'idée, mais qui ne sont
pas encore arrivées à la révolution définitive, qui stabili-
serait tout au ciel et sur la terre. Plutôt que d'une
émancipation réelle, l'examen superficiel conclurait à
une affirmation de l'homme par lui-même, affirmation de
plus en plus élargie, mais toujours inachevée. S'il y avait
une seule fois révolution, en effet, il n'y aurait plus
d'histoire. Il y aurait unité heureuse et mort rassasiée.
C'est pourquoi tous les révolutionnaires visent finalement
à l'unité du monde et agissent comme s'ils croyaient à

l'achèvement de l'histoire. L'originalité de la révolution du XXᵉ siècle est que, pour la première fois, elle prétend ouvertement réaliser le vieux rêve d'Anacharsis Cloots, l'unité du genre humain, et, en même temps, le couronnement définitif de l'histoire. Comme le mouvement de révolte débouchait dans le « tout ou rien », comme la révolte métaphysique voulait l'unité du monde, le mouvement révolutionnaire du XXᵉ siècle, arrivé aux conséquences les plus claires de sa logique, exige, les armes à la main, la totalité historique. La révolte est alors sommée, sous peine d'être futile ou périmée, de devenir révolutionnaire. Il ne s'agit plus pour le révolté de se défier lui-même comme Stirner ou de se sauver seul par l'attitude. Il s'agit de déifier l'espèce comme Nietzsche et de prendre en charge son idéal de surhumanité afin d'assurer le salut de tous, selon le vœu d'Ivan Karamazov. Les Possédés entrent en scène pour la première fois et illustrent alors l'un des secrets de l'époque : l'identité de la raison et de la volonté de puissance. Dieu mort, il faut changer et organiser le monde par les forces de l'homme. La seule force de l'imprécation n'y suffisant plus, il faut des armes et la conquête de la totalité. La révolution, même et surtout celle qui prétend être matérialiste, n'est qu'une croisade métaphysique démesurée. Mais la totalité est-elle l'unité? C'est la question à laquelle cet essai doit répondre. On voit seulement que le propos de cette analyse n'est pas de faire la description, cent fois recommencée, du phénomène révolutionnaire, ni de recenser, une fois de plus, les causes historiques ou économiques des grandes révolutions. Il est de retrouver dans quelques faits révolutionnaires la suite logique, les illustrations et les thèmes constants de la révolte métaphysique.

La plupart des révolutions prennent leur forme et leur originalité dans un meurtre. Toutes, ou presque, ont été homicides. Mais quelques-unes ont, de surcroît, pratiqué le régicide et le déicide. Comme l'histoire de la révolte métaphysique commençait avec Sade, notre sujet réel commence seulement avec les régicides, ses contemporains, qui attaquent l'incarnation divine sans oser encore tuer le principe éternel. Mais, auparavant, l'histoire des hommes nous montre aussi l'équivalent du premier mouvement de révolte, celui de l'esclave.

Là où l'esclave se révolte contre le maître, il y a un homme dressé contre un autre, sur la terre cruelle, loin du ciel des principes. Le résultat est seulement le meurtre d'un homme. Les émeutes serviles, les jacqueries, les guerres des gueux, les révoltes des rustauds, mettent en avant un principe d'équivalence, vie contre vie, que, malgré toutes les audaces et toutes les mystifications, on retrouvera toujours dans les formes les plus pures de l'esprit révolutionnaire, le terrorisme russe de 1905, par exemple.

La révolte de Spartacus à la fin du monde antique, quelques dizaines d'années avant l'ère chrétienne, est à cet égard exemplaire. On notera d'abord qu'il s'agit d'une révolte de gladiateurs, c'est-à-dire d'esclaves voués aux combats d'homme à homme et condamnés, pour la délectation des maîtres, à tuer ou à être tués. Commencée avec soixante-dix hommes, cette révolte se termine avec une armée de soixante-dix mille insurgés qui écrasent les meilleures légions romaines et remontent l'Italie, pour marcher sur la ville éternelle elle-même. Pourtant, cette révolte n'a apporté, comme le remarque André Prud-hommeaux[1], aucun principe nouveau dans la société romaine. La proclamation lancée par Spartacus se borne

---

1. *La Tragédie de Spartacus.* Cahiers Spartacus.

à promettre aux esclaves « des droits égaux ». Ce passage
du fait au droit que nous avons analysé dans le premier
mouvement de révolte est en effet la seule acquisition
logique qu'on puisse trouver à ce niveau de la révolte.
L'insoumis rejette la servitude et s'affirme l'égal du
maître. Il veut être maître à son tour.

La révolte de Spartacus illustre constamment ce principe de revendication. L'armée servile libère les esclaves
et leur livre immédiatement en servitude leurs anciens
maîtres. Selon une tradition, douteuse, il est vrai, elle
aurait même organisé des combats de gladiateurs entre
plusieurs centaines de citoyens romains et installé sur les
gradins les esclaves, délirants de joie et d'excitation. Mais
tuer des hommes ne mène à rien qu'à en tuer plus encore.
Pour faire triompher un principe, c'est un principe qu'il
faut abattre. La cité du soleil dont rêvait Spartacus
n'aurait pu s'élever que sur les ruines de la Rome
éternelle, de ses dieux et ses institutions. L'armée de
Spartacus marche, en effet, pour l'investir, vers Rome
épouvantée d'avoir à payer ses crimes. Pourtant, à ce
moment décisif, en vue des murailles sacrées, l'armée
s'immobilise et reflue, comme si elle reculait devant les
principes, l'institution, la cité des dieux. Celle-ci détruite,
que mettre à sa place, hors ce désir sauvage de justice, cet
amour blessé et rendu furieux qui a tenu debout jusque-là
ces malheureux[1] ? Dans tous les cas, l'armée fait retraite,
sans avoir combattu, et décide alors, par un curieux
mouvement, de revenir au lieu d'origine des révoltes
serviles, de refaire en sens inverse le long chemin de ses

1. La révolte de Spartacus reprend en réalité le programme des révoltes
serviles qui l'ont précédée. Mais ce programme se résume au partage des
terres et à l'abolition de l'esclavage. Il ne touche pas directement aux
dieux de la cité.

victoires et de rentrer en Sicile. Comme si ces déshérités, désormais seuls et désarmés devant ce ciel à assaillir, retournaient vers le plus pur et le plus chaud de leur histoire, sur la terre des premiers cris où mourir était facile et bon.

Alors commencent la défaite et le martyre. Avant la dernière bataille, Spartacus fait mettre en croix un citoyen romain pour renseigner ses hommes sur le sort qui les attend. Pendant la lutte, par un mouvement enragé où l'on ne peut s'empêcher de voir un symbole, lui-même essaie sans cesse d'atteindre Crassus qui commande les légions romaines. Il veut périr, mais dans le combat d'homme à homme avec celui qui symbolise, à ce moment, tous les maîtres romains; il veut bien mourir, mais dans la plus haute égalité. Il n'atteindra pas Crassus : les principes combattent de loin et le général romain se tient à l'écart. Spartacus mourra, comme il l'a voulu, mais sous les coups des mercenaires, esclaves comme lui, et qui tuent leur liberté avec la sienne. Pour l'unique citoyen crucifié, Crassus suppliciera des milliers d'esclaves. Les six mille croix qui, après tant de justes révoltes, jalonneront la route de Capoue à Rome démontreront à la foule servile qu'il n'y a pas d'équivalence dans le monde de la puissance et que les maîtres calculent avec usure le prix de leur propre sang.

La croix est aussi le supplice du Christ. On peut imaginer que ce dernier ne choisit quelques années plus tard le châtiment de l'esclave que pour réduire cette terrible distance qui désormais sépare la créature humiliée de la face implacable du Maître. Il intercède, il subit, à son tour, la plus extrême injustice pour que la révolte ne coupe pas le monde en deux, pour que la douleur gagne aussi le ciel et l'arrache à la malédiction des hommes. Qui s'étonnera que l'esprit révolutionnaire, voulant ensuite affirmer la séparation du ciel et de la terre, ait commencé par désincarner la divinité en tuant ses représentants sur la terre? En 1793, d'une certaine manière, finissent les temps de la révolte et commencent les temps révolutionnaires, sur un échafaud[1].

1. Cet essai ne s'intéressant pas à l'esprit de révolte à l'intérieur du christianisme, la Réforme n'y trouve pas sa place, non plus que les nombreuses révoltes contre l'autorité ecclésiastique qui l'ont précédée. Mais on peut dire au moins que la Réforme prépare un jacobinisme religieux et qu'elle commence en un sens ce que 1789 achèvera.

LES RÉGICIDES

On a tué des rois bien avant le 21 janvier 1793, avant les régicides du XIXᵉ siècle. Mais Ravaillac, Damiens, et leurs émules, voulaient atteindre la personne du roi, non le principe. Ils souhaitaient un autre roi ou rien. Ils n'imaginaient pas que le trône pût rester toujours vide. 1789 se place à la charnière des temps modernes, parce que les hommes de ce temps ont voulu, entre autres choses, renverser le principe de droit divin et faire entrer dans l'histoire la force de négation et de révolte qui s'était constituée dans les luttes intellectuelles des derniers siècles. Ils ont ajouté ainsi au tyrannicide traditionnel un déicide raisonné. La pensée dite libertine, celle des philosophes et des juristes, a servi de levier pour cette révolution[1]. Pour que cette entreprise devienne possible et se sente légitimée, il a fallu d'abord que l'Eglise, dont c'est l'infinie responsabilité, par un mouvement qui s'épanouit dans l'Inquisition et se perpétue dans la complicité avec les puissances temporelles, se mette du côté des maîtres en prenant sur elle d'infliger la douleur. Michelet ne se trompe pas quand il ne veut voir que deux grands per-

---

1. Mais les rois y ont collaboré, imposant peu à peu la puissance politique à la puissance religieuse, et minant ainsi le principe même de leur légitimité.

sonnages dans l'épopée révolutionnaire : le christianisme
et la Révolution. 1789 s'explique, pour lui, en effet, par la
lutte de la grâce et de la justice. Bien que Michelet ait eu
le goût, avec son siècle intempérant, des grandes entités, il a
vu ici une des causes profondes de la crise révolutionnaire.

La monarchie d'ancien régime, si elle n'était pas toujours arbitraire dans son gouvernement, il s'en faut, l'était
indiscutablement dans son principe. Elle était de droit
divin, c'est-à-dire sans recours quant à sa légitimité. Cette
légitimité a cependant souvent été contestée, en particulier par les Parlements. Mais ceux qui l'exerçaient la
considéraient et la présentaient comme un axiome.
Louis XIV, on le sait, était ferme sur ce principe[1].
Bossuet l'y aidait qui disait aux rois : « Vous êtes des
dieux. » Le roi, sous l'un de ses aspects, est le chargé de
mission divin aux affaires temporelles, donc à la justice. Il
est, comme Dieu lui-même, le recours dernier de ceux
qui souffrent de misère et d'injustice. Le peuple, contre
ceux qui l'oppriment, peut en principe faire appel au roi.
« Si le roi savait, si le tsar savait... », tel est en effet le
sentiment, souvent exprimé, dans les périodes de misère,
des peuples français et russe. Il est vrai qu'en France au
moins, la monarchie, quand elle savait, a souvent tenté de
défendre les communautés populaires contre l'oppression
des grands et des bourgeois. Mais était-ce là de la justice ?
Non, du point de vue absolu, qui est celui des écrivains
de l'époque. Si l'on peut avoir recours au roi, on ne
saurait avoir recours contre lui, en tant que principe. Il
distribue son aide et ses secours s'il le veut, quand il le
veut. Le bon plaisir est l'un des attributs de la grâce. La
monarchie sous sa forme théocratique est un gouvernement qui veut mettre au-dessus de la justice la grâce, en

1. Charles Ier tenait à ce point au droit divin qu'il n'estimait pas
nécessaire d'être juste et loyal envers ceux qui le niaient.

lui laissant toujours le dernier mot. La profession du vicaire savoyard, au contraire, n'a d'autre originalité que de soumettre Dieu à la justice et d'ouvrir ainsi, avec la solennité un peu naïve du temps, l'histoire contemporaine.

A partir du moment, en effet, où la pensée libertine met Dieu en question, elle pousse le problème de la justice au premier plan. Simplement, la justice d'alors se confond avec l'égalité. Dieu chancelle et la justice, pour s'affirmer dans l'égalité, doit lui porter le dernier coup en s'attaquant directement à son représentant sur la terre. C'est déjà détruire le droit divin que de lui opposer le droit naturel et de la forcer à composer avec lui pendant trois ans, de 1789 à 1792. La grâce ne saurait composer, en dernier recours. Elle peut céder sur quelques points, jamais sur le dernier. Mais cela ne suffit pas. Louis XVI en prison, selon Michelet, voulait encore être roi. Quelque part, dans la France des nouveaux principes, le principe vaincu se perpétuait donc entre les murs d'une prison par la seule force de l'existence et de la foi. La justice a cela de commun, et cela seulement, avec la grâce, qu'elle veut être totale et régner absolument. A partir du moment où elles entrent en conflit, elles luttent à mort. « Nous ne voulons pas condamner le roi, dit Danton, qui n'a pas les bonnes manières du juriste, nous voulons le tuer. » Si on nie Dieu, en effet, il faut tuer le roi. Saint-Just, semble-t-il, fait mourir Louis XVI; mais quand il s'écrie : « Déterminer le principe en vertu duquel va peut-être mourir l'accusé, c'est déterminer le principe dont vit la société qui le juge », il démontre que ce sont les philosophes qui vont tuer le roi : le roi doit mourir au nom du contrat social [1]. Mais ceci demande à être éclairé.

---

1. Rousseau, bien entendu, ne l'aurait pas voulu. Il faut mettre au début de cette analyse, pour lui donner ses limites, ce que Rousseau a déclaré fermement : « Rien ici-bas ne mérite d'être acheté au prix du sang humain. »

LE NOUVEL ÉVANGILE

Le *Contrat social* est d'abord une recherche sur la légitimité du pouvoir. Mais livre de droit, non de fait[1], il n'est, à aucun moment, un recueil d'observations sociologiques. Sa recherche touche aux principes. Par là même, elle est déjà contestation. Elle suppose que la légitimité traditionnelle, supposée d'origine divine, n'est pas acquise. Elle annonce donc une autre légitimité et d'autres principes. Le *Contrat social* est aussi un catéchisme dont il a le ton et le langage dogmatique. Comme 1789 achève les conquêtes des révolutions anglaise et américaine, Rousseau pousse à ses limites logiques la théorie du contrat que l'on trouve chez Hobbes. Le *Contrat social* donne une large extension, et un exposé dogmatique, à la nouvelle religion dont le dieu est la raison, confondue avec la nature, et le représentant sur la terre, au lieu du roi, le peuple considéré dans sa volonté générale.

L'attaque contre l'ordre traditionnel est si évidente que, dès le premier chapitre, Rousseau s'attache à démontrer l'antériorité du pacte des citoyens, qui établit le peuple, au pacte du peuple et du roi, qui fonde la royauté. Jusqu'à lui, Dieu faisait les rois qui, à leur tour, faisaient les peuples. A partir du *Contrat social*, les peuples se font eux-mêmes avant de faire les rois. Quant à Dieu, il n'en est plus question, provisoirement. Dans l'ordre politique, nous avons ici l'équivalent de la révolution de Newton. Le pouvoir n'a donc plus sa source dans l'arbitraire, mais

---

1. Cf. le *Discours sur l'inégalité*. « Commençons donc par écarter tous les faits, car ils ne touchent point à la question. »

dans le consentement général. Autrement dit, il n'est plus ce qui est, mais ce qui devrait être. Par bonheur, selon Rousseau, ce qui est ne peut se séparer de ce qui doit être. Le peuple est souverain « par cela seul qu'il est toujours tout ce qu'il doit être ». Devant cette pétition de principe, on peut bien dire que la raison, invoquée obstinément en ce temps-là, ne s'y trouve pourtant pas bien traitée. Il est clair qu'avec le *Contrat social* nous assistons à la naissance d'une mystique, la volonté générale étant postulée comme Dieu lui-même. « Chacun de nous, dit Rousseau, met en commun sa personne et toute sa puissance sous la suprême direction de la volonté générale et nous recevons en corps chaque membre, comme partie indivisible du tout. »

Cette personne politique, devenue souveraine, est aussi définie comme personne divine. De la personne divine, elle a d'ailleurs tous les attributs. Elle est infaillible, en effet, le souverain ne pouvant vouloir l'abus. « Sous la loi de raison, rien ne se fait sans cause. » Elle est totalement libre, s'il est vrai que la liberté absolue est la liberté à l'égard de soi-même. Rousseau déclare ainsi qu'il est contre la nature du corps politique que le souverain s'impose une loi qu'il ne puisse enfreindre. Elle est aussi inaliénable, indivisible et, pour finir, elle vise même à résoudre le grand problème théologique, la contradiction entre la toute-puissance et l'innocence divine. La volonté générale contraint en effet; sa puissance est sans bornes. Mais le châtiment qu'elle imposera à celui qui refuse de lui obéir n'est rien d'autre qu'une manière de le « forcer à être libre ». La déification est achevée lorsque Rousseau, détachant le souverain de ses origines mêmes, en arrive à distinguer la volonté générale de la volonté de tous. Cela peut se déduire logiquement des prémisses de Rousseau. Si l'homme est naturellement bon, si la nature en lui s'identifie avec la raison [1], il exprimera l'excellence de la raison, à la seule condition qu'il s'exprime librement et naturellement. Il ne peut donc plus revenir sur sa décision, qui plane désormais au-dessus de lui. La volonté générale est d'abord l'expression de la raison universelle, qui est catégorique. Le nouveau Dieu est né.

Voilà pourquoi les mots que l'on retrouve le plus souvent dans le *Contrat social* sont les mots « absolu », « sacré », « inviolable ». Le corps politique ainsi défini, dont la loi est commandement sacré, n'est qu'un produit de remplacement du corps mystique de la chrétienté temporelle. Le *Contrat social* s'achève d'ailleurs dans la description d'une religion civile et fait de Rousseau un précurseur des sociétés contemporaines, qui excluent non seulement l'opposition, mais encore la neutralité. Le premier, en effet, dans les temps modernes, Rousseau institue la profession de foi civile. Le premier, il justifie la peine de mort dans une société civile et la soumission absolue du sujet à la royauté du souverain. « C'est pour n'être pas la victime d'un assassin qu'on consent à mourir si on le devient. » Curieuse justification, mais qui établit fermement qu'il faut savoir mourir si le souverain l'ordonne et qu'on doit, s'il le faut, lui donner raison contre soi-même. Cette notion mystique justifie le silence de Saint-Just depuis son arrestation jusqu'à l'échafaud. Convenablement développée, aussi bien, elle expliquera les accusés enthousiastes des procès staliniens.

Nous sommes ici à l'aube d'une religion avec ses martyrs, ses ascètes et ses saints. Pour bien juger de l'influence prise par cet évangile, il faut avoir une idée du ton inspiré des proclamations de 1789. Fauchet, devant les ossements mis à jour dans la Bastille, s'écrie : « Le

---

1. Toute idéologie se constitue contre la psychologie.

jour de la révélation est arrivé... Les os se sont levés à la voix de la liberté française; ils déposent contre les siècles de l'oppression et de la mort, prophétisent la régénération de la nature humaine et de la vie des nations. » Il vaticine alors : « Nous avons atteint le milieu des temps. Les tyrans sont mûrs. » C'est le moment de la foi émerveillée et généreuse, celui où un peuple admirable renverse à Versailles l'échafaud et la roue[1]. Les échafauds apparaissent comme les autels de la religion et de l'injustice. La nouvelle foi ne peut les tolérer. Mais un moment arrive où la foi, si elle devient dogmatique, érige ses propres autels et exige l'adoration inconditionnelle. Alors les échafauds reparaissent et malgré les autels, la liberté, les serments et les fêtes de la Raison, les messes de la nouvelle foi devront se célébrer dans le sang. Dans tous les cas, pour que 1789 marque le début du règne de « l'humanité sainte[2] » et de « Notre-Seigneur genre humain[3] », il faut que disparaisse d'abord le souverain déchu. Le meurtre du roi-prêtre va sanctionner le nouvel âge, qui dure encore.

LA MISE A MORT DU ROI

Saint-Just a fait entrer dans l'histoire les idées de Rousseau. Au procès du roi, l'essentiel de sa démonstration consiste à dire que le roi n'est pas inviolable et doit être jugé par l'assemblée, non par un tribunal. Quant à

---

1. Même idylle en Russie, en 1905, où le Soviet de Saint-Pétersbourg défile avec des pancartes demandant l'abolition de la peine de mort, et en 1917.

2. Vergniaud.

3. Anacharsis Cloots.

ses arguments, il les doit à Rousseau. Un tribunal ne peut être juge entre le roi et le souverain. La volonté générale ne peut être citée devant les juges ordinaires. Elle est au-dessus de toutes choses. L'inviolabilité et la transcendance de cette volonté sont donc proclamées. On sait que le grand thème du procès était au contraire l'inviolabilité de la personne royale. La lutte entre la grâce et la justice trouve son illustration la plus provocante en 1789 où s'opposent alors, jusqu'à la mort, deux conceptions de la transcendance. Au reste, Saint-Just aperçoit parfaitement la grandeur de l'enjeu : « L'esprit avec lequel on jugera le roi sera le même que celui avec lequel on établira la République. »

Le fameux discours de Saint-Just a ainsi tous les airs d'une étude théologique. « Louis étranger parmi nous », voilà la thèse de l'adolescent accusateur. Si un contrat, naturel ou civil, pouvait encore lier le roi et son peuple, il y aurait obligation mutuelle; la volonté du peuple ne pourrait s'ériger en juge absolu pour prononcer le jugement absolu. Il s'agit donc de démontrer qu'aucun rapport ne lie le peuple et le roi. Pour prouver que le peuple est en lui-même la vérité éternelle, il faut montrer que la royauté est en elle-même crime éternel. Saint-Just pose donc en axiome que tout roi est rebelle ou usurpateur. Il est rebelle contre le peuple dont il usurpe la souveraineté absolue. La monarchie n'est point un roi, « elle est le crime ». Non pas un crime, mais le crime, dit Saint-Just, c'est-à-dire la profanation absolue. C'est le sens précis, et extrême en même temps, du mot de Saint-Just dont on a trop étendu la signification[1] : « Nul ne peut régner innocemment. » Tout roi est coupable et par le fait qu'un homme se veut roi, le voilà voué à la mort. Saint-Just dit

---

1. Ou du moins dont on a anticipé la signification. Quand Saint-Just prononce ce mot, il ne sait pas encore qu'il parle déjà pour lui-même.

exactement la même chose lorsqu'il démontre ensuite que la souveraineté du peuple est « chose sacrée ». Les citoyens sont entre eux inviolables et sacrés et ne peuvent se contraindre que par la loi, expression de leur volonté commune. Louis, seul, ne bénéficie pas de cette inviolabilité particulière et du secours de la loi, car il est placé hors du contrat. Il n'est point partie de la volonté générale, étant au contraire, par son existence même, blasphémateur de cette volonté toute-puissante. Il n'est pas « citoyen », seule manière de participer à la jeune divinité. « Qu'est-ce qu'un roi près d'un Français ? » Il doit donc être jugé et seulement cela.

Mais qui interprétera cette volonté et prononcera le jugement ? L'Assemblée, qui détient par ses origines une délégation de cette volonté et qui participe, concile inspiré, de la nouvelle divinité. Fera-t-on ensuite ratifier le jugement par le peuple ? On sait que l'effort des monarchistes à l'Assemblée finit par porter sur ce point. La vie du roi pouvait ainsi être soustraite à la logique des juristes-bourgeois pour être confiée, du moins, aux passions spontanées et aux compassions du peuple. Mais Saint-Just, ici encore, pousse sa logique au bout et se sert de l'opposition inventée par Rousseau entre la volonté générale et la volonté de tous. Quand tous pardonneraient, la volonté générale ne le peut pas. Le peuple même ne peut effacer le crime de tyrannie. La victime, en droit, ne peut-elle retirer sa plainte ? Nous ne sommes pas en droit, nous sommes en théologie. Le crime du roi est en même temps péché contre l'ordre suprême. Un crime se commet, puis se pardonne, se punit ou s'oublie. Mais le crime de royauté est permanent, il est lié à la personne du roi, à son existence. Le Christ lui-même, s'il peut pardonner aux coupables, ne peut absoudre les faux dieux. Ils doivent disparaître ou vaincre. Le peuple, s'il pardonne aujourd'hui, retrouvera demain le crime intact,

même si le criminel dort dans la paix des prisons. Il n'y a
donc qu'une seule issue : « Venger le meurtre du peuple
par la mort du roi. »

Le discours de Saint-Just ne vise qu'à fermer, une à
une, toutes les issues au roi, sauf celle qui mène à
l'échafaud. Si les prémisses du *Contrat social* sont acceptées, en effet, cet exemple est logiquement inévitable.
Après lui, enfin, « les rois fuiront dans le désert et la
nature reprendra ses droits ». La Convention eut beau
voter une réserve et dire qu'elle ne préjugeait pas si elle
jugeait Louis XVI ou si elle prononçait une mesure de
sûreté. Elle se dérobait alors devant ses propres principes
et tentait de camoufler, par une hypocrisie choquante, sa
véritable entreprise qui était de fonder le nouvel absolutisme. Jacques Roux, du moins, était dans la vérité du
moment en appelant le roi Louis le dernier, marquant
ainsi que la vraie révolution, déjà faite au niveau de
l'économie, s'accomplissait alors à celui de la philosophie et qu'elle était un crépuscule des dieux. La théocra-
tie a été attaquée en 1789 dans son principe, et tuée en
1793 dans son incarnation. Brissot a raison de dire :
« Le monument le plus ferme de notre révolution
est la philosophie[1]. »

Le 21 janvier, avec le meurtre du roi-prêtre, s'achève ce
qu'on a appelé significativement la passion de Louis XVI.
Certes, c'est un répugnant scandale d'avoir présenté
comme un grand moment de notre histoire l'assassinat
public d'un homme faible et bon. Cet échafaud ne
marque pas un sommet, il s'en faut. Il reste au moins que,
par ses attendus et ses conséquences, le jugement du roi
est à la charnière de notre histoire contemporaine. Il
symbolise la désacralisation de cette histoire et la désin-
carnation du dieu chrétien. Dieu jusqu'ici se mêlait à

---

1. La Vendée, guerre religieuse, lui donne encore raison.

l'histoire par les rois. Mais on tue son représentant historique, il n'y a plus de roi. Il n'y a donc plus qu'une apparence de Dieu relégué dans le ciel des principes[1].

Les révolutionnaires peuvent se réclamer de l'Evangile. En fait, ils portent au christianisme un coup terrible dont il ne s'est pas encore relevé. Il semble vraiment que l'exécution du roi, suivie, on le sait, de scènes convulsives de suicides ou de folie, s'est déroulée tout entière dans la conscience de ce qui s'accomplissait. Louis XVI semble avoir, parfois, douté de son droit divin, quoiqu'il ait refusé systématiquement tous les projets de loi qui portaient atteinte à sa foi. Mais à partir du moment où il soupçonne ou connaît son sort, il semble s'identifier, son langage le montre, à sa mission divine, pour qu'il soit bien dit que l'attentat contre sa personne vise le roi-Christ, l'incarnation divine, et non la chair effrayée de l'homme. Son livre de chevet, au Temple, est l'*Imitation*. La douceur, la perfection que cet homme, de sensibilité pourtant moyenne, apporte à ses derniers moments, ses remarques indifférentes sur tout ce qui est du monde extérieur et, pour finir, sa brève défaillance sur l'échafaud solitaire, dans ce terrible tambour qui couvrait sa voix, si loin de ce peuple dont il espérait se faire entendre, tout cela laisse imaginer que ce n'est pas Capet qui meurt, mais Louis de droit divin, et avec lui, d'une certaine manière, la chrétienté temporelle. Pour mieux affirmer encore ce lien sacré, son confesseur le soutient dans sa défaillance en lui rappelant sa « ressemblance » avec le dieu de douleur. Et Louis XVI alors se reprend, en reprenant le langage de ce dieu : « Je boirai, dit-il, le calice jusqu'à la lie. » Puis il se laisse aller, frémissant, aux mains ignobles du bourreau.

---

1. Ce sera le dieu de Kant, Jacobi et Fichte.

LA RELIGION DE LA VERTU

Mais la religion qui exécute aussi le vieux souverain doit bâtir maintenant la puissance du nouveau; elle ferme l'église, ce qui la conduit à essayer de bâtir un temple. Le sang des dieux, qui éclabousse une seconde le prêtre de Louis XVI, annonce un nouveau baptême. Joseph de Maistre qualifiait la Révolution de satanique. On voit pourquoi, et dans quel sens. Michelet, cependant, était plus près de la vérité en l'appelant un purgatoire. Dans ce tunnel, une époque s'engage aveuglément pour découvrir une nouvelle lumière, un nouveau bonheur, et la face du vrai dieu. Mais quel sera ce nouveau dieu? Demandons-le encore à Saint-Just.

1789 n'affirme pas encore la divinité de l'homme, mais celle du peuple, dans la mesure où sa volonté coïncide avec celle de la nature et de la raison. Si la volonté générale s'exprime librement, elle ne peut être que l'expression universelle de la raison. Si le peuple est libre, il est infaillible. Le roi mort, les chaînes du vieux despotisme dénouées, le peuple va donc exprimer ce qui, de tous temps et en tous lieux, est, a été et sera la vérité. Il est l'oracle qu'il faut consulter pour savoir ce qu'exige l'ordre éternel du monde. *Vox populi, vox naturae.* Des principes éternels commandent notre conduite : la Vérité, la Justice, la Raison enfin. C'est là le nouveau dieu. L'Être suprême que des cohortes de jeunes filles viennent adorer en fêtant la Raison n'est que l'ancien dieu, désincarné, coupé brusquement de toute attache avec la terre et renvoyé, tel un ballon, dans le ciel vide des grands principes. Privé de ses représentants, de tout intercesseur, le dieu des philosophes et des avocats n'a que la valeur d'une démonstration. Il est bien faible, en vérité, et l'on comprend que Rousseau, qui prêchait la tolérance, ait cru cependant qu'il fallait condamner les athées à mort. Pour adorer longtemps un théorème, la foi ne suffit pas, il faut encore une police. Mais cela ne devait venir que plus tard. En 1793, la nouvelle foi est encore intacte et il suffira, si l'on en croit Saint-Just, de gouverner selon la raison. L'art de gouverner, d'après lui, n'a produit que des monstres parce que, jusqu'à lui, on n'a pas voulu gouverner selon la nature. Le temps des monstres est fini avec celui de la violence. « Le cœur humain marche de la nature à la violence, de la violence à la morale. » La morale n'est donc qu'une nature enfin recouvrée après des siècles d'aliénation. Que l'on donne seulement à l'homme des lois « selon la nature et son cœur », il cessera d'être malheureux et corrompu. Le suffrage universel, fondement des nouvelles lois, doit amener forcément une morale universelle. « Notre but est de créer un ordre de choses tel qu'une pente universelle vers le bien s'établisse. »

La religion de la raison établit tout naturellement la république des lois. La volonté générale s'exprime en lois codifiées par ses représentants. « Le peuple fait la révolution, le législateur fait la république. » Les institutions « immortelles, impassibles et à l'abri de la témérité des hommes » régiront, à leur tour, la vie de tous dans un accord universel et sans contradiction possible puisque tous, obéissant aux lois, n'obéissent qu'à eux-mêmes. « Hors des lois, dit Saint-Just, tout est stérile et mort. » C'est la république romaine, formelle et légaliste. On sait la passion de Saint-Just et de ses contemporains pour l'Antiquité romaine. Le jeune homme décadent qui, à Reims, passait des heures, volets fermés, dans une chambre à tentures noires, ornées de larmes blanches, rêvait de la république spartiate. L'auteur d'*Organt*, long et licen-

cieux poème, ressentait d'autant plus le besoin de fruga-
lité et de vertu. Dans ses institutions, Saint-Just refusait la
viande à l'enfant jusqu'à l'âge de seize ans, et rêvait d'une
nation végétarienne et révolutionnaire. « Le monde est
vide depuis les Romains », s'écriait-il. Mais des temps
héroïques s'annonçaient, Caton, Brutus, Scaevola redeve-
naient possibles. La rhétorique des moralistes latins
refleurissait. « Vice, vertu, corruption », ces termes
reviennent constamment dans la rhétorique du temps et,
plus encore, dans les discours de Saint-Just qu'ils alour-
dissent sans cesse. La raison en est simple. Ce bel édifice,
Montesquieu l'avait vu, ne pouvait se passer de la vertu.
La Révolution française, en prétendant bâtir l'histoire sur
un principe de pureté absolue, ouvre les temps modernes
en même temps que l'ère de la morale formelle.

Qu'est-ce que la vertu, en effet? Pour le philosophe
bourgeois d'alors, c'est la conformité à la nature[1] et, en
politique, la conformité à la loi qui exprime la volonté
générale. « La morale, dit Saint-Just, est plus forte que les
tyrans. » Elle vient en effet de tuer Louis XVI. Toute
désobéissance à la loi ne vient donc pas d'une imperfection, supposée impossible, de cette loi, mais d'un manque
de vertu chez le citoyen réfractaire. C'est pourquoi la
république n'est pas seulement un sénat, comme le dit
fortement Saint-Just, elle est la vertu. Chaque corruption
morale est en même temps corruption politique, et
réciproquement. Venu de la doctrine elle-même, un
principe de répression infinie s'installe alors. Saint-Just
était sans doute sincère dans son désir d'idylle universelle.
Il a vraiment rêvé d'une république d'ascètes, d'une
humanité réconciliée et abandonnée aux chastes jeux de

---

1. Mais la nature, telle qu'on la rencontre chez Bernardin de Saint-
Pierre, est elle-même conforme à une vertu préétablie. La nature aussi est
un principe abstrait.

l'innocence première, sous la garde de ces sages vieillards
qu'il décorait d'avance d'une écharpe tricolore et d'un
panache blanc. On sait aussi que, dès le début de la
Révolution, Saint-Just se prononçait, en même temps que
Robespierre, contre la peine de mort. Il demandait
seulement que les meurtriers fussent vêtus de noir tout le
temps de leur vie. Il voulait une justice qui ne cherchât
pas « à trouver l'accusé coupable, mais à le trouver
faible », et ceci est admirable. Il rêvait aussi d'une
république du pardon qui reconnût que si l'arbre du
crime était dur, la racine en était tendre. Un de ses cris au
moins vient du cœur et ne se laisse pas oublier : « C'est
une chose affreuse de tourmenter le peuple. » Oui, cela
est affreux. Mais un cœur peut le sentir et se soumettre
pourtant à des principes qui supposent, pour finir, le
tourment du peuple.

La morale, quand elle est formelle, dévore. Pour para-
phraser Saint-Just, nul n'est vertueux innocemment. A
partir du moment où les lois ne font pas régner la
concorde, où l'unité que les principes devaient créer se
disloque, qui est coupable ? Les factions. Qui sont les
factieux ? Ceux qui nient par leur activité même l'unité
nécessaire. La faction divise le souverain. Elle est donc
blasphématrice et criminelle. Il faut la combattre, et elle
seule. Mais s'il y a beaucoup de factions ? Toutes seront
combattues, sans rémission. Saint-Just s'écrie : « Ou les
vertus ou la Terreur. » Il faut bronzer la liberté et le
projet de constitution à la Convention mentionne alors la
peine de mort. La vertu absolue est impossible, la
république du pardon amène par une logique implacable
la république des guillotines. Montesquieu avait déjà
dénoncé cette logique comme l'une des causes de la
décadence des sociétés, disant que l'abus de pouvoir est
plus grand lorsque les lois ne le prévoient pas. La loi pure
de Saint-Just n'avait pas tenu compte de cette vérité,

vieille comme l'histoire elle-même, que la loi, dans son essence, est vouée à être violée.

LA TERREUR

Saint-Just, contemporain de Sade, aboutit à la justification du crime, bien qu'il parte de principes différents. Saint-Just, sans doute, est l'anti-Sade. Si la formule du marquis pouvait être : « Ouvrez les prisons ou prouvez votre vertu », celle du conventionnel serait : « Prouvez votre vertu ou entrez dans les prisons. » Tous deux pourtant légitiment un terrorisme, individuel chez le libertin, étatique chez le prêtre de la vertu. Le bien absolu ou le mal absolu, si l'on y met la logique qu'il faut, exigent la même fureur. Certes, il y a de l'ambiguïté dans le cas de Saint-Just. La lettre qu'il écrivit à Vilain d'Aubigny, en 1792, a quelque chose d'insensé. Cette profession de foi d'un persécuté persécuteur se termine par un aveu convulsé : « Si Brutus ne tue point les autres, il se tuera lui-même. » Un personnage si obstinément grave, si volontairement froid, logique, imperturbable, laisse imaginer tous les déséquilibres et tous les désordres. Saint-Just a inventé la sorte de sérieux qui fait de l'histoire des deux derniers siècles un si ennuyeux roman noir. « Celui qui plaisante à la tête du gouvernement, dit-il, tend à la tyrannie. » Maxime étonnante, surtout si l'on songe de quoi se payait alors la simple accusation de tyrannie, et qui prépare en tout cas le temps des Césars pédants. Saint-Just donne l'exemple; son ton même est définitif. Cette cascade d'affirmations péremptoires, ce style axiomatique et sentencieux, le peignent mieux que les portraits les plus fidèles. Les sentences ronronnent,

comme la sagesse même de la nation, les définitions, qui
font la science, se succèdent comme des commandements
froids et clairs. « Les principes doivent être modérés, les
lois implacables, les peines sans retour. » C'est le style
guillotine.

Un tel endurcissement dans la logique suppose cependant une passion profonde. Là comme ailleurs, nous
retrouvons la passion de l'unité. Toute révolte suppose
une unité. Celle de 1789 exige l'unité de la patrie.
Saint-Just rêve de la cité idéale où les mœurs, enfin
conformes aux lois, feront éclater l'innocence de l'homme
et l'identité de sa nature avec la raison. Et si les factions
viennent à entraver ce rêve, la passion va exagérer sa
logique. On n'imaginera pas alors que, puisque les factions existent, les principes ont peut-être tort. Les factions
seront criminelles parce que les principes restent intangi-
bles. « Il est temps que tout le monde retourne à la
morale et l'aristocratie à la Terreur. » Mais les factions
aristocrates ne sont pas les seules, on doit compter avec
les républicaines, et avec tous ceux, en général, qui
critiquent l'action de la Législative et de la Convention.
Ceux-là aussi sont coupables puisqu'ils menacent l'unité.
Saint-Just proclame alors le grand principe des tyrannies
du XXᵉ siècle. « Un patriote est celui qui soutient la
république en masse; quiconque la combat en détail est
un traître. » Qui critique est un traître, qui ne soutient
pas ostensiblement la république est un suspect. Quand la
raison, ni la libre expression des individus, ne parvien-
nent à fonder systématiquement l'unité, il faut se résoudre à retrancher les corps étrangers. Le couperet devient
ainsi raisonneur, sa fonction est de réfuter. « Un fripon
que le tribunal a condamné à mort dit qu'il veut résister à
l'oppression parce qu'il veut résister à l'échafaud! » Cette
indignation de Saint-Just se comprend mal puisqu'en
somme, jusqu'à lui, l'échafaud n'était justement que l'un

des symboles les plus évidents de l'oppression. Mais à l'intérieur de ce délire logique, au bout de cette morale de vertu, l'échafaud est liberté. Il assure l'unité rationnelle, l'harmonie de la cité. Il épure, le mot est juste, la république, élimine les malfaçons qui viennent contredire la volonté générale et la raison universelle. « On me conteste le titre de philanthrope, s'écrie Marat, dans un tout autre style. Ah! quelle injustice! Qui ne voit que je veux couper un petit nombre de têtes pour en sauver un grand nombre? » Un petit nombre, une faction? Sans doute, et toute action historique est à ce prix. Mais Marat, faisant ses derniers calculs, réclamait deux cent soixante-treize mille têtes. Mais il compromettait l'aspect thérapeutique de l'opération en hurlant au massacre : « Marquez-les d'un fer chaud, coupez-leur les pouces, fendez-leur la langue. » Le philanthrope écrivait ainsi dans le vocabulaire le plus monotone qui soit, jour et nuit, sur la nécessité de tuer pour créer. Il écrivait encore dans les nuits de septembre, au fond de sa cave, à la lueur d'une chandelle, pendant que les massacreurs installaient dans la cour de nos prisons les bancs des spectateurs, les hommes à droite, les femmes à gauche, pour leur donner, en gracieux exemple de philanthropie, l'égorgement de nos aristocrates.

Ne mêlons point, fût-ce une seconde, la personne grandiose d'un Saint-Just au triste Marat, singe de Rousseau, comme dit justement Michelet. Mais le drame de Saint-Just est d'avoir, pour des raisons supérieures, et par une exigence plus profonde, fait chœur, par moments, avec Marat. Les factions s'ajoutent aux factions, les minorités aux minorités, il n'est pas sûr enfin que l'échafaud fonctionne au service de la volonté de tous. Saint-Just affirmera du moins, et jusqu'au bout, qu'il fonctionne pour la volonté générale, puisqu'il fonctionne pour la vertu. « Une révolution comme la nôtre n'est pas

un procès, mais un coup de tonnerre sur les méchants. »
Le bien foudroie, l'innocence se fait éclair et éclair
justicier. Même les jouisseurs, surtout eux, sont contre-
révolutionnaires. Saint-Just, qui a dit que l'idée du bonheur était neuve en Europe (à vrai dire, elle était neuve
surtout pour Saint-Just, qui arrêtait l'histoire à Brutus),
s'aperçoit que certains ont une « idée affreuse du bonheur
et le confondent avec le plaisir ». Contre eux aussi, il faut
sévir. A la fin, il n'est plus question de majorité ni de
minorité. Le paradis perdu et toujours convoité de l'innocence universelle s'éloigne; sur la terre malheureuse,
pleine des cris de la guerre civile et nationale, Saint-Just
décrète, contre lui-même et ses principes, que tout le
monde est coupable quand la patrie est menacée. La série
de rapports sur les factions de l'étranger, la loi du 22
prairial, le discours du 15 avril 1794 sur la nécessité de la
police, marquent les étapes de cette conversion.
L'homme qui, avec tant de grandeur, tenait pour infamie
de déposer les armes tant qu'il existerait, quelque part, un
maître et un esclave, est le même qui devait accepter de
garder la Constitution de 1793 en suspens et d'exercer
l'arbitraire. Dans le discours qu'il fit pour défendre
Robespierre, il nie la renommée et la survie et ne se
réfère qu'à une providence abstraite. Il reconnaissait, du
même coup, que la vertu, dont il faisait religion, n'avait
d'autre récompense que l'histoire et le présent, et qu'elle
devait, à tout prix, fonder son propre règne. Il n'aimait
pas le pouvoir « cruel et méchant », et qui, disait-il,
« sans la règle, marchait à l'oppression ». Mais la règle
était la vertu et venait du peuple. Le peuple défaillant, la
règle s'obscurcissait, l'oppression grandissait. Le peuple
alors était coupable, non le pouvoir, dont le principe
devait être innocent. Une contradiction si extrême et si
sanglante ne pouvait se résoudre que par une logique
encore plus extrême et l'acceptation dernière des princi-

pes, dans le silence et dans la mort. Saint-Just, du moins, est resté au niveau de cette exigence. Là enfin, il devait trouver sa grandeur, et cette vie indépendante dans les siècles et dans les cieux dont il a parlé avec tant d'émotion.

Depuis longtemps, il avait en effet pressenti que son exigence supposait de sa part un don total et sans réserves, disant lui-même que ceux qui font les révolutions dans le monde, « ceux qui font le bien », ne peuvent dormir que dans le tombeau. Assuré que ses principes, pour triompher, devaient culminer dans la vertu et le bonheur de son peuple, apercevant peut-être qu'il demandait l'impossible, il s'était d'avance fermé la retraite en déclarant publiquement qu'il se poignarderait le jour où il désespérerait de ce peuple. Le voici qui désespère, pourtant, puisqu'il doute de la terreur elle-même. « La révolution est glacée, tous les principes sont affaiblis; il ne reste que des bonnets rouges portés par l'intrigue. L'exercice de la terreur a blasé le crime comme les liqueurs fortes blasent le palais. » La vertu même « s'unit au crime dans les temps d'anarchie ». Il avait dit que tous les crimes venaient de la tyrannie qui était le premier de tous et, devant l'obstination inlassable du crime, la Révolution elle-même courait à la tyrannie et devenait criminelle. On ne peut donc réduire le crime, ni les factions ni l'affreux esprit de jouissance; il faut désespérer de ce peuple et le subjuguer. Mais on ne peut non plus gouverner innocemment. Il faut donc souffrir le mal ou le servir, admettre que les principes ont tort ou reconnaître que le peuple et les hommes sont coupables. Alors la mystérieuse et belle figure de Saint-Just se détourne : « Ce serait quitter peu de chose qu'une vie dans laquelle il faudrait être le complice ou le témoin muet du mal. » Brutus, qui devait se tuer s'il ne tuait point les autres, commence par tuer les autres. Mais les autres sont trop, on ne peut tout tuer. Il faut alors mourir, et démontrer une fois de plus que la révolte, lorsqu'elle est déréglée, oscille de l'anéantissement des autres à la destruction de soi. Cette tâche, du moins, est facile; il suffit encore une fois de suivre la logique jusqu'au bout. Dans le discours pour la défense de Robespierre, peu avant sa mort, Saint-Just réaffirme le grand principe de son action qui est celui-là même qui va le condamner : « Je ne suis d'aucune faction, je les combattrai toutes. » Il reconnaissait alors, et d'avance, la décision de la volonté générale, c'est-à-dire de l'Assemblée. Il acceptait de marcher à la mort pour l'amour des principes et contre toute réalité, puisque l'opinion de l'Assemblée ne pouvait être emportée, justement, que par l'éloquence et le fanatisme d'une faction. Mais quoi! quand les principes défaillent, les hommes n'ont qu'une manière de les sauver, et de sauver leur foi, qui est de mourir pour eux. Dans la chaleur étouffante du Paris de juillet, Saint-Just, refusant ostensiblement la réalité et le monde, confesse qu'il remet sa vie à la décision des principes. Ceci dit, il semble apercevoir fugitivement une autre vérité, finissant sur une dénonciation modérée de Billaud-Varenne et de Collot d'Herbois. « Je désire qu'ils se justifient et que nous devenions plus sages. » Le style et la guillotine sont ici suspendus un instant. Mais la vertu n'est pas la sagesse, ayant trop d'orgueil. La guillotine va redescendre sur cette tête belle et froide comme la morale. A partir du moment où l'Assemblée le condamne, jusqu'au moment où il tend sa nuque au couperet, Saint-Just se tait. Ce long silence est plus important que la mort elle-même. Il s'était plaint que le silence régnât autour des trônes et c'est pourquoi il avait voulu tant et si bien parler. Mais à la fin, méprisant et la tyrannie et l'énigme d'un peuple qui ne se conforme pas à la Raison pure, il retourne lui-même au silence. Ses principes ne peuvent s'accorder

à ce qui est, les choses ne sont pas ce qu'elles devraient
être; les principes sont donc seuls, muets et fixes. S'abandonner à eux, c'est mourir, en vérité, et c'est mourir d'un
amour impossible qui est le contraire de l'amour. Saint-
Just meurt et, avec lui, l'espérance d'une nouvelle religion.

« Toutes les pierres sont taillées pour l'édifice de la
liberté, disait Saint-Just; vous lui pouvez bâtir un temple
ou un tombeau des mêmes pierres. » Les principes
mêmes du *Contrat social* ont présidé à l'élévation du
tombeau que Napoléon Bonaparte est venu sceller. Rousseau, qui ne manquait pas de bon sens, avait bien vu que
la société du *Contrat* ne convenait qu'à des dieux. Ses
successeurs l'ont pris au mot et ont tâché de fonder la
divinité de l'homme. Le drapeau rouge, symbole de la loi
martiale, donc de l'exécutif, sous l'ancien régime, devient
symbole révolutionnaire le 10 août 1792. Transfert significatif que Jaurès commente ainsi : « C'est nous le peuple
qui sommes le droit... Nous ne sommes pas des révoltés.
Les révoltés sont aux Tuileries. » Mais on ne devient pas
dieu si facilement. Les anciens dieux mêmes ne meurent
pas du premier coup, et les révolutions du XIXᵉ siècle
devront achever la liquidation du principe divin. Paris se
soulève alors pour ramener le roi sous la loi du peuple et
pour l'empêcher de restaurer une autorité de principe. Ce
cadavre que les insurgés de 1830 traînèrent à travers les
salles des Tuileries et installèrent sur le trône pour lui
rendre des honneurs dérisoires n'a pas d'autre signification. Le roi peut être encore à cette époque un chargé
d'affaires respecté, mais sa délégation lui vient maintenant de la nation, sa règle est la Charte. Il n'est plus
Majesté. L'ancien régime disparaissant alors définitivement en France, il faut encore, après 1848, que le
nouveau se raffermisse et l'histoire du XIXᵉ siècle jusqu'à
1914 est celle de la restauration des souverainetés popu-

laires contre les monarchies d'ancien régime, l'histoire du principe des nationalités. Ce principe triomphe en 1919 qui voit la disposition de tous les absolutismes d'ancien régime en Europe [1]. Partout, la souveraineté de la nation se substitue, en droit et en raison, au souverain roi. Alors seulement peuvent apparaître les conséquences des principes de 89. Nous autres vivants sommes les premiers à pouvoir en juger clairement.

Les Jacobins ont durci les principes moraux éternels dans la mesure même où ils venaient de supprimer ce qui soutenait jusque-là ces principes. Prêcheurs d'évangile, ils ont voulu fonder la fraternité sur le droit abstrait des Romains. Aux commandements divins, ils ont substitué la loi dont ils supposaient qu'elle devait être reconnue par tous, puisqu'elle était à l'expression de la volonté générale. La loi trouvait sa justification dans la vertu naturelle et la justifiait à son tour. Mais dès l'instant où une seule faction se manifeste, le raisonnement s'écroule et on s'aperçoit que la vertu a besoin de justification pour n'être pas abstraite. Du même coup, les juristes bourgeois du XVIIIᵉ siècle, en écrasant sous leurs principes les justes et vivantes conquêtes de leur peuple, ont préparé les deux nihilismes contemporains : celui de l'individu et celui de l'État.

La loi peut régner, en effet, tant qu'elle est la loi de la Raison universelle [2]. Mais elle ne l'est jamais et sa justification se perd si l'homme n'est pas bon naturellement. Un jour vient où l'idéologie se heurte à la psycho-

---

1. Sauf la monarchie espagnole. Mais l'empire allemand s'effondre dont Guillaume II disait qu'il était « la marque que nous autres, Hohenzollern, nous tenons notre couronne du ciel seul, et que c'est au ciel seul que nous avons des comptes à rendre ».
2. Hegel a bien vu que la philosophie des lumières a voulu délivrer l'homme de l'irrationnel. La raison rassemble les hommes que l'irrationnel divise.

logie. Il n'y a plus alors de pouvoir légitime. La loi évolue donc jusqu'à se confondre avec le législateur et un nouveau bon plaisir. Où se tourner alors? La voici déboussolée; perdant de sa précision, elle devient de plus en plus imprécise jusqu'à faire crime de tout. La loi règne toujours, mais elle n'a plus de bornes fixes. Saint-Just avait prévu cette tyrannie au nom du peuple silencieux. « Le crime adroit s'érigerait en une sorte de religion et les fripons seraient dans l'arche sacrée. » Mais cela est inévitable. Si les grands principes ne sont pas fondés, si la loi n'exprime rien qu'une disposition provisoire, elle n'est plus faite que pour être tournée, ou pour être imposée. Sade ou la dictature, le terrorisme individuel ou le terrorisme d'Etat, tous deux justifiés par la même absence de justification, c'est, dès l'instant où la révolte se coupe de ses racines et se prive de toute morale concrète, l'une des alternatives du XXᵉ siècle.

Le mouvement d'insurrection qui naît en 1789 ne peut pourtant s'arrêter là. Dieu n'est pas tout à fait mort pour les Jacobins, pas plus que pour les hommes du romantisme. Ils conservent encore l'Etre suprême. La Raison, d'une certaine manière, est encore médiatrice. Elle suppose un ordre préexistant. Mais Dieu est du moins désincarné et réduit à l'existence théorique d'un principe moral. La bourgeoisie n'a régné pendant tout le XIXᵉ siècle qu'en se référant à ces principes abstraits. Simplement, moins digne que Saint-Just, elle a usé de cette référence comme d'un alibi, pratiquant, en toute occasion, les valeurs contraires. Par sa corruption essentielle et sa décourageante hypocrisie, elle a aidé à discréditer définitivement les principes dont elle se réclamait. Sa culpabilité, à cet égard, est infinie. Dès l'instant où les principes éternels seront mis en doute en même temps que la vertu formelle, où toute valeur sera discréditée, la raison se mettra en mouvement, ne se référant plus à rien qu'à ses succès. Elle voudra régner, niant tout ce qui a été, affirmant tout ce qui sera. Elle deviendra conquérante. Le communisme russe, par sa critique violente de toute vertu formelle, achève l'œuvre révoltée du XIXᵉ siècle en niant tout principe supérieur. Aux régicides du XIXᵉ siècle succèdent les déicides du XXᵉ siècle qui vont jusqu'au bout de la logique révoltée et veulent faire de la terre le royaume où l'homme sera dieu. Le règne de l'histoire commence et, s'identifiant à sa seule histoire, l'homme, infidèle à sa vraie révolte, se vouera désormais aux révolutions nihilistes du XXᵉ siècle qui, niant toute morale, cherchent désespérément l'unité du genre humain à travers une épuisante accumulation de crimes et de guerres. A la révolution jacobine qui essayait d'instituer la religion de la vertu, afin d'y fonder l'unité, succéderont les révolutions cyniques, qu'elles soient de droite ou de gauche, qui vont tenter de conquérir l'unité du monde pour fonder enfin la religion de l'homme. Tout ce qui était à Dieu sera désormais rendu à César.

LES DÉICIDES

La justice, la raison, la vérité brillaient encore au ciel jacobin; ces étoiles fixes pouvaient du moins servir de repères. La pensée allemande du XIXᵉ siècle, et particulièrement Hegel, a voulu continuer l'œuvre de la Révolution française[1] en supprimant les causes de son échec. Hegel a cru discerner que la Terreur était contenue d'avance dans l'abstraction des principes jacobins. Selon lui, la liberté absolue et abstraite devait mener au terrorisme; le règne du droit abstrait coïncide avec celui de l'oppression. Hegel remarque, par exemple, que l'espace de temps qui va d'Auguste à Alexandre Sévère (235 après J.-C.) est celui de la plus grande science du droit, mais aussi celui de la tyrannie la plus implacable. Pour dépasser cette contradiction, il fallait donc vouloir une société concrète, vivifiée par un principe qui ne fût pas formel, où la liberté fût conciliée avec la nécessité. A la raison universelle, mais abstraite, de Saint-Just et de Rousseau, la pensée allemande a donc fini par substituer une notion moins artificielle, mais aussi plus ambiguë, l'universel concret. La raison, jusqu'ici, planait au-dessus

---

1. Et de la Réforme, « révolution des Allemands » selon Hegel.

des phénomènes qui se rapportaient à elle. La voici
désormais incorporée au fleuve des événements historiques, qu'elle éclaire en même temps qu'ils lui donnent un
corps.

On peut dire assurément que Hegel a rationalisé jusqu'à l'irrationnel. Mais, en même temps, il donnait à la
raison un frémissement déraisonnable, il y introduisait
une démesure dont les résultats sont devant nos yeux.
Dans la pensée fixe de son temps la pensée allemande a
introduit tout d'un coup un mouvement irrésistible. La
vérité, la raison et la justice se sont brusquement incar-
nées dans le devenir du monde. Mais, en les jetant dans
une accélération perpétuelle, l'idéologie allemande
confondait leur être avec leur mouvement et fixait l'achèvement de cet être à la fin du devenir historique, s'il en
était une. Ces valeurs ont cessé d'être des repères pour
devenir des buts. Quant aux moyens d'atteindre ces buts,
c'est-à-dire la vie et l'histoire, aucune valeur préexistante
ne pouvait les guider. Au contraire, une grande partie de
la démonstration hégélienne consiste à prouver que la
conscience morale, dans sa banalité, celle qui obéit à
la justice et à la vérité comme si ces valeurs existaient
hors du monde, compromet, précisément, l'avènement
de ces valeurs. La règle de l'action est donc devenue
l'action elle-même qui doit se dérouler dans les
ténèbres en attendant l'illumination finale. La raison,
annexée par ce romantisme, n'est plus qu'une passion
inflexible.

Les buts sont restés les mêmes, l'ambition seule a
grandi; la pensée est devenue dynamique, la raison
devenir et conquête. L'action n'est plus qu'un calcul en
fonction des résultats, non des principes. Elle se confond,
par conséquent, avec un mouvement perpétuel. De la
même manière, toutes les disciplines, au XIXe siècle, se

sont détournées de la fixité et de la classification qui caractérisaient la pensée du XVIIIe siècle. Comme Darwin a remplacé Linné, les philosophes de la dialectique incessante ont remplacé les harmonieux et stériles constructeurs de la raison. De ce moment date l'idée (hostile à toute la pensée antique qui, au contraire, se retrouvait en partie dans l'esprit révolutionnaire français) que l'homme n'a pas de nature humaine donnée une fois pour toutes, qu'il n'est pas une créature achevée, mais une aventure dont il peut être en partie le créateur. Avec Napoléon et Hegel, philosophe napoléonien, commencent les temps de l'efficacité. Jusqu'à Napoléon, les hommes ont découvert l'espace de l'univers, à partir de lui, le temps du monde et l'avenir. L'esprit révolté va s'en trouver profondément transformé.

Il est singulier en tout cas de trouver l'œuvre de Hegel à cette nouvelle étape de l'esprit de révolte. Dans un sens, en effet, toute son œuvre respire l'horreur de la dissidence : il a voulu être l'esprit de la réconciliation. Mais ce n'est qu'une des faces d'un système qui, par sa méthode, est le plus ambigu de la littérature philosophique. Dans la mesure où, pour lui, ce qui est réel est rationnel, il justifie toutes les entreprises de l'idéologue sur le réel. Ce qu'on a appelé le panlogisme de Hegel est une justification de l'état de fait. Mais son pantragisme exalte aussi la destruction en elle-même. Tout est réconcilié sans doute dans la dialectique et l'on ne peut poser un extrême sans que l'autre surgisse; il y a dans Hegel, comme dans toute grande pensée, de quoi corriger Hegel. Mais les philosophes sont rarement lus avec la seule intelligence, souvent avec le cœur et ses passions qui, elles, ne réconcilient rien.

De Hegel, en tout cas, les révolutionnaires du XXe siècle ont tiré l'arsenal qui a détruit définitivement les principes formels de la vertu. Ils en ont gardé la vision d'une histoire sans transcendance, résumée à une contestation perpétuelle et à la lutte des volontés de puissance. Sous son aspect critique, le mouvement révolutionnaire de notre temps est d'abord une dénonciation violente de l'hypocrisie formelle qui préside à la société bourgeoise. La prétention, fondée en partie, du communisme moderne, comme celle, plus frivole, du fascisme, est de dénoncer la mystification qui pourrit la démocratie de type bourgeois, ses principes et ses vertus. La transcendance divine, jusqu'en 1789, servait à justifier l'arbitraire royal. Après la Révolution française, la transcendance des principes formels, raison ou justice, sert à justifier une domination qui n'est ni juste ni raisonnable. Cette transcendance est donc un masque qu'il faut arracher. Dieu est mort, mais, comme l'avait prédit Stirner, il faut tuer la morale des principes où se retrouve encore le souvenir de Dieu. La haine de la vertu formelle, témoin dégradé de la divinité, faux témoin au service de l'injustice, est restée un des ressorts de l'histoire d'aujourd'hui. Rien n'est pur, ce cri convulse le siècle. L'impur, donc l'histoire, va devenir la règle et la terre déserte sera livrée à la force toute nue qui décidera ou non de la divinité de l'homme. On entre alors en mensonge et en violence comme on entre en religion, et du même mouvement pathétique.

Mais la première critique fondamentale de la bonne conscience, la dénonciation de la belle âme et des attitudes inefficaces, nous la devons à Hegel pour qui l'idéologie du vrai, du beau et du bien est la religion de ceux qui n'en ont pas. Alors que l'existence des factions surprend Saint-Just, contrevient à l'ordre idéal qu'il affirme, Hegel non seulement n'est pas surpris, mais affirme au contraire que la faction est au début de l'esprit. Tout le monde est vertueux pour le Jacobin. Le mouvement qui part de Hegel, et qui triomphe aujourd'hui, suppose au contraire que personne ne l'est, mais que tout le monde le sera. Au commencement, tout est idylle selon Saint-Just, tout est tragédie selon Hegel. Mais à la fin, cela revient au même. Il faut détruire ceux qui détruisent l'idylle ou détruire pour créer l'idylle. La violence recouvre tout, dans les deux cas. Le dépassement de la Terreur, entrepris par Hegel, aboutit seulement à un élargissement de la Terreur.

Ce n'est pas tout. Le monde d'aujourd'hui ne peut plus être, apparemment, qu'un monde de maîtres et d'esclaves parce que les idéologies contemporaines, celles qui modifient la face du monde, ont appris de Hegel à penser l'histoire en fonction de la dialectique maîtrise et servitude. Si, sous le ciel désert, au premier matin du monde, il n'y a qu'un maître et un esclave; si même, du dieu transcendant aux hommes, il n'y a qu'un lien de maître à esclave, il ne peut y avoir d'autre loi au monde que celle de la force. Seuls un dieu, ou un principe au-dessus du maître et de l'esclave, pouvaient s'interposer jusque-là et faire que l'histoire des hommes ne se résume pas seulement à l'histoire de leurs victoires ou de leurs défaites. L'effort de Hegel, puis des hégéliens, a été au contraire de détruire de plus en plus toute transcendance et toute nostalgie de la transcendance. Bien qu'il y ait infiniment plus chez Hegel que chez les hégéliens de gauche qui, finalement, ont triomphé de lui, il fournit cependant, au niveau de la dialectique du maître et de l'esclave, la justification décisive de l'esprit de puissance au XXe siècle. Le vainqueur a toujours raison, c'est là une des leçons que l'on peut tirer du plus grand système allemand du XIXe siècle. Bien entendu, il y a dans le prodigieux édifice hégélien de quoi contredire, en partie, ces données. Mais l'idéologie du XXe siècle ne se rattache pas à ce qu'on

appelle improprement l'idéalisme du maître d'Iéna. Le
visage de Hegel, qui réapparaît dans le communisme
russe, a été remodelé successivement par David Strauss,
Bruno Bauer, Feuerbach, Marx et toute la gauche hégélienne. Lui seul nous intéresse ici, puisque lui seul a pesé
sur l'histoire de notre temps. Si Nietzsche et Hegel servent
d'alibis aux maîtres de Dachau et de Karaganda[1], cela ne
condamne pas toute leur philosophie. Mais cela laisse
soupçonner qu'un aspect de leurs pensées, ou de leur
logique, pouvait mener à ces terribles confins.

Le nihilisme nietzschéen est méthodique. La *Phénoménologie de l'Esprit* a aussi un caractère pédagogique. A la
charnière de deux siècles, elle décrit, dans ses étapes,
l'éducation de la conscience, cheminant vers la vérité
absolue. C'est un *Emile* métaphysique[2]. Chaque étape est
une erreur et d'ailleurs s'accompagne de sanctions historiques presque toujours fatales, soit à la conscience, soit à
la civilisation où elle se reflète. Hegel se propose de
montrer la nécessité de ces étapes douloureuses. La
Phénoménologie est, sous un de ses aspects, une méditation sur le désespoir et la mort. Simplement, ce désespoir
se veut méthodique puisqu'il doit se transfigurer à la fin
de l'histoire dans la satisfaction et la sagesse absolue.
Cette pédagogie a cependant le défaut de ne supposer que
des élèves supérieurs et elle a été prise au mot alors que,
par le mot, elle voulait seulement annoncer l'esprit. Il en

---

1. Qui ont trouvé des modèles moins philosophiques dans les polices
prussienne, napoléonienne, tsariste ou dans les camps anglais d'Afrique
du Sud.
2. Le rapprochement de Hegel et de Rousseau a un sens. La fortune de
la *Phénoménologie* a été de même sorte, dans ses conséquences, que celle
du *Contrat social*. Elle a modelé la pensée politique de son temps. La
théorie de la volonté générale de Rousseau se retrouve d'ailleurs dans le
système hégélien.

est ainsi de la célèbre analyse de la maîtrise et de la servitude[1].

L'animal, selon Hegel, possède une conscience immédiate du monde extérieur, un sentiment de soi, mais non la conscience de soi-même, qui distingue l'homme. Celui-ci ne naît vraiment qu'à partir de l'instant où il prend conscience de lui-même en tant que sujet connaissant. Il est donc essentiellement conscience de soi. La conscience de soi pour s'affirmer doit se distinguer de ce qui n'est pas elle. L'homme est la créature qui, pour affirmer son être et sa différence, nie. Ce qui distingue la conscience de soi du monde naturel n'est pas la simple contemplation où elle s'identifie au monde extérieur et s'oublie elle-même, mais le désir qu'elle peut éprouver à l'égard du monde. Ce désir la rappelle à elle-même dans le temps où elle lui montre le monde extérieur comme différent. Dans son désir, le monde extérieur est ce qu'elle n'a pas, et qui est, mais qu'elle veut avoir pour être, et qu'il ne soit plus. La conscience de soi est donc nécessairement désir. Mais, pour être, il faut qu'elle soit satisfaite; elle ne peut se satisfaire que par l'assouvissement de son désir. Elle agit donc pour s'assouvir et, ce faisant, elle nie, elle supprime ce dont elle s'assouvit. Elle est négation. Agir, c'est détruire pour faire naître la réalité spirituelle de la conscience. Mais détruire un objet sans conscience,

---

1. Ce qui suit est un exposé schématique de la dialectique maître-esclave. Seules les conséquences de cette analyse nous intéressent ici. C'est pourquoi un nouvel exposé, qui fasse ressortir certaines tendances plutôt que d'autres, nous a paru nécessaire. En même temps, cela excluait tout exposé critique. Il ne sera pas difficile, cependant, de voir que si le raisonnement se maintient en logique, au moyen de quelques artifices, il ne peut prétendre à instituer vraiment une phénoménologie, dans la mesure où il repose sur une psychologie tout à fait arbitraire. L'utilité et l'efficacité de la critique de Kierkegaard contre Hegel est qu'elle s'appuie souvent sur la psychologie. Ceci n'enlève rien, au demeurant, à la valeur de certaines analyses admirables de Hegel.

comme la viande, par exemple, dans l'acte de manger, est aussi le fait de l'animal. Consommer n'est pas encore être conscient. Il faut que le désir de la conscience s'adresse à quelque chose qui soit autre que la nature sans conscience. La seule chose dans le monde qui se distingue de cette nature est précisément la conscience de soi. Il faut donc que le désir porte sur un autre désir, que la conscience de soi s'assouvisse d'une autre conscience de soi. En langage simple, l'homme n'est pas reconnu et ne se reconnaît pas comme homme tant qu'il se borne à subsister animalement. Il lui faut être reconnu par les autres hommes. Toute conscience est, dans son principe, désir d'être reconnue et saluée comme telle par les autres consciences. Ce sont les autres qui nous engendrent. En société, seulement, nous recevons une valeur humaine, supérieure à la valeur animale.

La valeur suprême pour l'animal étant la conservation de la vie, la conscience doit s'élever au-dessus de cet instinct pour recevoir la valeur humaine. Elle doit être capable de mettre sa vie en jeu. Pour être reconnue par une autre conscience, l'homme doit être prêt à risquer sa vie et accepter la chance de la mort. Les relations humaines fondamentales sont ainsi des relations de pur prestige, une lutte perpétuelle, qui se paie de la mort, pour la reconnaissance de l'un par l'autre.

A la première étape de sa dialectique, Hegel affirme que, la mort étant le lieu commun de l'homme et de l'animal, c'est en l'acceptant et même en la voulant que le premier se distinguera du second. Au cœur de cette lutte primordiale pour la reconnaissance, l'homme est alors identifié avec la mort violente. « Meurs et deviens », la devise traditionnelle est reprise par Hegel. Mais le « deviens ce que tu es » cède la place à un « deviens ce que tu n'es pas encore ». Ce désir primitif et forcené de la reconnaissance, qui se confond avec la volonté d'être, ne

se satisfera que d'une reconnaissance étendue peu à peu
jusqu'à la reconnaissance de tous. Chacun, aussi bien,
voulant être reconnu par tous, la lutte pour la vie ne
cessera qu'à la reconnaissance de tous par tous qui
marquera la fin de l'histoire. L'être que cherche à obtenir
la conscience hégélienne naît dans la gloire, durement
conquise, d'une approbation collective. Il n'est pas indifférent de noter que, dans la pensée qui inspirera nos
révolutions, le bien suprême ne coïncide donc pas réellement avec l'être, mais avec un paraître absolu. L'histoire
entière des hommes n'est en tout cas qu'une longue lutte
à mort, pour la conquête du prestige universel et de la
puissance absolue. Elle est, par elle-même, impérialiste.
Nous sommes loin du bon sauvage du XVIIIᵉ siècle et du
Contrat social. Dans le bruit et la fureur des siècles,
chaque conscience, pour être, veut désormais la mort de
l'autre. De surcroît, cette tragédie implacable est absurde,
puisque, dans le cas où l'une des consciences est anéantie,
la conscience victorieuse n'en est pas pour autant reconnue puisqu'elle ne peut pas l'être par ce qui n'existe plus.
En réalité, la philosophie du paraître trouve ici sa
limite.

Aucune réalité humaine ne serait donc engendrée, si,
par une disposition qu'on peut trouver heureuse pour le
système de Hegel, il ne s'était trouvé, dès l'origine, deux
sortes de consciences dont l'une n'a pas le courage de
renoncer à la vie, et accepte donc de reconnaître l'autre
conscience sans être reconnue par elle. Elle consent, en
somme, à être considérée comme une chose. Cette conscience, qui, pour conserver la vie animale, renonce à la
vie indépendante, est celle de l'esclave. Celle qui, reconnue, obtient l'indépendance, est celle du maître. Elles se
distinguent l'une de l'autre dans le moment où elles
s'affrontent et où l'une s'incline avant l'autre. Le dilemme
à ce stade n'est plus être libre ou mourir, mais tuer ou

asservir. Ce dilemme retentira sur la suite de l'histoire, bien que l'absurdité, à ce moment, ne soit pas réduite encore.

Assurément, la liberté du maître est totale à l'égard de l'esclave d'abord, puisque celui-ci le reconnaît totalement, et à l'égard du monde naturel ensuite puisque, par son travail, l'esclave le transforme en objets de jouissance que le maître consommera dans une perpétuelle affirmation de lui-même. Cependant, cette autonomie n'est pas absolue. Le maître, pour son malheur, est reconnu dans son autonomie par une conscience qu'il ne reconnaît pas lui-même comme autonome. Il ne peut donc être satisfait et son autonomie est seulement négative. La maîtrise est une impasse. Puisqu'il ne peut pas non plus renoncer à la maîtrise et redevenir esclave, le destin éternel des maîtres est de vivre insatisfaits ou d'être tués. Le maître ne sert à rien dans l'histoire qu'à susciter la conscience servile, la seule qui crée l'histoire justement. L'esclave, en effet, n'est pas lié à sa condition, il veut en changer. Il peut donc s'éduquer, au contraire du maître; ce qu'on appelle histoire n'est que la suite de ses longs efforts pour obtenir la liberté réelle. Déjà par le travail, par la transformation du monde naturel en monde technique, il s'affranchit de cette nature qui était au principe de son esclavage puisqu'il n'avait pas su s'élever au-dessus d'elle par l'acceptation de la mort [1]. Il n'est pas jusqu'à l'angoisse de la mort éprouvée dans une humiliation de tout l'être qui n'élève l'esclave au niveau de la totalité humaine. Il sait désormais que cette totalité existe; il ne lui reste plus qu'à la conquérir à travers une longue suite de luttes contre la nature et contre les maîtres. L'histoire s'identifie donc à

1. A vrai dire, l'équivoque est profonde, car il ne s'agit pas de la même nature. L'avènement du monde technique supprime-t-il la mort, ou la peur de la mort, dans le monde naturel ? Voilà la vraie question que Hegel laisse en suspens.

l'histoire du travail et de la révolte. On ne s'étonnera pas que le marxisme-léninisme ait tiré de cette dialectique l'idéal contemporain du soldat-ouvrier.

Nous laisserons de côté la description des attitudes de la conscience servile (stoïcisme, scepticisme, conscience malheureuse) qu'on trouve ensuite dans la *Phénoménologie*. Mais on ne peut négliger, quant à ses conséquences, un autre aspect de cette dialectique, l'assimilation du rapport maître-esclave au rapport de l'ancien dieu et de l'homme. Un commentateur de Hegel[1] remarque que, si le maître existait réellement, il serait Dieu. Hegel lui-même appelle le Maître du monde le dieu réel. Dans sa description de la conscience malheureuse, il montre comment l'esclave chrétien, voulant nier ce qui l'opprime, se réfugie dans l'au-delà du monde et se donne par conséquent un nouveau maître dans la personne de Dieu. Ailleurs, Hegel identifie le maître suprême à la mort absolue. La lutte se trouve donc engagée de nouveau, à un échelon supérieur, entre l'homme asservi et le dieu cruel d'Abraham. La résolution de ce nouveau déchirement entre le dieu universel et la personne sera fournie par le Christ qui réconcilie en lui l'universel et le singulier. Mais le Christ fait partie, en un sens, du monde sensible. On a pu le voir, il a vécu et il est mort. Il n'est donc qu'une étape sur le chemin de l'universel; lui aussi doit être nié dialectiquement. Il faut seulement le reconnaître comme homme-dieu pour obtenir une synthèse supérieure. En sautant les échelons intermédiaires, il suffira de dire que cette synthèse, après s'être incarnée dans l'Eglise et la Raison, s'achève par l'Etat absolu, érigé par les soldats-ouvriers, où l'esprit du monde se reflétera enfin en lui-même dans la reconnaissance mutuelle de

1. Jean Hyppolite. *Genèse et structure de la* Phénoménologie de l'esprit, p. 168.

chacun par tous et dans la réconciliation universelle de tout ce qui a été sous le soleil. A ce moment, « où coïncident les yeux de l'esprit et ceux du corps », chaque conscience ne sera plus alors qu'un miroir réfléchissant d'autres miroirs, lui-même réfléchi à l'infini dans des images répercutées. La cité humaine coïncidera avec celle de Dieu; l'histoire universelle, tribunal du monde, rendra sa sentence où le bien et le mal seront justifiés. L'Etat sera Destin et l'approbation de toute réalité proclamée dans « le jour spirituel de la Présence ».

Ceci résume les idées essentielles qui, en dépit, ou à cause, de l'extrême abstraction de l'exposé, ont littéralement soulevé l'esprit révolutionnaire dans des directions apparemment différentes et qu'il nous revient maintenant de retrouver dans l'idéologie de notre temps. L'immoralisme, le matérialisme scientifique et l'athéisme remplaçant définitivement l'antithéisme des anciens révoltés, ont fait corps, sous l'influence paradoxale de Hegel, avec un mouvement révolutionnaire qui, jusqu'à lui, ne s'était jamais séparé réellement de ses origines morales, évangéliques et idéalistes. Ces tendances, si elles sont très loin, parfois, d'appartenir en propre à Hegel, ont trouvé leur source dans l'ambiguïté de sa pensée et dans sa critique de la transcendance. Hegel détruit définitivement toute transcendance verticale, et surtout celle des principes, voilà son originalité incontestable. Il restaure, sans doute, dans le devenir du monde, l'immanence de l'esprit. Mais cette immanence n'est pas fixe, elle n'a rien de commun avec le panthéisme ancien. L'esprit est, et n'est pas, dans le monde; il s'y fait et il y sera. La valeur est donc reportée à la fin de l'histoire. Jusque-là, point de critère propre à fonder un jugement de valeur. Il faut agir et vivre en fonction de l'avenir. Toute morale devient provisoire. Le XIXe et le XXe siècle, dans leur tendance la plus profonde, sont des siècles qui ont essayé de vivre sans transcendance.

Un commentateur[1], hégélien de gauche il est vrai, mais orthodoxe en ce point précis, note d'ailleurs l'hostilité de Hegel aux moralistes et remarque que son seul axiome est de vivre conformément aux mœurs et aux coutumes de sa nation. Maxime de conformisme social dont Hegel, en effet, a donné les preuves les plus cyniques. Kojève ajoute, toutefois, que ce conformisme n'est légitime qu'autant que les mœurs de cette nation correspondent à l'esprit du temps, c'est-à-dire tant qu'elles sont solides et résistent aux critiques et aux attaques révolutionnaires. Mais qui décidera de cette solidité, qui jugera de la légitimité? Depuis cent ans, le régime capitaliste de l'Occident a résisté à de rudes assauts. Doit-on pour cela le tenir pour légitime? Inversement, ceux qui étaient fidèles à la république de Weimar devaient-ils s'en détourner et promettre leur foi à Hitler, en 1933, parce que la première s'était effondrée sous les coups du second? La république espagnole devait-elle être trahie à l'instant même où le régime du général Franco a triomphé? Ce sont là des conclusions que la pensée réactionnaire traditionnelle aurait justifiées dans ses propres perspectives. La nouveauté, incalculable dans ses conséquences, est que la pensée révolutionnaire les ait assimilées. La suppression de toute valeur morale et des principes, leur remplacement par le fait, roi provisoire, mais roi réel, n'a pu conduire, on l'a bien vu, qu'au cynisme politique, qu'il soit le fait de l'individu ou, plus gravement, celui de l'Etat. Les mouvements politiques, ou idéologiques, inspirés par Hegel, se réunissent tous dans l'abandon ostensible de la vertu.

Hegel n'a pu empêcher, en effet, ceux qui l'ont lu avec

1. Alexandre Kojève.

une angoisse qui n'était pas méthodique, dans une
Europe déjà déchirée par l'injustice, de se trouver jetés
dans un monde sans innocence et sans principes, dans ce
monde, justement, dont Hegel dit qu'il est en lui-même
un péché, puisqu'il est séparé de l'Esprit. Hegel pardonne
sans doute les péchés à la fin de l'histoire. D'ici là,
cependant, toute opération humaine sera coupable. « Innocente est donc seulement l'absence d'opération, l'être
d'une pierre et pas même celui d'un enfant. » L'innocence des pierres nous est donc étrangère. Sans innocence, aucune relation, point de raison. Sans raison, la
force nue, le maître et l'esclave, en attendant que la
raison règne un jour. Entre le maître et l'esclave, la
souffrance est solitaire, la joie sans racines, toutes deux
imméritées. Comment vivre alors, comment supporter,
quand l'amitié est pour la fin des temps? La seule issue
est de créer la règle, les armes à la main. « Tuer ou
asservir », ceux qui ont lu Hegel avec leur seule et terrible
passion n'ont retenu vraiment que le premier terme du
dilemme. Ils y ont puisé une philosophie du mépris et du
désespoir, se jugeant esclaves et seulement esclaves, liés
par la mort au Maître absolu, aux maîtres terrestres par le
fouet. Cette philosophie de la mauvaise conscience leur a
appris seulement que tout esclave ne l'est que par le
consentement, et ne se libère que par un refus qui
coïncide avec la mort. Répondant au défi, les plus fiers
d'entre eux se sont identifiés tout entiers à ce refus et
voués à la mort. Après tout, dire que la négation est en
elle-même un acte positif justifiait par avance toutes les
sortes de négation et annonçait le cri de Bakounine et
Netchaiev : « Notre mission est de détruire, non de
construire. » Le nihiliste pour Hegel était seulement le
sceptique qui n'avait d'autre issue que la contradiction ou
le suicide philosophique. Mais il donnait lui-même
naissance à une autre sorte de nihilistes qui, faisant de

l'ennui un principe d'action, identifieront leur suicide avec le meurtre philosophique[1]. Ici naissent les terroristes qui ont décidé qu'il fallait tuer et mourir pour être, puisque l'homme et l'histoire ne peuvent se créer que par le sacrifice et le meurtre. Cette grande idée que tout idéalisme est creux, s'il ne se paie par le risque de la vie, devait être poussée à bout par des jeunes gens qui ne l'enseignaient pas du haut d'une chaire universitaire avant de mourir dans leur lit, mais à travers le tumulte des bombes, jusque sous les potences. Ce faisant, dans leurs erreurs mêmes, ils corrigeaient leur maître et montraient contre lui qu'une aristocratie, au moins, est supérieure à la hideuse aristocratie de la réussite exaltée par Hegel : celle du sacrifice.

Une autre sorte d'héritiers, qui lira Hegel plus sérieusement, choisira le second terme du dilemme et prononcera que l'esclave ne s'affranchit qu'en asservissant à son tour. Les doctrines post-hégéliennes, oubliant l'aspect mystique de certaines tendances du maître, ont conduit ces héritiers à l'athéisme absolu et au matériel scientifique. Mais cette évolution ne peut s'imaginer sans la disparition absolue de tout principe d'explication transcendant, et sans la ruine complète de l'idéal jacobin. Immanence sans doute n'est pas athéisme. Mais l'immanence en mouvement est, si l'on peut dire, athéisme provisoire[2]. La vague figure de Dieu qui, chez Hegel, se reflète encore dans l'esprit du monde ne sera pas difficile à effacer. De la formule ambiguë de Hegel « Dieu sans

---

1. Ce nihilisme, malgré les apparences, est encore nihilisme au sens nietzschéen, dans la mesure où il est calomnie de la vie présente au profit d'un au-delà historique auquel on s'efforce de croire.
2. De toute manière, la critique de Kierkegaard est valable. Fonder la divinité sur l'histoire est fonder paradoxalement une valeur absolue sur une connaissance approximative. Quelque chose « d'éternellement historique » est une contradiction dans les termes.

l'homme n'est pas plus que l'homme sans Dieu », ses
successeurs vont tirer des conséquences décisives. David
Strauss dans sa *Vie de Jésus* isole la théorie du Christ
considéré comme Dieu homme. Bruno Bauer (*Critique de
l'histoire évangéliste*) fonde une sorte de christianisme
matérialiste en insistant sur l'humanité de Jésus. A la fin
Feuerbach (que Marx tenait pour un grand esprit et dont
il se reconnaîtra le disciple critique), dans *L'Essence du
christianisme*, remplacera toute théologie par une religion de l'homme et de l'espèce, qui a converti une grande
partie de l'intelligence contemporaine. Sa tâche sera de
montrer que la distinction entre l'humain et le divin est
illusoire, qu'elle n'est pas autre chose que la distinction
entre l'essence de l'humanité, c'est-à-dire la nature
humaine, et l'individu. « Le mystère de Dieu n'est que le
mystère de l'amour de l'homme pour lui-même. » Les
accents d'une nouvelle et étrange prophétie retentissent
alors : « L'individualité a pris la place de la foi, la raison
celle de la Bible, la politique celle de la religion et de
l'Eglise, la terre celle du ciel, le travail celle de la prière,
la misère celle de l'enfer, l'homme celle du Christ. » Il n'y
a donc plus qu'un enfer et il est de ce monde : c'est contre
lui qu'il faut lutter. La politique est religion, le christianisme transcendant, celui de l'au-delà, affermit les maîtres de la terre par le renoncement de l'esclave et suscite
un maître de plus au fond des cieux. C'est pourquoi
l'athéisme et l'esprit révolutionnaire ne sont que les deux
faces d'un même mouvement de libération. Telle est la
réponse à la question toujours posée : pourquoi le
mouvement révolutionnaire s'est-il identifié avec le matérialisme plutôt qu'avec l'idéalisme? Parce qu'asservir
Dieu, le faire servir, revient à tuer la transcendance qui
maintient les anciens maîtres et à préparer, avec l'ascen-
sion des nouveaux, les temps de l'homme-roi. Quand la
misère aura vécu, quand les contradictions historiques

seront résolues, « le vrai dieu, le dieu humain sera l'Etat ».
L'*homo homini lupus* devient alors *homo homini deus*.
Cette pensée est aux origines du monde contemporain.
On assiste, avec Feuerbach, à la naissance d'un terrible
optimisme que nous voyons encore à l'œuvre aujourd'hui, et qui semble aux antipodes du désespoir
nihiliste. Mais ce n'est qu'une apparence. Il faut connaître les conclusions dernières de Feuerbach dans sa *Théo-
gonie* pour apercevoir la source profondément nihiliste
de ces pensées enflammées. Contre Hegel lui-même,
Feuerbach affirmera, en effet, que l'homme n'est que ce
qu'il mange et il résumera ainsi sa pensée et l'avenir :
« La véritable philosophie est la négation de la philosophie. Nulle religion est ma religion. Nulle philosophie est
ma philosophie. »

Le cynisme, la divinisation de l'histoire et de la matière, la terreur individuelle ou le crime d'Etat, ces
conséquences démesurées vont alors naître, toutes
armées, d'une équivoque conception du monde qui remet
à la seule histoire le soin de produire les valeurs et la
vérité. Si rien ne peut se concevoir clairement avant que
la vérité, à la fin des temps, ait été mise au jour, toute
action est arbitraire, la force finit par régner. « Si la
réalité est inconcevable, s'écriait Hegel, il nous faut forger
des concepts inconcevables. » Un concept qu'on ne peut
concevoir a besoin, en effet, comme l'erreur, d'être forgé.
Mais pour être reçu, il ne peut compter sur la persuasion
qui est de l'ordre de la vérité, il doit finalement être
imposé. L'attitude de Hegel consiste à dire : « Ceci est la
vérité, qui nous paraît pourtant l'erreur, mais qui est
vraie, justement parce qu'il lui arrive d'être l'erreur.
Quant à la preuve, ce n'est pas moi, mais l'histoire, à son
achèvement, qui l'administrera. » Une pareille prétention
ne peut entraîner que deux attitudes : ou la suspension de
toute affirmation jusqu'à l'administration de la preuve,

ou l'affirmation de tout ce qui, dans l'histoire, semble voué au succès, la force en premier lieu. Dans les deux cas, un nihilisme. On ne comprend pas en tout cas la pensée révolutionnaire du XXᵉ siècle si on néglige le fait que, par une fortune malheureuse, elle a puisé une grande partie de son inspiration dans une philosophie du conformisme et de l'opportunisme. La vraie révolte n'est pas mise en cause par les perversions de cette pensée.

Au reste, ce qui autorisait la prétention de Hegel est ce qui le rend intellectuellement, et à jamais, suspect. Il a cru que l'histoire en 1807, avec Napoléon et lui-même, était achevée, que l'affirmation était possible et le nihilisme vaincu. La *Phénoménologie*, Bible qui n'aurait prophétisé que le passé, mettait une borne aux temps. En 1807, tous les péchés étaient pardonnés, et les âges révolus. Mais l'histoire a continué. D'autres péchés, depuis, crient à la face du monde et font éclater le scandale des anciens crimes, absous à jamais par le philosophe allemand. La divinisation de Hegel par lui-même, après celle de Napoléon, innocent désormais puisqu'il avait réussi à stabiliser l'histoire, n'a duré que sept ans. Au lieu de l'affirmation totale, le nihilisme a recouvert le monde. La philosophie, même servile, a aussi ses Waterloo.

Mais rien ne peut décourager l'appétit de divinité au cœur de l'homme. D'autres sont venus et viennent encore qui, oubliant Waterloo, prétendent toujours terminer l'histoire. La divinité de l'homme est encore en marche et ne sera adorable qu'à la fin des temps. Il faut servir cette apocalypse et, faute de Dieu, construire au moins l'Eglise. Après tout, l'histoire, qui ne s'est pas arrêtée encore, laisse entrevoir une perspective qui pourrait être celle du système hégélien; mais pour la simple raison qu'elle est provisoirement traînée, sinon conduite, par les fils spirituels de Hegel. Quand le choléra emporte en pleine gloire le philosophe de la bataille d'Iéna, tout est en ordre, en effet, pour ce qui va suivre. Le ciel est vide, la terre livrée à la puissance sans principes. Ceux qui ont choisi de tuer et ceux qui ont choisi d'asservir vont successivement occuper le devant de la scène, au nom d'une révolte détournée de sa vérité.

LE TERRORISME INDIVIDUEL

Pisarev, théoricien du nihilisme russe, constate que les plus grands fanatiques sont les enfants et les jeunes gens. Cela est vrai aussi des nations. La Russie est, à cette époque, une nation adolescente accouchée au forceps, depuis un siècle à peine, par un tsar encore assez naïf pour couper lui-même les têtes des révoltés. Il n'est pas étonnant qu'elle ait poussé l'idéologie allemande jusqu'aux extrémités de sacrifice et de destruction dont les professeurs allemands n'avaient été capables qu'en pensée. Stendhal voyait une première différence des Allemands avec les autres peuples en ce qu'ils s'exaltent par la méditation au lieu de se calmer. Cela est vrai, mais plus encore de la Russie. Dans ce pays jeune, sans tradition philosophique[1], de très jeunes gens, frères des lycéens tragiques de Lautréamont, se sont emparés de la pensée allemande et en ont incarné, dans le sang, les conséquences. Un « prolétariat de bacheliers[2] » a pris alors le relais du grand mouvement d'émancipation de l'homme, pour lui donner son visage le plus convulsé.

1. Le même Pisarev note que la civilisation, dans son matériel idéologique, a toujours été, en Russie, importée. Voir Armand Coquart : *Pisarev et l'idéologie du nihilisme russe.*
2. Dostoïevski.

Jusqu'à la fin du XIXᵉ siècle, ces bacheliers n'ont jamais été plus de quelques milliers. A eux seuls pourtant, face à l'absolutisme le plus compact du temps, ils ont prétendu libérer et, provisoirement, ont contribué à libérer, en effet, quarante millions de moujiks. La presque totalité d'entre eux ont payé cette liberté par le suicide, l'exécution, le bagne ou la folie. L'histoire entière du terrorisme russe peut se résumer à la lutte d'une poignée d'intellectuels contre la tyrannie, en présence du peuple silencieux. Leur victoire exténuée a été finalement trahie. Mais par leur sacrifice, et jusque dans leurs négations les plus extrêmes, ils ont donné corps à une valeur, ou une vertu nouvelle, qui n'a pas fini, même aujourd'hui, de faire face à la tyrannie et d'aider à la vraie libération.

La germanisation de la Russie au XIXᵉ siècle n'est pas un phénomène isolé. L'influence de l'idéologie allemande à ce moment était prépondérante et l'on sait assez, par exemple, que le XIXᵉ siècle en France, avec Michelet, Quinet, est celui des études germaniques. Mais cette idéologie n'a pas rencontré en Russie une pensée déjà constituée, alors qu'en France elle a dû lutter et s'équilibrer avec le socialisme libertaire. En Russie, elle était en terrain conquis. La première université russe, celle de Moscou, fondée en 1750, est allemande. La lente colonisation de la Russie par les éducateurs, les bureaucrates et les militaires allemands, commencée sous Pierre le Grand, se transforme, par les soins de Nicolas Iᵉʳ, en germanisation systématique. L'intelligentsia se passionne pour Schelling en même temps que pour les Français dans les années 30, pour Hegel dans les années 40 et, dans la deuxième moitié du siècle, pour le socialisme allemand issu de Hegel[1]. La jeunesse russe verse alors dans ces pensées abstraites la force passionnelle démesu-

---

1. *Le Capital* est traduit en 1872.

rée qui est la sienne et vit authentiquement ces idées mortes. La religion de l'homme, mise déjà en formules par ses docteurs allemands, manquait encore d'apôtres et de martyrs. Les chrétiens russes, détournés de leur vocation originelle, ont joué ce rôle. Pour cela, ils ont dû accepter de vivre sans transcendance et sans vertu.

L'ABANDON DE LA VERTU

Dans les années 1820, chez les premiers révolutionnaires russes, les décembristes, la vertu existe encore. L'idéalisme jacobin n'a pas encore été corrigé chez ces gentilshommes. Il s'agit même d'une vertu consciente : « Nos pères étaient des sybarites, nous sommes des Caton », dit l'un d'eux, Pierre Viasemski. Il s'y ajoute seulement le sentiment, qu'on retrouvera jusque chez Bakounine et les socialistes révolutionnaires de 1905, que la souffrance est régénératrice. Les décembristes font penser à ces nobles français qui s'allièrent au tiers état et renoncèrent à leurs privilèges. Patriciens idéalistes, ils ont fait leur nuit du 4 août et ont choisi, pour la libération du peuple, de se sacrifier eux-mêmes. Bien que leur chef, Pestel, ait eu une pensée politique et sociale, leur conspiration avortée n'avait pas de programme ferme; il n'est même pas sûr qu'ils aient cru au succès. « Oui, nous mourrons, disait l'un d'eux à la veille de l'insurrection, mais ce sera une belle mort. » Ce fut en effet une belle mort. En décembre 1825, le carré des insurgés fut détruit au canon sur la place du Sénat, à Saint-Pétersbourg. On déporta les survivants, non sans en pendre cinq, mais avec tant de maladresse qu'il fallut s'y reprendre à deux fois. On comprend sans peine que ces victimes, ostensiblement inefficaces, aient été vénérées dans un sentiment d'exaltation et d'horreur par toute la Russie révolutionnaire. Elles étaient exemplaires, sinon efficaces. Elles marquaient, au début de cette histoire révolutionnaire, les droits et la grandeur de ce que Hegel appelait ironiquement la belle âme et par rapport à qui, pourtant, la pensée révolutionnaire russe devra se définir.

Dans ce climat d'exaltation, la pensée allemande vint combattre l'influence française et imposer ses prestiges à des esprits déchirés entre leur désir de vengeance et de justice, et le sentiment de leur solitude impuissante. Elle fut accueillie d'abord comme la révélation elle-même, célébrée et commentée comme elle. Une folie de philosophie embrasa les meilleurs esprits. On alla jusqu'à mettre en vers la *Logique* de Hegel. Pour la plupart, les intellectuels russes tirèrent d'abord du système hégélien la justification d'un quiétisme social. Prendre conscience de la rationalité du monde suffisait, l'Esprit se réaliserait dans tous les cas à la fin des temps. Telle est la première réaction de Stankevitch[1], de Bakounine et de Bielinski, par exemple. Ensuite la passion russe recula devant cette complicité de fait, sinon d'intention, avec l'absolutisme et, aussitôt, se jeta vers l'autre extrême.

Rien de plus révélateur à cet égard que l'évolution de Bielinski, l'un des esprits les plus remarquables et les plus influents des années 30 et 40. Parti d'un assez vague idéalisme libertaire, Bielinski rencontre soudainement Hegel. Dans sa chambre, à minuit, sous le choc de la révélation, il fond en larmes comme Pascal, et dépouille d'un seul coup le vieil homme : « Il n'y a pas d'arbitraire ni de hasard, j'ai fait mes adieux aux Français. » En même temps, le voilà conservateur et partisan du quié-

---

1. « Le monde est réglé par l'esprit de raison, cela me tranquillise sur tout le reste. »

tisme social. Il l'écrit sans une hésitation, il défend sa position, comme il la sent, courageusement. Mais ce cœur généreux se voit alors aux côtés de ce qu'il a le plus détesté en ce monde, l'injustice. Si tout est logique, tout est justifié. Il faut dire oui au fouet, au servage et à la Sibérie. Accepter le monde et ses souffrances lui avait paru, un moment, le parti de la grandeur parce qu'il imaginait seulement de supporter ses propres souffrances et ses contradictions. Mais s'il s'agit aussi de dire oui aux souffrances des autres, tout d'un coup, le cœur lui manque. Il repart en sens inverse. Si l'on ne peut accepter la souffrance des autres, quelque chose au monde n'est pas justifié et l'histoire, en un de ses points au moins, ne coïncide plus avec la raison. Mais il faut qu'elle soit tout entière raisonnable ou elle ne l'est pas du tout. La protestation solitaire de l'homme, apaisé un moment par l'idée que tout peut se justifier, va éclater de nouveau en termes véhéments. Bielinski s'adresse à Hegel lui-même : « Avec toute l'estime qui convient à votre philosophie philistine, j'ai l'honneur de vous faire savoir que si j'avais la chance de grimper au plus haut degré de l'échelle de l'évolution, je vous demanderais compte de toutes les victimes de la vie et de l'histoire. Je ne veux pas du bonheur, même gratuit, si je ne suis pas tranquille pour tous mes frères de sang[1]. »

Bielinski a compris que ce qu'il désirait n'était pas l'absolu de la raison, mais la plénitude de l'être. Il se refuse à les identifier. Il veut l'immortalité de l'homme entier, dressé dans sa personne vivante, non l'abstraite immortalité de l'espèce devenue Esprit. Il plaide, avec la même passion, contre de nouveaux adversaires, et, de ce

---

1. Cité par Hepner. *Bakounine et le panslavisme révolutionnaire.* Rivière.

grand débat intérieur, il tire des conclusions qu'il doit à Hegel, mais qu'il tourne contre lui.

Ces conclusions seront celles de l'individualisme révolté. L'individu ne peut accepter l'histoire telle qu'elle va. Il doit détruire la réalité pour affirmer ce qu'il est, non collaborer avec elle. « La négation est mon dieu, comme la réalité naguère. Mes héros sont les destructeurs du vieux : Luther, Voltaire, les encyclopédistes, les terroristes, Byron dans *Caïn*. » Nous retrouvons ainsi, et d'un seul coup, tous les thèmes de la révolte métaphysique. Certes, la tradition française du socialisme individualiste restait toujours vivante en Russie. Saint-Simon et Fourier qui sont lus dans les années 30, Proudhon, importé dans les années 40, inspirent la grande pensée de Herzen, et, bien plus tard encore, celle de Pierre Lavrov. Mais cette pensée qui restait attachée aux valeurs éthiques a fini par succomber, au moins provisoirement, dans son grand débat avec les pensées cyniques. Bielinski retrouve, au contraire, avec et contre Hegel, les mêmes tendances de l'individualisme social, mais sous l'angle de la négation, dans le refus des valeurs transcendantes. Quand il mourra, en 1848, sa pensée sera d'ailleurs très proche de celle de Herzen. Mais, dans sa confrontation avec Hegel, il définit avec précision une attitude qui sera celle des nihilistes et, pour une part au moins, des terroristes. Il fournit ainsi un type de transition entre les grands seigneurs idéalistes de 1825 et les étudiants « rienistes » de 1860.

TROIS POSSÉDÉS

Lorsque Herzen, en effet, faisant l'apologie du mouvement nihiliste, dans la seule mesure, il est vrai, où il y voit une plus grande émancipation à l'égard des idées toutes faites, écrira : « L'annihilation du vieux, c'est l'engendrement de l'avenir », il reprendra le langage de Bielinski. Kotliarevski, parlant de ceux que l'on appelait aussi les radicaux, les définissait comme des apôtres, « qui pensaient qu'il fallait renoncer complètement au passé et forger sur un autre type la personnalité humaine ». La revendication de Stirner reparaît avec le rejet de toute histoire et la décision de forger l'avenir, non plus en fonction de l'esprit historique, mais en fonction de l'individu-roi. Mais l'individu-roi ne peut se hisser seul au pouvoir. Il a besoin des autres et entre alors dans une contradiction nihiliste que Pisarev, Bakounine et Netchaiev essaieront de résoudre en étendant chacun un peu plus le champ de la destruction et de la négation, jusqu'à ce que le terrorisme tue la contradiction elle-même, dans le sacrifice et le meurtre simultanés.

Le nihilisme des années 60 a commencé, en apparence, par la négation la plus radicale qui soit, rejetant toute action qui ne fût pas purement égoïste. On sait que le terme même de nihilisme a été forgé par Tourgueniev dans un roman *Père et fils* dont le héros, Bazarov, figurait la peinture de ce type d'homme. Pisarev, ayant à rendre compte de ce roman, proclama que les nihilistes reconnaissaient Bazarov pour leur modèle. « Nous n'avons, disait Bazarov, à nous glorifier que de la stérile conscience de comprendre, jusqu'à un certain point, la stérilité de ce qui est. – Est-ce cela, lui demande-t-on, qu'on appelle le nihilisme ? – C'est cela qu'on appelle le nihilisme. » Pisarev vante ce modèle que, pour plus de clarté, il définit ainsi. « Je suis un étranger pour l'ordre des choses existant, je n'ai pas à m'en mêler. » La seule valeur réside donc dans l'égoïsme rationnel.

Niant tout ce qui n'est pas la satisfaction de soi, Pisarev déclare la guerre à la philosophie, à l'art jugé absurde, à

la morale menteuse, à la religion, et même aux usages et à
la politesse. Il bâtit la théorie d'un terrorisme intellectuel
qui fait penser à celui de nos surréalistes. La provocation
est érigée en doctrine, mais à une profondeur dont
Raskolnikov donne une juste idée. Au sommet de ce bel
élan, Pisarev pose, sans rire, la question de savoir si l'on
peut assommer sa mère, et répond : « Et pourquoi pas, si
je le désire et si je le trouve utile ? »

A partir de là, on s'étonne de ne pas trouver nos
nihilistes occupés à se faire une fortune ou un rang, à
jouir cyniquement de tout ce qui s'offre. A vrai dire, les
nihilistes ne manquent pas aux bonnes places de toute
société. Mais ils ne font pas la théorie de leur cynisme, et
préfèrent en toutes occasions rendre, visiblement, un
hommage sans conséquence à la vertu. Pour ceux dont il
s'agit, ils se contredisaient dans le défi qu'ils portaient à la
société et qui, en lui-même, était l'affirmation d'une
valeur. Ils se disaient matérialistes, leur livre de chevet
était *Force et Matière,* de Buchner. Mais l'un d'eux
avouait : « Chacun de nous est prêt à aller à la potence
et à donner sa tête pour Moleschott et Darwin », mettant ainsi la doctrine bien plus haut que la matière. La
doctrine, à ce degré, avait un air de religion et de
fanatisme. Pour Pisarev, Lamarck était un traître parce
que Darwin avait raison. Quiconque dans ce milieu se
mêlait de parler d'immortalité de l'âme était alors excom-
munié. Wladimir Weidlé[1] a donc raison de définir le
nihilisme comme un obscurantisme rationaliste. La raison chez eux annexait curieusement les préjugés de la foi ;
la moindre contradiction de ces individualistes n'était pas
de choisir, pour type de raison, le scientisme le plus
vulgaire. Ils niaient tout, sauf les valeurs les plus contes-
tables, celles de M. Homais.

---

1. *La Russie absente et présente.* Gallimard.

Pourtant, c'est en choisissant de faire un article de foi de la raison la plus courte que les nihilistes donneront un modèle à leurs successeurs. Ils ne croyaient à rien qu'à la raison et à l'intérêt. Mais au lieu du scepticisme, ils choisissent l'apostolat et deviennent socialistes. Là est leur contradiction. Comme tous les esprits adolescents, ils ressentaient en même temps le doute et le besoin de croire. Leur solution personnelle consiste à donner à leur négation l'intransigeance et la passion de la foi. Quoi d'étonnant, au demeurant? Weidlé cite la phrase dédaigneuse du philosophe Soloviev dénonçant cette contradiction : « L'homme descend du singe; donc aimons-nous les uns les autres. » Pourtant, la vérité de Pisarev est dans ce déchirement. Si l'homme est le reflet de Dieu, alors il n'importe pas qu'il soit privé de l'amour humain, un jour viendra où il sera rassasié. Mais s'il est créature aveugle, errant dans les ténèbres d'une condition cruelle et limitée, il a besoin de ses pareils et de leur amour périssable. Où peut se réfugier la charité, après tout, sinon dans le monde sans dieu? Dans l'autre, la grâce pourvoit à tout, même aux pourvus. Ceux qui nient tout comprennent au moins cela que la négation est une misère. Ils peuvent alors s'ouvrir à la misère d'autrui et se nier enfin eux-mêmes. Pisarev ne reculait pas, en pensée, devant le meurtre d'une mère et pourtant il a trouvé des accents justes pour parler de l'injustice. Il voulait jouir égoïste-ment de la vie, mais il a souffert la prison et puis est devenu fou. Tant de cynisme étalé l'a mené, enfin, à connaître l'amour, à en être exilé et à en souffrir jusqu'au suicide, retrouvant ainsi, au lieu de l'individu-roi qu'il désirait forger, le vieil homme misérable et souffrant dont la grandeur est seule à illuminer l'histoire.

Bakounine incarne, mais de façon autrement spectacu-laire, les mêmes contradictions. Il meurt à la veille de

l'épopée terroriste[1]. Il a d'ailleurs désavoué par avance
les attentats individuels et dénoncé « les Brutus de son
époque ». Il les respectait cependant puisqu'il a blâmé
Herzen d'avoir critiqué ouvertement l'attentat manqué de
Karakosov tirant sur le tsar Alexandre II, en 1866. Ce
respect avait ses raisons. Bakounine a pesé sur la suite des
événements, de la même manière que Bielinski et les
nihilistes, dans le sens de la révolte individuelle. Mais il
apporte quelque chose de plus : un germe de cynisme
politique qui va se figer en doctrine chez Netchaiev et
pousser à bout le mouvement révolutionnaire.

A peine Bakounine sort-il de l'adolescence qu'il est
bouleversé, déraciné par la philosophie hégélienne,
comme par un ébranlement prodigieux. Il s'y plonge jour
et nuit « jusqu'à la folie », dit-il. « Je ne voyais rien
d'autre que les catégories de Hegel. » Lorsqu'il sort de
cette initiation, c'est avec l'exaltation des néophytes.
« Mon moi personnel est tué pour toujours, ma vie est la
vraie vie. Elle s'est identifiée en quelque sorte avec la vie
absolue. » Il lui faut peu de temps pour apercevoir les
dangers de cette confortable position. Celui qui a compris
la réalité ne s'insurge pas contre elle, mais s'en réjouit; le
voilà conformiste. Rien dans Bakounine ne le prédesti-
nait à cette philosophie de chien de garde. Il est possible,
aussi, que son voyage en Allemagne, et la fâcheuse
opinion qu'il prit des Allemands, l'aient mal préparé à
admettre, avec le vieil Hegel, que l'Etat prussien fût le
dépositaire privilégié des fins de l'esprit. Plus russe que le
tsar lui-même, malgré ses rêves universels, il ne pouvait
en tout cas souscrire à l'apologie de la Prusse quand elle
était fondée sur une logique assez cassante pour affirmer :
« La volonté des autres peuples n'a point de droit car
c'est le peuple représentant cette volonté (de l'Esprit) qui

1. 1876.

domine le monde. » Dans les années 40, d'autre part, Bakounine découvrait le socialisme et l'anarchisme français dont il a véhiculé quelques tendances. Quoi qu'il en soit, Bakounine rejette avec éclat l'idéologie allemande. Il était allé à l'absolu, comme il devait aller à la destruction totale, du même mouvement passionné, dans la rage du « Tout ou Rien », qui se retrouve chez lui à l'état pur.

Après avoir loué l'Unité absolue, Bakounine se jette dans le manichéisme le plus élémentaire. Il veut sans doute, et pour finir, « l'Eglise universelle et authentiquement démocratique de la liberté ». Là est sa religion; il est de son siècle. Il n'est pas sûr pourtant que sa foi à ce sujet ait été entière. Dans sa *Confession* à Nicolas Ier, son accent semble sincère quand il dit n'avoir jamais pu croire à la révolution finale « que par un effort surnaturel et douloureux, en étouffant de force la voix intérieure qui me chuchotait l'absurdité de mes espoirs ». Son immoralisme théorique est bien plus ferme, au contraire, et on le voit constamment s'y ébrouer avec l'aise et la joie d'un animal fougueux. L'histoire n'est régie que par deux principes, l'Etat et la révolution sociale, la révolution et la contre-révolution, qu'il ne s'agit pas de concilier, mais qui sont engagés dans une lutte à mort. L'Etat, c'est le crime. « L'Etat le plus petit et le plus inoffensif est encore criminel dans ses rêves. » La révolution est donc le bien. Cette lutte, qui dépasse la politique, est aussi la lutte des principes lucifériens contre le principe divin. Bakounine réintroduit explicitement dans l'action révoltée un des thèmes de la révolte romantique. Proudhon décrétait déjà que Dieu est le Mal et s'écriait : « Viens, Satan, calomnié des petits et des rois! » Bakounine laisse apercevoir aussi toute la profondeur d'une révolte apparemment politique. « Le Mal, c'est la révolte satanique contre l'autorité divine, révolte dans laquelle nous voyons au contraire le germe fécond de toutes les émancipations humaines.

Comme les Fraticelli de la Bohême au XIVᵉ siècle (?), les socialistes révolutionnaires se reconnaissent aujourd'hui par ces mots : « Au nom de celui à qui on a fait un grand tort. »

La lutte contre la création sera donc sans merci et sans morale, le seul salut est dans l'extermination. « La passion de la destruction est une passion créatrice. » Les pages brûlantes de Bakounine sur la révolution de 48 [1] crient passionnément cette joie de détruire. « Fête sans commencement ni fin », dit-il. En effet, pour lui comme pour tous les opprimés, la révolution est la fête, au sens sacré du mot. On pense ici à l'anarchiste français Cœurderoy [2] qui dans son livre *Hurrah, ou la révolution par les cosaques* appelait les hordes du Nord à tout ravager. Celui-là aussi voulait « porter la torche à la maison du père » et s'écriait qu'il n'avait d'espoir que dans le déluge humain et dans le chaos. La révolte est saisie à travers ces manifestations à l'état pur, dans sa vérité biologique. C'est pourquoi Bakounine a été le seul de son temps à critiquer le gouvernement des savants avec une profondeur exceptionnelle. Contre toute abstraction, il a plaidé pour l'homme entier, identifié entièrement à sa révolte. S'il glorifie le brigand, chef de jacquerie, si ses modèles préférés sont Stenka Razine et Pougatchev, c'est que ces hommes se sont battus, sans doctrine et sans principes, pour un idéal de liberté pure. Bakounine introduit au cœur de la révolution le principe nul de la révolte. « La tempête et la vie, voilà ce qu'il nous faut. Un monde nouveau, sans lois, et par conséquent libre. »

Mais un monde sans lois est-il un monde libre, telle est la question que pose toute révolte. S'il fallait en demander la réponse à Bakounine, elle ne serait pas douteuse. Bien qu'il se soit opposé en toutes circonstances, et avec

1. *Confession,* p. 102 et *sq.* Rieder.
2. Claude Harmel et Alain Sergent. *Histoire de l'anarchie,* t. I.

la plus extrême lucidité, au socialisme autoritaire, dès l'instant où il définit lui-même la société de l'avenir, il la présente, sans se soucier de la contradiction, comme une dictature. Les statuts de la Fraternité internationale (1864-1867), qu'il rédigea lui-même, établissent déjà la subordination absolue de l'individu au comité central, pendant le temps de l'action. Il en est de même pour le temps qui suivra la révolution. Il espère pour la Russie libérée « un fort pouvoir dictatorial... un pouvoir entouré de partisans, éclairé de leurs conseils, raffermi par leur libre collaboration, mais qui ne soit limité par rien ni par personne ». Bakounine autant que son ennemi Marx a contribué à la doctrine léniniste. Le rêve de l'empire slave révolutionnaire, d'ailleurs, tel qu'il est évoqué par Bakounine devant le tsar, est celui-là même, jusque dans les détails de frontière, qui a été réalisé par Staline. Venues d'un homme qui avait su dire que le moteur essentiel de la Russie tsariste était la peur et qui refusait la théorie marxiste d'une dictature de parti, ces conceptions peuvent paraître contradictoires. Mais cette contradiction montre que les origines des doctrines sont en partie nihilistes. Pisarev justifie Bakounine. Celui-ci voulait certes la liberté totale. Mais il la cherchait à travers une totale destruction. Tout détruire, c'est se vouer à construire sans fondations; il faut ensuite tenir les murs debout, à bout de bras. Celui qui rejette tout le passé, sans en rien garder de ce qui peut servir à vivifier la révolution, celui-là se condamne à ne trouver de justification que dans l'avenir et, en attendant, charge la police de justifier le provisoire. Bakounine annonçait la dictature, non contre son désir de destruction, mais en conformité avec lui. Rien ne pouvait l'arrêter, en effet, sur ce chemin, puisque dans le brasier de la négation totale les valeurs éthiques avaient aussi fondu. Par sa *Confession* au tsar, ouvertement obséquieuse, mais qu'il écrivit pour être libéré, il introduit spectaculairement le double jeu dans la politique révolutionnaire. Par ce *Catéchisme du révolutionnaire*, dont on suppose qu'il le rédigea en Suisse, avec Netchaiev, il donne une forme, même s'il devait ensuite le renier, à ce cynisme politique qui ne devait plus cesser de peser sur le mouvement révolutionnaire et que Netchaiev lui-même a illustré de façon provocante.

Figure moins connue que celle de Bakounine, plus mystérieuse encore, mais plus significative pour notre propos, Netchaiev a poussé la cohérence du nihilisme aussi loin qu'il se pouvait. Cet esprit est presque sans contradiction. Il apparaît vers 1866 dans les milieux de l'intelligentsia révolutionnaire et meurt obscurément en janvier 1882. Dans ce court espace de temps, il n'a jamais cessé de séduire : les étudiants autour de lui, Bakounine lui-même et les révolutionnaires émigrés, les gardiens de sa prison, enfin, qu'il réussit à faire entrer dans une folle conspiration. Quand il apparaît, il est déjà ferme sur ce qu'il pense. Si Bakounine a été à ce point fasciné par lui qu'il a consenti à le charger de mandats imaginaires, c'est qu'il reconnaissait dans cette figure implacable ce qu'il avait recommandé d'être et, d'une certaine manière, ce qu'il eût été lui-même s'il avait pu guérir de son cœur. Netchaiev ne s'était pas contenté de dire qu'il fallait s'unir « au monde sauvage des bandits, ce véritable et unique milieu révolutionnaire de la Russie », ni d'écrire une fois de plus, comme Bakounine, que désormais la politique serait la religion et la religion la politique. Il s'était fait le moine cruel d'une révolution désespérée; son rêve le plus évident était de fonder l'ordre meurtrier qui permettrait de propager et de faire triompher enfin la divinité noire qu'il avait décidé de servir.

Il n'a pas seulement disserté sur la destruction universelle, son originalité a été de revendiquer froidement,

pour ceux qui se donnent à la révolution, le « Tout est
permis », et de se permettre tout en effet. « Le révolutionnaire est un homme condamné d'avance. Il ne doit
avoir ni relations passionnelles, ni choses ou être aimés. Il
devrait se dépouiller même de son nom. Tout en lui doit
se concentrer dans une seule passion : la révolution. » Si,
en effet, l'histoire, hors de tout principe, n'est faite que de
la lutte entre la révolution et la contre-révolution, il n'est
pas d'autre issue que d'épouser entièrement une de ces
deux valeurs, pour y mourir ou y ressusciter. Netchaiev
pousse cette logique à bout. Pour la première fois avec
lui, la révolution va se séparer explicitement de l'amour
et de l'amitié.

On aperçoit chez lui les conséquences de la psychologie
arbitraire véhiculée par la pensée de Hegel. Celui-ci avait
pourtant admis que la reconnaissance des consciences
l'une par l'autre peut se faire dans l'affrontement de
l'amour[1]. Il s'était pourtant refusé à mettre au premier
plan de son analyse ce « phénomène » qui, selon lui,
« n'avait pas la force, la patience et le travail du négatif ».
Il avait choisi de montrer les consciences dans un combat
de crabes aveugles, tâtonnant obscurément sur le sable
des mers pour s'agripper enfin dans une lutte à mort, et
laissé volontairement de côté cette autre image, également
légitime, des phares qui se cherchent péniblement
dans la nuit et s'ajustent enfin pour une plus grande
lumière. Ceux qui s'aiment, les amis, les amants, savent
que l'amour n'est pas seulement une fulguration, mais
aussi une longue et douloureuse lutte dans les ténèbres
pour la reconnaissance et la réconciliation définitives.
Après tout, si la vertu historique se reconnaît à ce qu'elle
fait preuve de patience, le véritable amour est aussi

---

1. Elle peut se faire aussi dans l'admiration où le mot « maître » prend
alors un grand sens : celui qui forme, sans détruire.

patient que la haine. La revendication de justice n'est
d'ailleurs pas seule à justifier au long des siècles la
passion révolutionnaire, qui s'appuie aussi sur une exigence douloureuse de l'amitié pour tous, même et surtout
en face d'un ciel ennemi. Ceux qui meurent pour la
justice, de tous temps, se sont appelés « frères ». La
violence, pour eux tous, est réservée à l'ennemi, au
service de la communauté des opprimés. Mais si la
révolution est l'unique valeur, elle exige tout et même la
délation, donc le sacrifice de l'ami. Désormais, la violence sera tournée contre tous, au service d'une idée
abstraite. Il a fallu l'avènement du règne des possédés
pour qu'il soit dit, tout d'un coup, que la révolution, en
elle-même, passait avant ceux qu'elle voulait sauver et
que l'amitié, qui transfigurait jusque-là les défaites, devait
être sacrifiée et renvoyée au jour encore invisible de la
victoire.

L'originalité de Netchaiev est ainsi de justifier la violence faite aux frères. Il fixe le *Catéchisme* avec Bakounine. Mais une fois que celui-ci, dans une sorte d'égarement, lui a donné mission de représenter en Russie une
Union révolutionnaire européenne qui n'existait que dans
son imagination, Netchaiev gagne en effet la Russie,
fonde sa *Société de la Hache* et en définit lui-même les
statuts. On y retrouve, nécessaire sans doute à toute
action militaire ou politique, le comité central secret à
qui tous doivent jurer fidélité absolue. Mais Netchaiev
fait plus que de militariser la révolution à partir du
moment où il admet que les chefs pour diriger les
subordonnés ont le droit d'employer la violence et le
mensonge. Il mentira, en effet, pour commencer, quand il
se dira délégué par ce comité central encore inexistant et
quand, pour engager des hésitants dans l'action qu'il
médite d'entreprendre, il le décrira comme disposant de
ressources illimitées. Il fera plus encore en distinguant des

catégories parmi les révolutionnaires, ceux de la première catégorie (entendons les chefs) gardant le droit de considérer les autres comme « un capital qu'on peut dépenser ». Tous les chefs de l'histoire ont peut-être pensé ainsi, mais ils ne l'ont pas dit. Jusqu'à Netchaiev, en tout cas, nul chef révolutionnaire n'avait osé en faire le principe de sa conduite. Aucune révolution n'avait jusqu'ici mis en tête de ses tables de la loi que l'homme pouvait être un instrument. Le recrutement faisait traditionnellement appel au courage et à l'esprit de sacrifice. Netchaiev décide que l'on peut faire chanter ou terroriser les hésitants et qu'on peut tromper les confiants. Même les révolutionnaires imaginaires peuvent encore servir, si on les pousse systématiquement à accomplir les actes les plus dangereux. Quant aux opprimés, puisqu'il s'agit de les sauver une fois pour toutes, on peut les opprimer plus encore. Ce qu'ils y perdent, les opprimés à venir le gagneront. Netchaiev pose en principe qu'il faut pousser les gouvernements vers des mesures répressives, qu'il ne faut jamais toucher à ceux des représentants officiels qui sont le plus haïs de la population et qu'enfin la société secrète doit employer toute son activité à augmenter les souffrances et la misère des masses.

Quoique ces belles pensées aient pris tout leur sens aujourd'hui, Netchaiev n'a pu voir le triomphe de ses principes. Il a du moins cherché à les appliquer lors du meurtre de l'étudiant Ivanov, qui frappa assez les imaginations du temps pour que Dostoïevski en fît un des thèmes des *Possédés*. Ivanov dont le seul tort semble être d'avoir eu des doutes sur le comité central, dont Netchaiev se disait le délégué, s'opposait à la révolution puisqu'il s'opposait à celui qui s'était identifié à elle. Il devait donc mourir. « Quel droit avons-nous d'enlever la vie à un homme? demande Ouspenski, un des camarades de Netchaiev. – Il ne s'agit pas de droit, mais de notre

devoir d'éliminer tout ce qui nuit à la cause. » Quand la
révolution est la seule valeur, il n'y a plus de droits, en
effet, il n'y a que des devoirs. Mais par un renversement
immédiat, au nom de ces devoirs, on prend tous les
droits. Au nom de la cause, Netchaiev, qui n'a attenté à
la vie d'aucun tyran, tue donc Ivanov dans un guet-apens.
Puis il quitte la Russie et va retrouver Bakounine, qui
s'en détourne, et condamne cette « répugnante tactique ».
« Il est arrivé peu à peu, écrit Bakounine, à se convaincre
que, pour fonder une société indestructible, il faut prendre pour base la politique de Machiavel et adopter le
système des Jésuites : pour le corps, la seule violence;
pour l'âme, le mensonge. » Cela est bien vu. Mais au
nom de quoi décider que cette tactique est répugnante si
la révolution, comme le voulait Bakounine, est le seul
bien? Netchaiev est vraiment au service de la révolution,
ce n'est pas lui qu'il sert, mais la cause. Extradé, il ne
cède rien à ses juges. Condamné à vingt-cinq ans de
prison, il règne encore sur les prisons, organise les geô-
liers en société secrète, projette l'assassinat du tsar, est
jugé de nouveau. Une mort au fond d'une forteresse clôt,
au bout de douze années de réclusion, la vie de ce révolté
qui inaugure la race méprisante des grands seigneurs de la
révolution.

A ce moment, au sein de la révolution, tout est
vraiment permis, le meurtre peut être érigé en principe.
On a cru pourtant, avec le renouveau du populisme en
1870, que ce mouvement révolutionnaire issu des tendances religieuses et éthiques qu'on trouve chez les décembristes, et dans le socialisme de Lavrov et Herzen, allait
freiner l'évolution vers le cynisme politique que Netchaiev a illustrée. Le mouvement faisait appel aux « âmes
vivantes », leur demandait d'aller au peuple et de l'éduquer afin qu'il marche de lui-même vers la libération. Les
« gentilshommes repentants » quittaient leur famille,

s'habillaient de pauvres vêtements et allaient dans les villages prêcher le paysan. Mais le paysan se méfiait et se ta isait. Quand il ne se taisait pas, il dénonçait l'apôtre au gendarme. Cet échec des belles âmes devait rejeter le mouvement vers le cynisme d'un Netchaiev ou, du moins, vers la violence. Dans la mesure où l'intelligentsia n'a pu ramener le peuple à elle, elle s'est sentie seule à nouveau devant l'autocratie; à nouveau, le monde lui est apparu sous les espèces du maître et de l'esclave. Le groupe de la *Volonté du Peuple* va donc ériger le terrorisme individuel en principe et inaugurer la série de meurtres qui s'est poursuivie jusqu'en 1905, avec le parti socialiste révolutionnaire. Les terroristes naissent à cet endroit, détournés de l'amour, dressés contre la culpabilité des maîtres, mais solitaires avec leur désespoir, face à leurs contradictions qu'ils ne pourront résoudre que dans le double sacrifice de leur innocence et de leur vie.

LES MEURTRIERS DÉLICATS

L'année 1878 est l'année de naissance du terrorisme russe. Une très jeune fille, Vera Zassoulitch, au lendemain du procès de cent quatre-vingt-treize populistes, le 24 janvier, abat le général Trepov, gouverneur de Saint-Pétersbourg. Acquittée par les jurés, elle échappe ensuite à la police du tsar. Ce coup de revolver déclenche une cascade de répressions et d'attentats, qui se répondent les uns aux autres, et dont on devine déjà que la lassitude, seule, peut y mettre fin.

La même année, un membre de la *Volonté du Peuple*, Kravtchinski, met la terreur en principes dans son pamphlet *Mort pour mort*. Les conséquences suivent les principes. En Europe, l'empereur d'Allemagne, le roi d'Italie et le roi d'Espagne sont victimes d'attentats. Toujours en 1878, Alexandre II crée, avec l'Okhrana, l'arme la plus efficace du terrorisme d'Etat. A partir de là, le XIXᵉ siècle se couronne de meurtres, en Russie et en Occident. En 1879, nouvel attentat contre le roi d'Espagne et attentat manqué contre le tsar. En 1881, meurtre du tsar par les terroristes de la *Volonté du Peuple*. Sofia Perovskaia, Jeliabov et leurs amis sont pendus. En 1883, attentat contre l'empereur d'Allemagne, dont le meurtrier est exécuté à la hache. En 1887, exécution des martyrs de Chicago, et congrès de Valence des anarchistes espagnols qui lancent l'avertissement terroriste : « Si la société ne cède pas, il faut que le mal et le vice périssent, devrions-nous tous périr avec. » Les années 90 marquent en France le point culminant de ce qu'on appelait la propagande par le fait. Les exploits de Ravachol, de Vaillant et d'Henry préludent à l'assassinat de Carnot. Dans la seule année 1892, on compte plus d'un millier d'attentats à la dynamite en Europe, près de cinq cents en Amérique. En 1898, meurtre d'Elisabeth, impératrice d'Autriche. En 1901, assassinat de Mac Kinley, président des U.S.A. En Russie, où les attentats contre les représentants secondaires du régime n'ont pas cessé, l'*Organisation de Combat* du parti socialiste révolutionnaire naît, en 1903, et groupe les figures les plus extraordinaires du terrorisme russe. Les meurtres de Plehve par Sazonov, et du grand-duc Serge par Kaliayev, en 1905, marquent les points culminants de ces trente années d'apostolat sanglant et terminent, pour la religion révolutionnaire, l'âge des martyrs.

Le nihilisme, étroitement mêlé au mouvement d'une religion déçue, s'achève ainsi en terrorisme. Dans l'univers de la négation totale, par la bombe et le revolver, par le courage aussi avec lequel ils marchaient à la potence, ces jeunes gens essayaient de sortir de la contradiction et de créer les valeurs dont ils manquaient. Jusqu'à eux, les hommes mouraient au nom de ce qu'ils savaient ou de ce qu'ils croyaient savoir. A partir d'eux, on prit l'habitude, plus difficile, de se sacrifier pour quelque chose dont on ne savait rien, sinon qu'il fallait mourir pour qu'elle soit. Jusque-là, ceux qui devaient mourir s'en remettaient à Dieu contre la justice des hommes. Mais quand on lit les déclarations des condamnés de cette période, on est frappé de voir que tous, sans exception, s'en remettent, contre leurs juges, à la justice d'autres hommes, encore à venir. Ces hommes futurs, en l'absence de leurs valeurs suprêmes, demeuraient leur dernier recours. L'avenir est la seule transcendance des hommes sans dieu. Les terroristes sans doute veulent d'abord détruire, faire chanceler l'absolutisme sous le choc des bombes. Mais par leur mort, au moins, ils visent à recréer une communauté de justice et d'amour, et à reprendre ainsi une mission que l'Eglise a trahie. Les terroristes veulent en réalité créer une Eglise d'où jaillira un jour le nouveau Dieu. Mais est-ce là tout? Si leur entrée volontaire dans la culpabilité et la mort n'avait rien fait surgir d'autre que la promesse d'une valeur encore à venir, l'histoire d'aujourd'hui nous permettrait d'affirmer, pour le moment en tout cas, qu'ils sont morts en vain et n'ont pas cessé d'être des nihilistes. Une valeur à venir est d'ailleurs une contradiction dans les termes, puisqu'elle ne peut éclairer une action ni fournir un principe de choix aussi longtemps qu'elle ne prend pas forme. Mais les hommes de 1905, justement, déchirés de contradictions, donnaient vie, par leur néga-tion et leur mort même, à une valeur désormais impé-rieuse, qu'ils mettaient au jour, croyant en annoncer seulement l'avènement. Ils plaçaient ostensiblement au-dessus de leurs bourreaux et d'eux-mêmes ce bien suprême et douloureux que nous avons déjà trouvé aux origines de la révolte. Arrêtons-nous au moins sur cette valeur, pour l'examiner, au moment où l'esprit de révolte rencontre, pour la dernière fois dans notre histoire, l'esprit de compassion.

« Peut-on parler de l'action terroriste sans y prendre part? » s'écrie l'étudiant Kaliayev. Ses camarades, réunis à partir de 1903 dans l'*Organisation de Combat* du parti socialiste révolutionnaire, sous la direction d'Azef, puis de Boris Savinkov, se tiennent tous à la hauteur de ce grand mot. Ce sont des hommes d'exigence. Les derniers, dans l'histoire de la révolte, ils ne refuseront rien de leur condition ni de leur drame. S'ils ont vécu dans la terreur, « s'ils ont eu foi en elle » (Pokotilov), ils n'ont jamais cessé d'y être déchirés. L'histoire offre peu d'exemples de fanatiques qui aient souffert de scrupules jusque dans la mêlée. Aux hommes de 1905, du moins, les doutes n'ont jamais manqué. Le plus grand hommage que nous puissions leur rendre est de dire que nous ne saurions, en 1950, leur poser une seule question qu'ils ne se soient déjà posée et à laquelle, dans leur vie, ou par leur mort, ils n'aient en partie répondu.

Pourtant, ils ont passé rapidement dans l'histoire. Lorsque Kaliayev, par exemple, décide en 1903 de prendre part avec Savinkov à l'action terroriste, il a vingt-six ans. Deux ans plus tard, le « Poète », comme on le surnommait, est pendu. C'est une carrière courte. Mais pour celui qui examine avec un peu de passion l'histoire de cette période, Kaliayev, dans son passage vertigineux, lui tend la figure la plus significative du terrorisme. Sasonov, Schweitzer, Pokotilov, Voinarovski et la plupart des autres ont ainsi surgi dans l'histoire de la Russie et du monde, dressés un instant, voués à l'éclatement, témoins rapides et inoubliables d'une révolte de plus en plus déchirée.

Presque tous sont athées. « Je me souviens, écrit Boris

Voinarovski, qui mourut en jetant sa bombe sur l'amiral Doubassov, qu'avant même d'entrer au lycée, je prêchais l'athéisme à un de mes amis d'enfance. Une seule question m'embarrassait. Mais d'où cela était-il venu? Car je n'avais pas la moindre idée de l'éternité. » Kaliayev, lui, croit en Dieu. Quelques minutes avant un attentat qui sera manqué, Savinkov l'aperçoit dans la rue, planté devant une icône, tenant la bombe d'une main et se signant de l'autre. Mais il répudie la religion. Dans sa cellule, avant l'exécution, il en refuse les secours.

La clandestinité les oblige à vivre dans la solitude. Ils ne connaissent pas, sinon de façon abstraite, la joie puissante de tout homme d'action en contact avec une large communauté humaine. Mais le lien qui les unit remplace pour eux tous les attachements. « Chevalerie! » écrit Sasonov qui commente ainsi : « Notre chevalerie était pénétrée d'un tel esprit que le mot " frère " ne traduit pas encore avec une clarté suffisante l'essence de nos relations réciproques. » Au bagne, le même Sasonov écrit à ses amis : « Quant à moi, la condition indispensable du bonheur est de garder à jamais la conscience de ma parfaite solidarité avec vous. » De son côté, à une femme aimée qui le retenait, Voinarovski avoue avoir dit cette phrase dont il reconnaît qu'elle est « un peu comique » mais qui, selon lui, prouve son état d'esprit : « Je te maudirais si j'arrivais en retard chez les camarades. »

Ce petit groupe d'hommes et de femmes, perdus dans la foule russe, serrés les uns contre les autres, choisissent le métier d'exécuteurs auquel rien ne les destinait. Ils vivent sur le même paradoxe, unissant en eux le respect de la vie humaine en général et un mépris de leur propre vie, qui va jusqu'à la nostalgie du sacrifice suprême. Pour Dora Brilliant, les questions de programme ne comptaient pas. L'action terroriste s'embellissait tout d'abord

du sacrifice que lui faisait le terroriste. « Mais, dit Savinkov, la terreur pesait sur elle comme une croix. »
Kaliayev, lui, est prêt à sacrifier sa vie à tout moment.
« Mieux que cela, il désirait passionnément ce sacrifice. »
Pendant la préparation de l'attentat contre Plehve, il
propose de se jeter sous les chevaux et de périr avec le
ministre. Chez Voinarovski aussi, le goût du sacrifice
coïncide avec l'attirance de la mort. Après son arrestation, il écrit à ses parents : « Combien de fois, pendant
mon adolescence, il m'était venu à l'idée de me tuer... »

Dans le même temps, ces exécuteurs, qui mettaient
leur vie en jeu, et si totalement, ne touchaient à celle des
autres qu'avec la conscience la plus pointilleuse. L'attentat contre le grand-duc Serge échoue une première fois
parce que Kaliayev, approuvé par tous ses camarades,
refuse de tuer les enfants qui se trouvaient dans la voiture
du grand-duc. Sur Rachel Louriée, une autre terroriste,
Savinkov écrit : « Elle avait foi en l'action terroriste, elle
considérait comme un honneur et un devoir d'y prendre
part, mais le sang ne la troublait pas moins qu'il ne
troublait Dora. » Le même Savinkov s'oppose à un
attentat contre l'amiral Doubassov, dans le rapide Péters-
bourg-Moscou : « A la moindre imprudence, l'explosion
aurait pu se produire dans la voiture et tuer des étrangers. » Plus tard, Savinkov, « au nom de la conscience
terroriste », se défendra avec indignation d'avoir fait
participer un enfant de seize ans à un attentat. Au
moment de s'évader d'une prison tsariste, il décide de
tirer sur les officiers qui pourraient s'opposer à sa fuite,
mais de se tuer plutôt que de tourner son arme contre des
soldats. De même, Voinarovski, ce tueur d'hommes qui
avoue n'avoir jamais chassé, « trouvant cette occupation
barbare », déclare à son tour : « Si Doubassov est
accompagné de . sa femme, je ne jetterai pas la
bombe. »

Un si grand oubli de soi-même, allié à un si profond souci de la vie des autres, permet de supposer que ces meurtriers délicats ont vécu le destin révolté dans sa contradiction la plus extrême. On peut croire qu'eux aussi, tout en reconnaissant le caractère inévitable de la violence, avouaient cependant qu'elle est injustifiée. Nécessaire et inexcusable, c'est ainsi que le meurtre leur apparaissait. Des cœurs médiocres, confrontés avec ce terrible problème, peuvent se reposer dans l'oubli de l'un des termes. Ils se contenteront, au nom des principes formels, de trouver inexcusable toute violence immédiate et permettront alors cette violence diffuse qui est à l'échelle du monde et de l'histoire. Ou ils se consoleront, au nom de l'histoire, de ce que la violence soit nécessaire et ajouteront alors le meurtre, jusqu'à ne faire de l'histoire qu'une seule et longue violation de tout ce qui, dans l'homme, proteste contre l'injustice. Ceci définit les deux visages du nihilisme contemporain, bourgeois et révolutionnaire.

Mais les cœurs extrêmes dont il s'agit n'oubliaient rien. Dès lors, incapables de justifier ce qu'ils trouvaient pourtant nécessaire, ils ont imaginé de se donner eux-mêmes en justification et de répondre par le sacrifice personnel à la question qu'ils se posaient. Pour eux, comme pour tous les révoltés jusqu'à eux, le meurtre s'est identifié avec le suicide. Une vie est alors payée par une autre vie et, de ces deux holocaustes, surgit la promesse d'une valeur. Kaliayev, Voinarovski et les autres croient à l'équivalence des vies. Ils ne mettent donc aucune idée au-dessus de la vie humaine, bien qu'ils tuent pour l'idée. Exactement, ils vivent à la hauteur de l'idée. Ils la justifient, pour finir, en l'incarnant jusqu'à la mort. Nous sommes encore en face d'une conception, sinon religieuse, du moins métaphysique de la révolte. D'autres hommes viendront après ceux-là qui, animés de la même

foi dévorante, jugeront cependant ces méthodes sentimentales et refuseront d'admettre que n'importe quelle
vie soit équivalente à n'importe quelle autre. Ils mettront
alors au-dessus de la vie humaine une idée abstraite,
même s'ils l'appellent histoire, à laquelle, soumis d'avance, ils décideront, en plein arbitraire, de soumettre aussi
les autres. Le problème de la révolte ne se résoudra plus
en arithmétique, mais en calcul de probabilités. En face
d'une future réalisation de l'idée, la vie humaine peut être
tout ou rien. Plus est grande la foi que le calculateur met
dans cette réalisation, moins vaut la vie humaine. A la
limite, elle ne vaut plus rien.

Il nous reviendra d'examiner cette limite, c'est-à-dire le
temps des bourreaux philosophes et du terrorisme d'Etat.
Mais, en attendant, les révoltés de 1905, à la frontière où
ils se tiennent, nous enseignent, au milieu du fracas des
bombes, que la révolte ne peut conduire, sans cesser
d'être révolte, à la consolation et au confort dogmatique.
Leur seule victoire apparente est de triompher au moins
de la solitude et de la négation. Au milieu d'un monde
qu'ils nient et qui les rejette, ils tentent, comme tous les
grands cœurs, de refaire, homme après homme, une
fraternité. L'amour qu'ils se portent réciproquement, qui
fait leur bonheur jusque dans le désert du bagne, qui
s'étend à l'immense masse de leurs frères asservis et
silencieux, donne la mesure de leur détresse et de leur
espoir. Pour servir cet amour, il leur faut d'abord tuer;
pour affirmer le règne de l'innocence, accepter une
certaine culpabilité. Cette contradiction ne se résoudra
pour eux qu'au moment dernier. Solitude et chevalerie,
déréliction et espoir ne seront surmontés que dans la libre
acceptation de la mort. Jeliabov déjà, qui organisa en
1881 l'attentat contre Alexandre II, arrêté quarante-huit
heures avant le meurtre, avait demandé à être exécuté en
même temps que l'auteur réel de l'attentat. « Seule la

lâcheté du gouvernement, dit-il dans sa lettre aux autorités, expliquerait qu'on ne dressât qu'une potence au lieu de deux. » On en dressa cinq, dont une pour la femme qu'il aimait. Mais Jeliabov mourut en souriant, tandis que Ryssakov, qui avait failli pendant les interrogatoires, fut traîné sur l'échafaud à demi fou de terreur.

C'est qu'il y avait une sorte de culpabilité dont Jeliabov ne voulait pas et dont il savait qu'il la recevrait, comme Ryssakov, s'il demeurait solitaire après avoir tué ou fait tuer. Au pied de la potence, Sofia Perovskaia embrassa l'homme qu'elle aimait et ses deux autres amis, mais se détourna de Ryssakov qui mourut, solitaire, en damné de la nouvelle religion. Pour Jeliabov, la mort au milieu de ses frères coïncidait avec sa justification. Celui qui tue n'est coupable que s'il consent encore à vivre ou si, pour vivre encore, il trahit ses frères. Mourir, au contraire, annule la culpabilité et le crime lui-même. Charlotte Corday crie alors à Fouquier-Tinville : « O le monstre, il me prend pour un assassin! » C'est la déchirante et fugitive découverte d'une valeur humaine qui se tient à mi-chemin de l'innocence et de la culpabilité, de la raison et de la déraison, de l'histoire et de l'éternité. A l'instant de cette découverte, mais alors seulement, vient pour ces désespérés une paix étrange, celle des victoires définitives. Dans sa cellule, Polivanov dit qu'il lui aurait été « facile et doux » de mourir. Voinarovski écrit qu'il a vaincu la peur de la mort. « Sans que tressaille un seul muscle de mon visage, sans parler, je monterai à l'échafaud... Et ce ne sera pas une violence exercée sur moi-même, ce sera le résultat tout naturel de tout ce que j'ai vécu. » Bien plus tard, le lieutenant Schmidt écrira aussi avant d'être fusillé : « Ma mort parachèvera tout et, couronnée par le supplice, ma cause sera irréprochable et parfaite. » Et Kaliayev condamné à la potence après s'être dressé en accusateur devant le tribunal, Kaliayev qui déclare fermement : « Je considère ma mort comme une suprême protestation contre un monde de larmes et de sang », Kaliayev écrit encore : « A partir du moment où je me suis trouvé derrière les barreaux, je n'ai pas eu un moment le désir de rester d'une façon quelconque en vie. » Son souhait sera exaucé. Le 10 mai, à deux heures du matin, il marchera vers la seule justification qu'il reconnaisse. Tout de noir vêtu, sans pardessus, coiffé d'un feutre, il monte à l'échafaud. Au père Florinski, qui lui tend le crucifix, le condamné, se détournant du Christ, répond seulement : « Je vous ai déjà dit que j'en ai fini avec la vie et que je me suis préparé à la mort. »

Oui, l'ancienne valeur renaît ici, au bout du nihilisme, au pied de la potence elle-même. Elle est le reflet, historique cette fois, du « nous sommes » que nous avons trouvé au terme d'une analyse de l'esprit révolté. Elle est en même temps privation et certitude illuminée. C'est elle qui resplendit d'un mortel éclat sur le visage boule-versé de Dora Brilliant à la pensée de celui qui mourait à la fois pour lui-même et pour l'amitié inlassable; elle qui pousse Sazonov à se tuer au bagne par protestation et pour « faire respecter ses frères »; elle encore qui absout jusqu'à Netchaiev le jour où, un général lui demandant de dénoncer ses camarades, il le renverse à terre d'une seule gifle. A travers elle, ces terroristes, en même temps qu'ils affirment le monde des hommes, se placent au-dessus de ce monde, démontrant, pour la dernière fois dans notre histoire, que la vraie révolte est créatrice de valeurs.

1905, grâce à eux, marque le plus haut sommet de l'élan révolutionnaire. A cette date, une déchéance a commencé. Les martyrs ne font pas les Eglises : ils en sont le ciment, ou l'alibi. Ensuite viennent les prêtres et les bigots. Les révolutionnaires qui viendront n'exigeront pas l'échange des vies. Ils consentiront au risque de la

mort, mais accepteront aussi de se garder le plus possible
pour la révolution et son service. Ils accepteront donc,
pour eux-mêmes, la culpabilité totale. Le consentement à
l'humiliation, telle est la vraie caractéristique des révolutionnaires du XXᵉ siècle, qui placent la révolution et
l'Eglise des hommes au-dessus d'eux-mêmes. Kaliayev
prouve, au contraire, que la révolution, moyen nécessaire, n'est pas une fin suffisante. Du même coup, il élève
l'homme au lieu de l'abaisser. C'est Kaliayev et ses frères,
russes ou allemands, qui dans l'histoire du monde s'opposent vraiment à Hegel [1], la reconnaissance universelle
étant par eux reconnue nécessaire d'abord et ensuite
insuffisante. Paraître ne lui suffisait pas. Quand le monde
entier l'aurait reconnu, un doute encore en Kaliayev
aurait subsisté : il lui fallait son propre consentement, et
la totalité des approbations n'aurait pas suffi à faire taire
ce doute que déjà font naître en tout homme vrai cent
acclamations enthousiastes. Kaliayev a douté jusqu'à la
fin et ce doute ne l'a pas empêché d'agir; c'est en cela
qu'il est l'image la plus pure de la révolte. Celui qui
accepte de mourir, de payer une vie par une vie, quelles
que soient ses négations, affirme du même coup une
valeur qui le dépasse lui-même en tant qu'individu
historique. Kaliayev se dévoue à l'histoire jusqu'à la mort
et, au moment de mourir, se place au-dessus de l'histoire.
D'une certaine manière, il est vrai qu'il se préfère à elle.
Mais que préfère-t-il, lui qu'il tue sans hésitation, ou la
valeur qu'il incarne et fait vivre? La réponse n'est pas
douteuse. Kaliayev et ses frères triomphaient du nihilisme.

---

1. Deux races d'hommes. L'un tue une seule fois et paie de sa vie.
L'autre justifie des milliers de crimes et accepte de se payer d'honneurs.

LE CHIGALÉVISME

Mais ce triomphe sera sans lendemain : il coïncide avec la mort. Le nihilisme, provisoirement, survit à ses vainqueurs. Au sein même du parti socialiste révolutionnaire, le cynisme politique continue à cheminer vers la victoire. Le chef qui envoie Kaliayev à la mort, Azev, pratique le double jeu et dénonce les révolutionnaires à l'Okhrana en même temps qu'il fait exécuter ministres et grands-ducs. La provocation remet en place le « Tout est permis » et identifie encore l'histoire et la valeur absolue. Ce nihilisme, après avoir influencé le socialisme individualiste, va contaminer le socialisme dit scientifique qui surgit dans les années 80 en Russie[1]. L'héritage conjugué de Netchaiev et de Marx donnera naissance à la révolution totalitaire du XXe siècle. En même temps que le terrorisme individuel pourchassait les derniers représentants du droit divin, le terrorisme d'Etat se préparait à détruire définitivement ce droit à la racine même des sociétés. La technique de la prise du pouvoir pour la réalisation des fins dernières prend le pas sur l'affirmation exemplaire de ces fins.

Lénine empruntera, en effet, à Tkatchev, un camarade et un frère spirituel de Netchaiev, une conception de la prise de pouvoir qu'il trouvait « majestueuse » et que lui-même résumait ainsi : « secret rigoureux, choix minutieux des membres, formation de révolutionnaires professionnels ». Tkatchev, qui mourut fou, fait la tran-

---

1. Le premier groupe social démocrate, celui de Plekhanov, est de 83.

sition entre le nihilisme et le socialisme militaire. Il prétendait créer un jacobinisme russe et il ne prit des Jacobins que leur technique d'action puisqu'il niait, lui aussi, tout principe et toute vertu. Ennemi de l'art et de la morale, il concilie dans la tactique seulement le rationnel et l'irrationnel. Son but est de réaliser l'égalité humaine par la prise du pouvoir étatique. Organisation secrète, faisceaux de révolutionnaires, pouvoir dictatorial des chefs, ces thèmes définissent la notion, sinon le fait, d' « appareil » qui connaîtra une si grande et si efficace fortune. Quant à la méthode elle-même, on en aura une juste idée quand on saura que Tkatchev proposait de supprimer tous les Russes au-dessus de vingt-cinq ans, comme incapables d'accepter les idées nouvelles. Méthode géniale, en vérité, et qui devait prévaloir dans la technique du super-Etat moderne, où l'éducation forcenée de l'enfant s'accomplit au milieu d'adultes terrorisés. Le socialisme césarien condamnera, sans doute, le terrorisme individuel dans la mesure où il fait revivre des valeurs incompatibles avec la domination de la raison historique. Mais il restituera la terreur au niveau de l'Etat, avec, pour seule justification, la construction de l'humanité enfin divisée.

Une boucle s'achève ici et la révolte, coupée de ses vraies racines, infidèle à l'homme parce que soumise à l'histoire, médite maintenant d'asservir l'univers entier. Alors commence l'ère du chigalevisme, exaltée dans *Les Possédés* par Verkhovensky, le nihiliste qui réclame le droit au déshonneur. Esprit malheureux et implacable[1], il choisit la volonté de puissance qui est seule, en effet, à pouvoir régner sur une histoire sans autre signification qu'elle-même. Chigalev, le philanthrope, sera sa caution;

---

1. « Il se représentait l'homme à sa façon et, ensuite, il ne démordait plus de son idée. »

l'amour des hommes justifiera désormais qu'on les asservisse. Fou d'égalité[1], Chigalev, après de longues réflexions, en est arrivé à conclure avec désespoir qu'un seul système est possible, bien qu'il soit en effet désespérant. « Parti de la liberté illimitée, j'arrive au despotisme illimité. » La liberté totale qui est négation de tout ne peut vivre et se justifier que par la création de nouvelles valeurs identifiées à l'humanité entière. Si cette création tarde, l'humanité s'entre-déchire jusqu'à la mort. Le chemin le plus court vers ces nouvelles tables passe par la totale dictature. « Un dixième de l'humanité possédera les droits de la personnalité et exercera une autorité illimitée sur les neuf autres dixièmes. Ceux-ci perdront leur personnalité et deviendront comme un troupeau; astreints à l'obéissance passive, ils seront ramenés à l'innocence première et, pour ainsi dire, au paradis primitif où, du reste, ils devront travailler. » C'est le gouvernement des philosophes dont rêvaient les utopistes; simplement ces philosophes ne croient à rien. Le royaume est arrivé, mais il nie la vraie révolte, il s'agit seulement du règne des « Christs violents », pour reprendre l'expression d'un littérateur enthousiaste célébrant la vie et la mort de Ravachol. « Le pape en haut, dit amèrement Verkhovensky, nous autour de lui, et au-dessous de nous le chigalevisme. »

Les théocraties totalitaires du XXe siècle, la terreur d'Etat, sont ainsi annoncées. Les nouveaux seigneurs et les grands inquisiteurs règnent aujourd'hui, utilisant la révolte des opprimés, sur une partie de notre histoire. Leur règne est cruel, mais ils s'excusent de leur cruauté, comme le Satan romantique, sur ce qu'elle est lourde à porter. « Nous nous réservons le désir et la souffrance, les

---

1. « La calomnie et l'assassinat dans les cas extrêmes, mais surtout l'égalité. »

esclaves auront le chigalevisme. » Une nouvelle, et assez
hideuse, race de martyrs naît à ce moment. Leur martyre
consiste à accepter d'infliger la souffrance aux autres; ils
s'asservissent à leur propre maîtrise. Pour que l'homme
devienne dieu, il faut que la victime s'abaisse à devenir
bourreau. C'est pourquoi victime et bourreau sont également désespérés. Ni l'esclavage ni la puissance ne coïnci-
deront plus avec le bonheur, les maîtres seront moroses et
les serfs maussades. Saint-Just avait raison, c'est une
chose affreuse de tourmenter le peuple. Mais comment
éviter de tourmenter les hommes si l'on a décidé d'en
faire des dieux? De même que Kirilov, qui se tue pour
être dieu, accepte de voir son suicide utilisé par la
« conspiration » de Verkhovensky, de même la divinisation de l'homme par lui-même brise la limite que la
révolte mettait pourtant au jour et s'engage irrésistiblement dans les chemins boueux de la tactique et de la
terreur dont l'histoire n'est pas encore sortie.

LE TERRORISME D'ÉTAT
ET LA TERREUR IRRATIONNELLE

Toutes les révolutions modernes ont abouti à un renforcement de l'Etat. 1789 amène Napoléon, 1848 Napoléon III, 1917 Staline, les troubles italiens des années 20 Mussolini, la république de Weimar Hitler. Ces révolutions, surtout après que la première guerre mondiale eut liquidé les vestiges du droit divin, se sont pourtant proposé, avec une audace de plus en plus grande, la construction de la cité humaine et de la liberté réelle. L'omnipotence grandissante de l'Etat a chaque fois sanctionné cette ambition. Il serait faux de dire que cela ne pouvait manquer d'arriver. Mais il est possible d'examiner comment cela est arrivé; la leçon suivra peut-être.

A côté d'un petit nombre d'explications qui ne font pas le sujet de cet essai, l'étrange et terrifiante croissance de l'Etat moderne peut être considérée comme la conclusion logique d'ambitions techniques et philosophiques démesurées, étrangères au véritable esprit de révolte, mais qui ont pourtant donné naissance à l'esprit révolutionnaire de notre temps. Le rêve prophétique de Marx et les puissantes anticipations de Hegel ou de Nietzsche ont fini par susciter, après que la cité de Dieu eut été rasée, un Etat

rationnel ou irrationnel, mais dans les deux cas terroriste.

A vrai dire, les révolutions fascistes du XXᵉ siècle ne
méritent pas le titre de révolution. L'ambition universelle
leur a manqué. Mussolini et Hitler ont sans doute
cherché à créer un empire et les idéologues nationaux-
socialistes ont pensé, explicitement, à l'empire mondial.
Leur différence avec le mouvement révolutionnaire classique est que, dans l'héritage nihiliste, ils ont choisi de
déifier l'irrationnel, et lui seul, au lieu de diviniser la
raison. Du même coup, ils renonçaient à l'universel. Il
n'empêche que Mussolini se réclame de Hegel, Hitler de
Nietzsche; ils illustrent dans l'histoire quelques-unes des
prophéties de l'idéologie allemande. A ce titre, ils appar-
tiennent à l'histoire de la révolte et du nihilisme. Les
premiers, ils ont construit un Etat sur l'idée que rien
n'avait de sens et que l'histoire n'était que le hasard de la
force. La conséquence n'a pas tardé.

Dès 1914, Mussolini annonçait la « sainte religion de
l'anarchie » et se déclarait l'ennemi de tous les christia-
nismes. Quant à Hitler, sa religion avouée juxtaposait
sans une hésitation le Dieu-Providence et le Walhalla.
Son dieu, en vérité, était un argument de meeting et une
manière d'élever le débat à la fin de ses discours. Aussi
longtemps qu'il a connu le succès, il a préféré se croire
inspiré. Au moment de la défaite, il s'est jugé trahi par
son peuple. Entre les deux, rien n'est venu annoncer au
monde qu'il ait pu jamais s'estimer coupable devant
aucun principe. Le seul homme de culture supérieure qui
ait donné au nazisme une apparence de philosophie,
Ernst Junger, a d'ailleurs choisi les formules mêmes du
nihilisme : « La meilleure réponse à la trahison de la vie
par l'esprit, c'est la trahison de l'esprit par l'esprit, et

l'une des grandes et cruelles jouissances de ce temps est de participer à ce travail de destruction. »

Les hommes d'action, lorsqu'ils sont sans foi, n'ont jamais cru qu'au mouvement de l'action. Le paradoxe insoutenable de Hitler a été justement de vouloir fonder un ordre stable sur un mouvement perpétuel et une négation. Rauschning dans sa *Révolution du nihilisme* a raison de dire que la révolution hitlérienne était un dynamisme pur. Dans l'Allemagne, secouée jusqu'aux racines par une guerre sans précédent, la défaite et la détresse économique, aucune valeur ne tenait plus debout. Quoiqu'il faille compter avec ce que Goethe appelait « le destin allemand de se rendre, toutes choses difficiles », l'épidémie de suicides qui affecta le pays entier, entre les deux guerres, en dit long sur le désarroi des esprits. A ceux qui désespèrent de tout, ce ne sont pas les raisonnements qui peuvent rendre une foi, mais la seule passion, et ici la passion même qui gisait au fond de ce désespoir, c'est-à-dire l'humiliation et la haine. Il n'y avait plus de valeur, à la fois commune et supérieure à tous ces hommes, au nom de laquelle il leur fût possible de se juger les uns les autres. L'Allemagne de 1933 a donc accepté d'adopter les valeurs dégradées de quelques hommes seulement et essayé de les imposer à toute une civilisation. Faute de la morale de Goethe, elle a choisi et subi la morale du gang.

La morale du gang est triomphe et vengeance, défaite et ressentiment, inépuisablement. Quand Mussolini exaltait « les forces élémentaires de l'individu », il annonçait l'exaltation des puissances obscures du sang et de l'instinct, la justification biologique de ce que l'instinct de domination produit de pire. Au procès de Nuremberg, Frank a souligné « la haine de la forme » qui animait Hitler. Il est vrai que cet homme était seulement une force en mouvement, redressée et rendue plus efficace par les calculs de la ruse et d'une implacable clairvoyance tactique. Même sa forme physique, médiocre et banale, ne lui était pas une limite, le fondait dans la masse[1]. Seule, l'action le tenait debout. Etre pour lui, c'était faire. Voilà pourquoi Hitler et son régime ne pouvaient se passer d'ennemis. Ils ne pouvaient, dandies forcenés[2], se définir que par rapport à ces ennemis, prendre forme que dans le combat acharné qui devait les abattre. Le Juif, les francs-maçons, les ploutocraties, les Anglo-Saxons, le Slave bestial se sont succédé dans la propagande et dans l'histoire pour redresser, chaque fois un peu plus haut, la force aveugle qui marchait vers son terme. Le combat permanent exigeait des excitants perpétuels.

Hitler était l'histoire à l'état pur. « Devenir, disait Junger, vaut mieux que vivre. » Il prêchait donc l'identification totale avec le courant de la vie, au niveau le plus bas et contre toute réalité supérieure. Le régime qui a inventé la politique étrangère biologique allait contre ses intérêts les plus évidents. Mais il obéissait au moins à sa logique particulière. Ainsi Rosenberg parlait-il pompeusement de la vie : « Le style d'une colonne en marche, et peu importe vers quelle destination et pour quelle fin cette colonne est en marche. » Après cela, la colonne sèmera l'histoire de ruines et dévastera son propre pays, elle aura au moins vécu. La vraie logique de ce dynamisme était la défaite totale ou bien, de conquête en conquête, d'ennemi en ennemi, l'établissement de l'Empire du sang et de l'action. Il est peu probable que Hitler ait conçu, au moins primitivement, cet Empire. Ni par la culture, ni même par l'instinct ou l'intelligence tactique,

---

1. Voir l'excellent livre de Max Picard : *L'Homme du néant*, Cahiers du Rhône.
2. On sait que Goering recevait parfois en costume de Néron, et fardé.

il n'était à la hauteur de son destin. L'Allemagne s'est effondrée pour avoir engagé une lutte impériale avec une pensée politique provinciale. Mais Junger avait aperçu cette logique et en avait donné la formule. Il a eu la vision d'un « Empire mondial et technique », d'une « religion de la technique antichrétienne », dont les fidèles et les soldats eussent été les ouvriers eux-mêmes parce que (et là, Junger retrouvait Marx), par sa structure humaine, l'ouvrier est universel. « Le statut d'un nouveau régime de commandement supplée au changement du contrat social. L'ouvrier est tiré de la sphère des négociations, de la pitié, de la littérature, et élevé jusqu'à celle de l'action. Les obligations juridiques se transforment en obligations militaires. » L'Empire, on le voit, est en même temps l'usine et la caserne mondiales, où règne en esclave le soldat ouvrier de Hegel. Hitler a été arrêté relativement tôt sur le chemin de cet empire. Mais si même il était allé encore plus loin, on eût assisté seulement au déploiement de plus en plus ample d'un dynamisme irrésistible et au renforcement de plus en plus violent des principes cyniques qui, seuls, étaient capables de servir ce dynamisme.

Parlant d'une telle révolution, Rauschning dit qu'elle n'est plus libération, justice et essor de l'esprit : elle est « la mort de la liberté, la domination de la violence et l'esclavage de l'esprit ». Le fascisme, c'est le mépris, en effet. Inversement, toute forme de mépris, si elle intervient en politique, prépare ou instaure le fascisme. Il faut ajouter que le fascisme ne peut être autre chose sans se renier lui-même. Junger tirait de ses propres principes qu'il valait mieux être criminel que bourgeois. Hitler, qui avait moins de talent littéraire, mais, à cette occasion, plus de cohérence, savait qu'il est indifférent d'être l'un ou l'autre, à partir du moment où l'on ne croit qu'au succès. Il s'autorisa donc à être l'un et l'autre à la fois.

« Le fait, c'est tout », disait Mussolini. Et Hitler :
« Quand la race est en danger d'être opprimée... la
question de légalité ne joue plus qu'un rôle secondaire. »
La race, d'ailleurs, ayant toujours besoin d'être menacée
pour être, il n'y a jamais de légalité. « Je suis prêt à tout
signer, à tout souscrire... En ce qui me concerne, je suis
capable, en toute bonne foi, de signer des traités
aujourd'hui et de les rompre froidement demain si l'avenir du peuple allemand est en jeu. » Avant de déclencher
la guerre, d'ailleurs, le Führer déclara à ses généraux qu'il
ne serait pas demandé au vainqueur, plus tard, s'il avait
dit la vérité ou non. Le leitmotiv de la défense de Goering
au procès de Nuremberg reprend cette idée : « Le
vainqueur sera toujours le juge et le vaincu l'accusé. »
Cela peut sans doute se discuter. Mais alors on ne
comprend pas Rosenberg quand il dit au procès de
Nuremberg qu'il n'avait pas prévu que ce mythe mènerait
à l'assassinat. Lorsque le procureur anglais observe que,
« de *Mein Kampf*, la route était directe jusqu'aux cham-
bres à gaz de Maïdanek », il touche au contraire au vrai
sujet du procès, celui des responsabilités historiques du
nihilisme occidental, le seul pourtant qui n'ait pas été
vraiment discuté à Nuremberg, pour des raisons évidentes. On ne peut mener un procès en annonçant la
culpabilité générale d'une civilisation. On a jugé sur les
seuls actes qui, eux du moins, criaient à la face de la terre
entière.

Hitler, dans tous les cas, a inventé le mouvement
perpétuel de la conquête sans lequel il n'eût rien été.
Mais l'ennemi perpétuel, c'est la terreur perpétuelle, au
niveau de l'Etat, cette fois. L'Etat s'identifie avec « l'appareil », c'est-à-dire avec l'ensemble des mécanismes de
conquête et de répression. La conquête dirigée vers
l'intérieur du pays s'appelle propagande (« premier pas
vers l'enfer » selon Frank), ou répression. Dirigée vers

l'extérieur, elle crée l'armée. Tous les problèmes sont ainsi militarisés, posés en termes de puissance et d'efficacité. Le général en chef détermine la politique et d'ailleurs tous les principaux problèmes d'administration. Ce principe, irréfutable quant à la stratégie, est généralisé dans la vie civile. Un seul chef, un seul peuple, signifie un seul maître et des millions d'esclaves. Les intermédiaires politiques qui sont, dans toutes les sociétés, les garanties de la liberté disparaissent pour laisser la place à un Jehovah botté qui règne sur des foules silencieuses, ou, ce qui revient au même, hurlant des mots d'ordre. On n'interpose pas entre le chef et le peuple un organisme de conciliation ou de médiation, mais l'appareil justement, c'est-à-dire le parti qui est d'oppression. Ainsi naît le premier et le seul principe de cette basse mystique, le *Führerprinzip*, qui restaure dans le monde du nihilisme une idolâtrie et un sacré dégradé.

Mussolini, juriste latin, se contentait de la raison d'Etat qu'il transformait seulement, avec beaucoup de rhétorique, en absolu. « Rien hors de l'Etat, au-dessus de l'Etat, contre l'Etat. Tout à l'Etat, pour l'Etat, dans l'Etat. » L'Allemagne hitlérienne a donné à cette fausse raison son vrai langage, qui était celui d'une religion. « Notre service divin, écrit un journal nazi pendant un congrès du parti, était de ramener chacun vers les origines, vers les Mères. En vérité, c'était un service de Dieu. » Les origines sont alors dans le hurlement primitif. Quel est ce dieu dont il est question ? Une déclaration officielle du parti nous l'apprend : « Nous tous, ici-bas, croyons en Adolf Hitler, notre Führer... et (nous confessons) que le national-socialisme est la seule foi qui mène notre peuple au salut. » Les commandements du chef, dressé dans le buisson enflammé des projecteurs, sur un Sinaï de planches et de drapeaux, font alors la loi et la vertu. Si les micros surhumains commandent une fois seulement le

crime, alors, de chefs en sous-chefs, le crime descend
jusqu'à l'esclave qui, lui, reçoit les ordres sans en donner
à personne. Un exécuteur de Dachau pleure ensuite dans
sa prison : « Je n'ai fait qu'exécuter les ordres. Le Führer
et le Reichsführer, seuls, ont amené tout cela et puis ils
sont partis. Gluecks a reçu des ordres de Kaltenbrunner
et, finalement, j'ai reçu l'ordre de fusiller. Ils m'ont passé
tout le paquet parce que je n'étais qu'un petit Haupt-
scharführer et que je ne pouvais pas le transmettre plus
bas dans la file. Maintenant, ils disent que c'est moi
l'assassin. » Goering protestait au procès de sa fidélité au
Führer et « qu'il existait encore une question d'honneur
dans cette vie maudite ». L'honneur était dans l'obéissance qui se confondait parfois avec le crime. La loi
militaire punit de mort la désobéissance et son honneur
est servitude. Quand tout le monde est militaire, le crime
est de ne pas tuer si l'ordre l'exige.

L'ordre, par malheur, exige rarement de faire le bien.
Le pur dynamisme doctrinal ne peut se diriger vers le
bien, mais seulement vers l'efficacité. Aussi longtemps
qu'il y aura des ennemis, il y aura terreur; et il y aura des
ennemis aussi longtemps que le dynamisme sera, pour
qu'il soit : « Toutes les influences susceptibles d'affaiblir
la souveraineté du peuple, exercée par le Führer avec
l'aide du parti... doivent être éliminées. » Les ennemis
sont hérétiques, ils doivent être convertis par la prédication ou propagande; exterminés par l'inquisition ou
Gestapo. Le résultat est que l'homme n'est plus, s'il est
du parti, qu'un outil au service du Führer, un rouage de
l'appareil, ou, s'il est ennemi du Führer, un produit de
consommation de l'appareil. L'élan irrationnel, né de la
révolte, ne se propose plus que de réduire ce qui fait que
l'homme n'est pas un rouage, c'est-à-dire la révolte
elle-même. L'individualisme romantique de la révolution
allemande s'assouvit enfin dans le monde des choses. La

terreur irrationnelle transforme en choses les hommes, « bacilles planétaires » selon la formule de Hitler. Elle se propose la destruction, non seulement de la personne, mais des possibilités universelles de la personne, la réflexion, la solidarité, l'appel vers l'amour absolu. La propagande, la torture, sont des moyens directs de désintégration; plus encore la déchéance systématique, l'amalgame avec le criminel cynique, la complicité forcée. Celui qui tue ou torture ne connaît qu'une ombre à sa victoire : il ne peut pas se sentir innocent. Il lui faut donc créer la culpabilité chez la victime elle-même pour que, dans un monde sans direction, la culpabilité générale ne légitime plus que l'exercice de la force, ne consacre plus que le succès. Quand l'idée d'innocence disparaît chez l'innocent lui-même, la valeur de puissance règne définitivement sur un monde désespéré. C'est pourquoi une ignoble et cruelle pénitence règne sur ce monde où seules les pierres sont innocentes. Les condamnés sont obligés de se pendre les uns les autres. Le cri pur de la maternité est lui-même tué, comme chez cette mère grecque qu'un officier força de choisir celui de ses trois fils qui serait fusillé. C'est ainsi qu'on est enfin libre. La puissance de tuer et d'avilir sauve l'âme servile du néant. La liberté allemande se chante alors, au son d'orchestre de bagnards, dans les camps de la mort.

Les crimes hitlériens, et parmi eux le massacre des Juifs, sont sans équivalent dans l'histoire parce que l'histoire ne rapporte aucun exemple qu'une doctrine de destruction aussi totale ait jamais pu s'emparer des leviers de commande d'une nation civilisée. Mais surtout, pour la première fois dans l'histoire, des hommes de gouvernement ont appliqué leurs immenses forces à instaurer une mystique en dehors de toute morale. Cette première tentative d'une Eglise bâtie sur un néant a été payée par l'anéantissement lui-même. La destruction de Lidice montre bien que l'apparence systématique et scientifique du mouvement hitlérien couvre en vérité une poussée irrationnelle qui ne peut être que celle du désespoir et de l'orgueil. En face d'un village supposé rebelle, on n'imagine jusque-là que deux attitudes du conquérant. Ou bien la répression calculée et l'exécution froide d'otages, ou bien la ruée sauvage, et forcément brève, de soldats exaspérés. Lidice a été détruite par les deux systèmes conjugués. Elle illustre les ravages de cette raison irrationnelle qui est la seule valeur qu'on puisse trouver dans l'histoire. Non seulement les maisons furent incendiées, les cent soixante-quatorze hommes du village fusillés, les deux cent trois femmes déportées et les cent trois enfants transférés pour être éduqués dans la religion du Führer, mais des équipes spéciales fournirent des mois de travail pour niveler le terrain à la dynamite, faire disparaître les pierres, combler l'étang du village, détourner enfin la route et la rivière. Lidice, après cela, n'était vraiment plus rien, qu'un avenir pur, selon la logique du mouvement. Pour plus de sûreté, on vida le cimetière de ses morts, qui rappelaient encore que quelque chose, en cet endroit, avait été [1].

La révolution nihiliste, qui s'est exprimée historiquement dans la religion hitlérienne, n'a ainsi suscité qu'une rage démesurée de néant, qui a fini par se retourner contre elle-même. La négation, cette fois au moins et malgré Hegel, n'a pas été créatrice. Hitler présente le cas, unique peut-être dans l'histoire, d'un tyran qui n'a rien laissé à son actif. Pour lui-même, pour son peuple et pour le monde, il n'a été que suicide et meurtre. Sept millions de Juifs assassinés, sept millions d'Européens déportés ou

---

1. Il est frappant de noter que des atrocités qui peuvent rappeler ces excès ont été commises aux colonies (Indes, 1857; Algérie, 1945, etc.) par des nations européennes qui obéissaient en réalité au même préjugé irrationnel de supériorité raciale.

tués, dix millions de victimes de la guerre ne suffiraient peut-être pas encore à l'histoire pour en juger : elle a l'habitude des meurtriers. Mais la destruction même des justifications dernières de Hitler, c'est-à-dire de la nation allemande, fait désormais de cet homme, dont la présence historique, pendant des années, hanta des millions d'hommes, une ombre inconsistante et misérable. La déposition de Speer au procès de Nuremberg a montré que Hitler, alors qu'il eût pu arrêter la guerre avant le désastre total, a voulu le suicide général, la destruction matérielle et politique de la nation allemande. La seule valeur, pour lui, est restée, jusqu'au bout, le succès. Puisque l'Allemagne perdait la guerre, elle était lâche et traîtresse, elle devait mourir. « Si le peuple allemand n'est pas capable de vaincre, il n'est pas digne de vivre. » Hitler a donc décidé de l'entraîner dans la mort et de faire de son suicide une apothéose, quand les canons russes faisaient déjà craquer les murs des palais berlinois. Hitler, Goering, qui voulait voir ses os placés dans un cercueil de marbre, Goebbels, Himmler, Ley, se tuent dans des souterrains ou des cellules. Mais cette mort est une mort pour rien, elle est comme un mauvais rêve, une fumée qui se dissipe. Ni efficace ni exemplaire, elle consacre la sanglante vanité du nihilisme. « Ils se croyaient libres, crie hystériquement Frank. Ne savent-ils pas qu'on ne se libère pas de l'hitlérisme! » Ils ne le savaient pas, ni que la négation de tout est une servitude et la vraie liberté une soumission intérieure à une valeur qui fait face à l'histoire et ses succès.

Mais les mystiques fascistes, bien qu'elles aient visé peu à peu à mener le monde, n'ont jamais prétendu réellement à un Empire universel. Tout au plus, Hitler, étonné par ses propres victoires, a été détourné des origines provinciales de son mouvement vers le rêve imprécis d'un Empire des Allemands qui n'avait rien à voir avec la

Cité universelle. Le communisme russe au contraire, par ses origines mêmes, prétend ouvertement à l'Empire mondial. C'est là sa force, sa profondeur réfléchie, et son importance dans notre histoire. Malgré les apparences, la révolution allemande était sans avenir. Elle n'était qu'une poussée primitive dont les ravages ont été plus grands que l'ambition réelle. Le communisme russe, au contraire, a pris en charge l'ambition métaphysique que cet essai décrit, l'édification, après la mort de Dieu, d'une cité de l'homme enfin divinisé. Ce nom de révolution auquel l'aventure hitlérienne ne peut prétendre, le communisme russe l'a mérité, et quoiqu'il ne le mérite apparemment plus, prétend devoir le mériter un jour, et à jamais. Pour la première fois dans l'histoire, une doctrine et un mouvement appuyés sur un Empire en armes se proposent comme but la révolution définitive et l'unification finale du monde. Il nous reste à examiner cette prétention dans le détail. Hitler, au sommet de sa folie, a prétendu stabiliser l'histoire pour mille ans. Il se croyait sur le point de le faire, et les philosophes réalistes des nations vaincues se préparaient à en prendre conscience et à l'absoudre, quand la bataille d'Angleterre et Stalingrad l'ont rejeté vers la mort et ont relancé l'histoire une fois de plus en avant. Mais, aussi inlassable que l'histoire elle-même, la prétention humaine à la divinité resurgit, avec plus de sérieux et d'efficacité, sous les espèces de l'Etat rationnel, tel qu'il est édifié en Russie.

LE TERRORISME D'ÉTAT
ET LA TERREUR RATIONNELLE

Marx, dans l'Angleterre du XIXᵉ siècle, parmi les souffrances et les terribles misères que provoquait le passage du capital foncier au capital industriel, avait beaucoup d'éléments pour construire une impressionnante analyse du capitalisme primitif. Quant au socialisme, en dehors des enseignements, d'ailleurs contradictoires à ses doctrines, qu'il pouvait tirer des révolutions françaises, il était obligé d'en parler au futur, et dans l'abstrait. On ne s'étonnera donc pas qu'il ait pu mêler dans sa doctrine la méthode critique la plus valable et le messianisme utopique le plus contestable. Le malheur est que la méthode critique, qui, par définition, se serait adaptée à la réalité, s'est trouvée de plus en plus séparée des faits dans la mesure où elle a voulu rester fidèle à la prophétie. On a cru, et ceci est déjà une indication, qu'on enlèverait au messianisme ce qu'on concéderait à la vérité. Cette contradiction est perceptible du vivant de Marx. La doctrine du *Manifeste communiste* n'est plus rigoureusement exacte, vingt ans après, quand paraît *Le Capital*. *Le Capital* est resté d'ailleurs inachevé, parce que Marx se penchait à la fin de sa vie sur une nouvelle et prodigieuse masse de faits sociaux et économiques auxquels il fallait de nouveau adapter le système. Ces faits

concernaient en particulier la Russie, qu'il avait méprisée
jusque-là. On sait enfin que l'Institut Marx-Engels de
Moscou a cessé en 1935 la publication des œuvres
complètes de Marx, alors que plus de trente volumes
restaient à publier; le contenu de ces volumes n'était sans
doute pas assez « marxiste ».

Depuis la mort de Marx, en tout cas, une minorité de
disciples sont restés fidèles à sa méthode. Les marxistes
qui ont fait l'histoire se sont emparés, au contraire, de la
prophétie, et des aspects apocalyptiques de la doctrine,
pour réaliser une révolution marxiste, dans les circonstances exactes où Marx avait prévu qu'une révolution ne
pouvait pas se produire. On peut dire de Marx que la
plupart de ses prédictions se sont heurtées aux faits dans
le même temps où sa prophétie a été l'objet d'une foi
accrue. La raison en est simple : les prédictions étaient à
court terme et ont pu être contrôlées. La prophétie est à
très long terme et a pour elle ce qui assoit la solidité des
religions : l'impossibilité de faire la preuve. Quand les
prédictions s'effondraient, la prophétie restait le seul
espoir. Il en résulte qu'elle est seule à régner sur notre
histoire. Le marxisme et ses héritiers ne seront examinés
ici que sous l'angle de la prophétie.

LA PROPHÉTIE BOURGEOISE

Marx est à la fois un prophète bourgeois et un prophète
révolutionnaire. Le second est plus connu que le premier.
Mais le premier explique beaucoup de choses dans le
destin du second. Un messianisme historique et scientifique a influencé en lui le messianisme révolutionnaire,

issu de l'idéologie allemande et des insurrections françaises.

En opposition au monde antique, l'unité du monde chrétien et du monde marxiste est frappante. Les deux doctrines ont, en commun, une vision du monde qui le sépare de l'attitude grecque. Jaspers la définit très bien : « C'est une pensée chrétienne que de considérer l'histoire des hommes comme strictement unique. » Les chrétiens ont, les premiers, considéré la vie humaine, et la suite des événements, comme une histoire qui se déroule à partir d'une origine vers une fin, au cours de laquelle l'homme gagne son salut ou mérite son châtiment. La philosophie de l'histoire est née d'une représentation chrétienne, surprenante pour un esprit grec. La notion grecque du devenir n'a rien de commun avec notre idée de l'évolution historique. La différence entre les deux est celle qui sépare un cercle d'une ligne droite. Les Grecs se représentaient le monde comme cyclique. Aristote, pour donner un exemple précis, ne se croyait pas postérieur à la guerre de Troie. Le christianisme a été obligé, pour s'étendre dans le monde méditerranéen, de s'helléniser et sa doctrine s'est du même coup assouplie. Mais son originalité est d'introduire dans le monde antique deux notions jamais liées jusque-là, celles d'histoire et de châtiment. Par l'idée de médiation, le christianisme est grec. Par la notion d'historicité, il est judaïque et se retrouvera dans l'idéologie allemande.

On aperçoit mieux cette coupure en soulignant l'hostilité des pensées historiques à l'égard de la nature considérée par elles comme un objet, non de contemplation, mais de transformation. Pour les chrétiens comme pour les marxistes, il faut maîtriser la nature. Les Grecs sont d'avis qu'il vaut mieux lui obéir. L'amour antique du cosmos est ignoré des premiers chrétiens qui, du reste, attendaient avec impatience une fin du monde imminente. L'hellénisme, associé au christianisme, donnera ensuite l'admirable floraison albigeoise d'une part, saint François de l'autre. Mais avec l'Inquisition et la destruction de l'hérésie cathare, l'Eglise se sépare à nouveau du monde et de la beauté, et redonne à l'histoire sa primauté sur la nature. Jaspers a encore raison de dire : « C'est l'attitude chrétienne qui peu à peu vide le monde de sa substance... puisque la substance reposait sur un ensemble de symboles. » Ces symboles sont ceux du drame divin qui se déroule à travers les temps. La nature n'est plus que le décor de ce drame. Le bel équilibre de l'humain et de la nature, le consentement de l'homme au monde, qui soulève et fait resplendir toute la pensée antique, a été brisé, au profit de l'histoire, par le christianisme d'abord. L'entrée, dans cette histoire, des peuples nordiques qui n'ont pas une tradition d'amitié avec le monde, a précipité ce mouvement. A partir du moment où la divinité du Christ est niée, où, par les soins de l'idéologie allemande, il ne symbolise plus que l'homme-dieu, la notion de médiation disparaît, un monde judaïque ressuscite. Le dieu implacable des armées règne à nouveau, toute beauté est insultée comme source de jouissances oisives, la nature elle-même est asservie. Marx, de ce point de vue, est le Jérémie du dieu historique et le saint Augustin de la révolution. Que cela explique les aspects proprement réactionnaires de sa doctrine, une simple comparaison avec celui de ses contemporains qui fut le doctrinaire intelligent de la réaction suffirait à le faire sentir.

Joseph de Maistre réfute le jacobinisme et le calvinisme, doctrines qui résumaient pour lui « tout ce qui a été pensé de mal pendant trois siècles », au nom d'une philosophie chrétienne de l'histoire. Contre les schismes et les hérésies, il veut refaire « la robe sans coutures » d'une Eglise enfin catholique. Son but – on s'en aperçoit lors de ses aventures maçonniques [1] – est la cité chrétienne universelle. Maistre rêve de l'Adam protoplaste, ou Homme universel, de Fabre d'Olivet, qui serait au principe des âmes différenciées, et de l'Adam Kadmon des kabbalistes, qui a précédé la chute et qu'il s'agit maintenant de refaire. Lorsque l'Eglise aura recouvert le monde, elle donnera un corps à cet Adam premier et dernier. On trouve à ce sujet dans les *Soirées de Saint-Pétersbourg* une foule de formules dont la ressemblance est frappante avec les formules messianiques de Hegel et de Marx. Dans la Jérusalem à la fois terrestre et céleste que Maistre imagine, « tous les habitants pénétrés par le même esprit se pénétreront mutuellement et réfléchiront leur bonheur ». Maistre ne va pas jusqu'à nier la personnalité après la mort ; il rêve seulement d'une mystérieuse unité reconquise où, « le mal étant anéanti, il n'y aura plus de passion ni d'intérêt personnel » et où « l'homme sera réuni à lui-même lorsque sa double loi sera effacée et ses deux centres confondus ».

Dans la cité du savoir absolu, où les yeux de l'esprit se confondaient avec ceux du corps, Hegel réconciliait aussi les contradictions. Mais la vision de Maistre rencontre encore celle de Marx qui annonçait « la fin de la querelle entre essence et existence, entre la liberté et la nécessité ». Le mal, pour Maistre, n'est rien d'autre que la rupture de l'unité. Mais l'humanité doit retrouver son unité sur terre et dans le ciel. Par quelles voies ? Maistre, réactionnaire d'ancien régime, est sur ce point moins explicite que Marx. Il attendait cependant une grande révolution religieuse dont 1789 n'était que « l'épouvantable préface ». Il citait saint Jean qui demande que nous *fassions* la vérité, ce qui est proprement le programme de l'esprit révolutionnaire moderne, et saint Paul, qui annonce que

---

1. E. Dermenghem. *Joseph de Maistre mystique.*.

« le dernier ennemi qui doit être détruit est la mort ».
L'humanité, à travers les crimes, les violences et la mort,
marche vers cette consommation qui justifiera tout. La
terre n'est pour Maistre « qu'un autel immense où tout ce
qui vit doit être immolé sans fin, sans mesure, sans
relâche, jusqu'à la consommation des choses, jusqu'à
l'extinction du mal, jusqu'à la mort de la mort ».
Pourtant son fatalisme est actif. « L'homme doit agir
comme s'il pouvait tout et se résigner comme s'il ne
pouvait rien. » On trouve chez Marx la même sorte de
fatalisme créateur. Maistre justifie sans doute l'ordre
établi. Mais Marx justifie l'ordre qui s'établit en son
temps. L'éloge le plus éloquent du capitalisme a été fait
par son plus grand ennemi. Marx n'est anticapitaliste que
dans la mesure où le capitalisme est périmé. Un autre
ordre devra s'établir qui réclamera, au nom de l'histoire,
un nouveau conformisme. Quant aux moyens, ils sont les
mêmes pour Marx et Maistre : le réalisme politique, la
discipline, la force. Quand Maistre reprend la forte
pensée de Bossuet, « l'hérétique est celui qui a des idées
personnelles », autrement dit des idées sans référence à
une tradition, sociale ou religieuse, il donne la formule du
plus ancien et du plus nouveau des conformismes. L'avo-
cat général, chantre pessimiste du bourreau, annonce
alors nos procureurs diplomates.

Ces ressemblances, cela va sans dire, ne font pas de
Maistre un marxiste, ni de Marx un chrétien traditionnel.
L'athéisme marxiste est absolu. Mais il restitue pourtant
l'être suprême au niveau de l'homme. « La critique de la
religion aboutit à cette doctrine que l'homme est pour
l'homme l'être suprême. » Sous cet angle, le socialisme
est ainsi une entreprise de divinisation de l'homme et a
pris quelques caractères des religions traditionnelles[1]. Ce

1. Saint-Simon, qui influencera Marx, est d'ailleurs influencé lui-même
par Maistre et Bonald.

rapprochement, en tout cas, est instructif quant aux origines chrétiennes de tout messianisme historique, même révolutionnaire. La seule différence réside dans un changement d'indice. Chez Maistre, comme chez Marx, la fin des temps satisfait le grand rêve de Vigny, la réconciliation du loup et de l'agneau, la marche du criminel et de la victime au même autel, la réouverture, ou l'ouverture, d'un paradis terrestre. Pour Marx, les lois de l'histoire reflètent la réalité matérielle; pour Maistre, elles reflètent la réalité divine. Mais pour le premier la matière est la substance; pour le second, la substance de son dieu s'est incarnée ici-bas. L'éternité les sépare au principe, mais l'historicité finit par les réunir dans une conclusion réaliste.

Maistre haïssait la Grèce (qui gênait Marx, étranger à toute beauté solaire) dont il disait qu'elle avait pourri l'Europe en lui léguant son esprit de division. Il eût été plus juste de dire que la pensée grecque était celle de l'unité, justement parce qu'elle ne pouvait se passer d'intermédiaires, et qu'elle ignorait au contraire l'esprit historique de totalité que le christianisme a inventé et qui, coupé de ses origines religieuses, risque aujourd'hui de tuer l'Europe. « Y a-t-il une fable, une folie, un vice qui n'ait un nom, un emblème, un masque grec? » Négligeons la fureur du puritain. Ce véhément dégoût exprime en réalité l'esprit de la modernité en rupture avec tout le monde antique et en continuité étroite, au contraire, avec le socialisme autoritaire, qui va désacraliser le christianisme et l'incorporer dans une Eglise conquérante.

Le messianisme scientifique de Marx est, lui, d'origine bourgeoise. Le progrès, l'avenir de la science, le culte de la technique et de la production sont des mythes bourgeois qui se sont constitués en dogme au XIXᵉ siècle. On notera que le *Manifeste communiste* paraît la même année que l'*Avenir de la science,* de Renan. Cette dernière profession de foi, consternante aux yeux d'un lecteur contemporain, donne cependant l'idée la plus juste des espoirs quasi mystiques soulevés au XIXᵉ siècle par l'essor de l'industrie et les progrès surprenants de la science. Cet espoir est celui de la société bourgeoise elle-même, bénéficiaire du progrès technique.

La notion de progrès est contemporaine de l'âge des lumières et de la révolution bourgeoise. On peut lui trouver sans doute des inspirateurs au XVIIᵉ siècle; la querelle des Anciens et des Modernes introduit déjà dans l'idéologie européenne la notion parfaitement absurde d'un progrès artistique. De façon plus sérieuse, on peut tirer aussi du cartésianisme l'idée d'une science qui va toujours croissant. Mais Turgot donne, le premier, en 1750, une définition claire de la nouvelle foi. Son discours sur les progrès de l'esprit humain reprend, au fond, l'histoire universelle de Bossuet. A la volonté divine se substitue seulement l'idée du progrès. « La masse totale du genre humain, par des alternatives de calme et d'agitation, de biens et de maux, marche toujours, quoique à pas lents, à une perfection plus grande. » Optimisme qui fournira l'essentiel des considérations rhétoriques de Condorcet, doctrinaire officiel du progrès qu'il liait au progrès étatique et dont il fut, aussi bien, la victime officieuse puisque l'Etat des lumières le força de s'empoisonner. Sorel[1] avait tout à fait raison de dire que la philosophie du progrès était précisément celle qui convenait à une société avide de jouir de la prospérité matérielle due aux progrès techniques. Lorsqu'on est assuré que demain, dans l'ordre même du monde, sera meilleur qu'aujourd'hui, on peut s'amuser en paix. Le progrès,

---

1. *Les Illusions du Progrès.*

paradoxalement, peut servir à justifier le conservatisme. Traite tirée de confiance sur l'avenir, il autorise ainsi la bonne conscience du maître. A l'esclave, à ceux dont le présent est misérable et qui n'ont point de consolation dans le ciel, on assure que le futur, au moins, est à eux. L'avenir est la seule sorte de propriété que les maîtres concèdent de bon gré aux esclaves.

Ces réflexions ne sont pas, on le voit, inactuelles. Mais elles ne sont pas inactuelles parce que l'esprit révolutionnaire a repris ce thème ambigu et commode de progrès. Certes, il ne s'agit pas de la même sorte de progrès; Marx n'a pas assez de railleries pour l'optimisme rationnel des bourgeois. Sa raison, nous le verrons, est différente. Mais la marche difficile vers un avenir réconcilié définit cependant la pensée de Marx. Hegel et le marxisme ont abattu les valeurs formelles qui éclairaient pour les Jacobins la route droite de cette heureuse histoire. Ils ont cependant conservé l'idée de cette marche en avant, confondue simplement par eux avec le progrès social et affirmée comme nécessaire. Ils continuaient ainsi la pensée bourgeoise du XIXe siècle. Tocqueville, relayé d'enthousiasme par Pecqueur (qui influença Marx), avait solennellement proclamé, en effet : « Le développement graduel et progressif de l'égalité est à la fois le passé et l'avenir de l'histoire des hommes. » Pour obtenir le marxisme, il faut remplacer égalité par niveau de production et imaginer qu'au dernier échelon de la production une transfiguration se produit et réalise la société réconciliée.

Quant à la nécessité de l'évolution, Auguste Comte en donne, avec la loi des trois états, qu'il formule en 1822, la définition la plus systématique. Les conclusions de Comte ressemblent curieusement à celles que le socialisme scientifique devait accepter[1]. Le positivisme montre avec

---

1. Le dernier tome du *Cours de philosophie positive* paraît la même année que *L'Essence du christianisme* de Feuerbach.

beaucoup de clarté les répercussions de la révolution idéologique du XIXᵉ siècle, dont Marx est l'un des représentants, et qui a consisté à mettre à la fin de l'histoire le Jardin et la Révélation que la tradition mettait à l'origine du monde. L'ère positiviste qui succéderait nécessairement à l'ère métaphysique et à l'ère théologique devait marquer l'avènement d'une religion de l'humanité. Henri Gouhier définit justement l'entreprise de Comte en disant qu'il s'agissait pour lui de découvrir un homme sans traces de Dieu. Le premier but de Comte, qui était de substituer partout le relatif à l'absolu, s'est vite transformé, par la force des choses, en divinisation de ce relatif et en prédication d'une religion à la fois universelle et sans transcendance. Comte voyait dans le culte jacobin de la Raison une anticipation du positivisme et se considérait, à bon droit, comme le vrai successeur des révolutionnaires de 1789. Il continuait et élargissait cette révolution en supprimant la transcendance des principes et en fondant, systématiquement, la religion de l'espèce. Sa formule, « écarter Dieu au nom de la religion », ne signifiait rien d'autre. Inaugurant une manie qui, depuis, a fait fortune, il a voulu être le saint Paul de cette nouvelle religion, et remplacer le catholicisme de Rome par le catholicisme de Paris. On sait qu'il espérait voir, dans les cathédrales, « la statue de l'humanité divinisée sur l'ancien autel de Dieu ». Il calculait avec précision qu'il aurait à prêcher le positivisme dans Notre-Dame avant l'année 1860. Ce calcul n'était pas aussi ridicule qu'il le paraît. Notre-Dame, mise en état de siège, résiste toujours. Mais la religion de l'humanité a été effectivement prêchée vers la fin du XIXᵉ siècle et Marx, bien qu'il n'ait sans doute pas lu Comte, fut l'un de ses prophètes. Marx a seulement compris qu'une religion sans transcendance s'appelait proprement une politique. Comte le savait, au demeurant, ou du moins il comprenait que sa

religion était d'abord une sociolâtrie et qu'elle supposait
le réalisme politique[1], la négation du droit individuel et
l'établissement du despotisme. Une société dont les
savants seraient les prêtres, deux mille banquiers et
techniciens régnant sur une Europe de cent vingt millions
d'habitants où la vie privée serait absolument identifiée
avec la vie publique, où une obéissance absolue « d'action, de pensée, et de cœur » serait rendue au grand prêtre
qui régnerait sur le tout, telle est l'utopie de Comte qui
annonce ce qu'on peut appeler les religions horizontales
de notre temps. Elle est utopique, il est vrai, parce que,
convaincu du pouvoir illuminant de la science, il a oublié
de prévoir une police. D'autres seront plus pratiques; et
la religion de l'humanité sera fondée, effectivement, mais
sur le sang et la couleur des hommes.

Si l'on ajoute enfin à ces observations que Marx doit
aux économistes bourgeois l'idée exclusive qu'il se fait de
la production industrielle dans le développement de
l'humanité, qu'il a pris l'essentiel de sa théorie de la
valeur-travail dans Ricardo, économiste de la révolution
bourgeoise et industrielle, on nous reconnaîtra le droit de
parler de sa prophétie bourgeoise. Ces rapprochements
visent seulement à démontrer que Marx, au lieu qu'il
soit, comme le veulent les marxistes désordonnés de notre
temps, le commencement et la fin[2], participe au contraire de l'humaine nature : il est héritier avant d'être
précurseur. Sa doctrine, qu'il voulait réaliste, l'était en
effet au temps de la religion de la science, de l'évolution-

---

1. « Tout ce qui se développe spontanément est nécessairement légitime, pendant un certain temps. »
2. Selon Jdanov, le marxisme est « une philosophie qualitativement
différente de tous les systèmes antérieurs ». Ce qui signifie ou que le
marxisme, par exemple, n'est pas le cartésianisme, ce que personne ne
songera à nier, ou que le marxisme ne doit essentiellement rien au
cartésianisme, ce qui est absurde.

nisme darwinien, de la machine à vapeur et de l'industrie textile. Cent ans après, la science a rencontré la relativité, l'incertitude et le hasard; l'économie doit tenir compte de l'électricité, de la sidérurgie et de la production atomique. L'échec du marxisme pur à intégrer ces découvertes successives est aussi celui de l'optimisme bourgeois de son temps. Il rend dérisoire la prétention des marxistes à maintenir figées, sans qu'elles cessent d'être scientifiques, des vérités vieilles de cent ans. Le messianisme du XIXᵉ siècle, qu'il soit révolutionnaire ou bourgeois, n'a pas résisté aux développements successifs de cette science et de cette histoire, qu'à des degrés différents il avait divinisées.

LA PROPHÉTIE RÉVOLUTIONNAIRE

La prophétie de Marx est aussi révolutionnaire dans son principe. Toute la réalité humaine trouvant son origine dans les rapports de production, le devenir historique est révolutionnaire parce que l'économie l'est. A chaque niveau de production, l'économie suscite les antagonismes qui détruisent, au profit d'un niveau supérieur de production, la société correspondante. Le capitalisme est le dernier de ces stades de production parce qu'il produit les conditions où tout antagonisme sera résolu et où il n'y aura plus d'économie. Ce jour-là, notre histoire deviendra préhistoire. Sous une autre perspective, ce schéma est celui de Hegel. La dialectique est considérée sous l'angle de l'esprit. Sans doute, Marx n'a jamais parlé lui-même de matérialisation dialectique. Il a laissé à ses héritiers le soin de célébrer ce monstre logique. Mais il dit en même temps que la réalité est dialectique et qu'elle est économique. La réalité est un perpétuel devenir, scandé par le choc fécond d'antagonismes résolus chaque fois dans une synthèse supérieure qui, elle-même, suscite son contraire et fait de nouveau avancer l'histoire. Ce que Hegel affirmait de la réalité en marche vers l'esprit, Marx l'affirme de l'économie en marche vers la société sans classes; toute chose est à la fois elle-même et son contraire, et cette contradiction la force à devenir autre chose. Le capitalisme, parce qu'il est bourgeois, se révèle révolutionnaire, et fait le lit du communisme.

L'originalité de Marx est d'affirmer que l'histoire, en même temps qu'elle est dialectique, est économie. Hegel, plus souverain, affirmait qu'elle était à la fois matière et esprit. Elle ne pouvait, d'ailleurs, être matière que dans la mesure où elle était esprit, et inversement. Marx nie l'esprit comme substance dernière, et affirme le matérialisme historique. On peut marquer tout de suite, avec Berdiaeff, l'impossibilité de concilier la dialectique et le matérialisme. Il ne peut y avoir de dialectique que de la pensée. Mais le matérialisme lui-même est une notion ambiguë. Pour former seulement ce mot, il faut déjà dire qu'il y a dans le monde quelque chose de plus que la matière. A plus forte raison, cette critique s'appliquera au matérialisme historique. L'histoire, précisément, se distingue de la nature en ce qu'elle la transforme par les moyens de la volonté, de la science et de la passion. Marx n'est donc pas un matérialiste pur, pour la raison évidente qu'il n'y a pas de matérialisme pur, ni absolu. Il l'est si peu qu'il reconnaît que, si les armes font triompher la théorie, la théorie peut aussi bien susciter les armes. La position de Marx serait plus justement appelée un déterminisme historique. Il ne nie pas la pensée, il la suppose absolument déterminée par la réalité extérieure. « Pour moi, le mouvement de la pensée n'est que la réflexion du mouvement réel, transporté et transposé dans le cerveau de l'homme. » Cette définition particulièrement grossière n'a aucun sens. Comment et par quoi un mouvement extérieur peut-il être « transporté dans le cerveau », cette difficulté n'est rien auprès de celle qui constitue à définir ensuite « la transposition » de ce mouvement. Mais Marx avait la philosophie courte de son siècle. Ce qu'il veut dire peut se définir sur d'autres plans.

Pour lui, l'homme n'est qu'histoire et, particulièrement, histoire des moyens de production. Marx remarque en effet que l'homme se distingue de l'animal en ce qu'il produit les moyens de sa subsistance. S'il ne mange pas d'abord, s'il ne s'habille pas, ni ne s'abrite, il n'est pas. Ce *primum vivere* est sa première détermination. Le peu qu'il pense à ce moment est en rapport direct avec ces nécessités inévitables. Marx démontre ensuite que cette dépendance est constante et nécessaire. « L'histoire de l'industrie est le livre ouvert des facultés essentielles de l'homme. » Sa généralisation personnelle consistera à tirer de cette affirmation, en somme acceptable, que la dépendance économique est unique et suffisante, ce qui reste à démontrer. On peut admettre que la détermination économique joue un rôle capital dans la genèse des actions et des pensées humaines sans conclure pour cela, comme le fait Marx, que la révolte des Allemands contre Napoléon s'explique seulement par la pénurie du sucre et du café. Au reste, le déterminisme pur est lui aussi absurde. S'il ne l'était pas, il suffirait d'une seule affirmation vraie pour que, de conséquence en conséquence, on parvienne à la vérité entière. Cela n'étant pas, ou bien nous n'avons jamais prononcé une seule affirmation vraie, et pas même celle qui pose le déterminisme, ou bien il nous arrive de dire vrai, mais sans conséquence, et le déterminisme est faux. Toutefois, Marx avait ses raisons, étrangères à la pure logique, pour procéder à une simplification si arbitraire.

Mettre à la racine de l'homme la détermination économique, c'est le résumer à ses rapports sociaux. Il n'y a pas d'homme solitaire, telle est la découverte incontestable du XIXᵉ siècle. Une déduction arbitraire amène alors à dire que l'homme ne se sent solitaire dans la société que pour des raisons sociales. Si, en effet, l'esprit solitaire doit être expliqué par quelque chose qui soit en dehors de l'homme, celui-ci est sur le chemin d'une transcendance. Le social, au contraire, n'a que l'homme pour auteur; si, de surcroît, on peut affirmer que le social est en même temps le créateur de l'homme, on croit tenir l'explication totale qui permet d'expulser la transcendance. L'homme est alors, comme le veut Marx, « auteur et acteur de sa propre histoire ». La prophétie de Marx est révolutionnaire parce qu'il achève le mouvement de négation commencé par la philosophie des lumières. Les Jacobins détruisent la transcendance d'un dieu personnel, mais le remplacent par la transcendance des principes. Marx fonde l'athéisme contemporain en détruisant aussi la transcendance des principes. La foi est remplacée en 1789 par la raison. Mais cette raison, elle-même, dans sa fixité, est transcendante. Plus radicalement que Hegel, Marx détruit la transcendance de la raison et la précipite dans l'histoire. Elle était régulatrice avant eux, la voilà conquérante. Marx va plus loin que Hegel et affecte de le considérer comme un idéaliste (ce qu'il n'est pas, ou du moins pas plus que Marx n'est matérialiste) dans la mesure, précisément, où le règne de l'esprit restitue d'une certaine manière une valeur supra-historique. *Le Capital* reprend la dialectique de maîtrise et servitude, mais remplace la conscience de soi par l'autonomie économique, le règne final de l'Esprit absolu par l'avènement du communisme. « L'athéisme est l'humanisme médiatisé par la suppression de la religion, le communisme est l'humanisme médiatisé par la suppression de la propriété privée. » L'aliénation religieuse a la même origine que l'aliénation économique. On n'en finit avec la religion qu'en réalisant la liberté absolue de l'homme à l'égard de ses déterminations matérielles. La révolution s'identifie à l'athéisme et au règne de l'homme.

Voilà pourquoi Marx est amené à mettre l'accent sur la détermination économique et sociale. Son effort le plus fécond a été de dévoiler la réalité qui se cache derrière les valeurs formelles dont faisait montre la bourgeoisie de son temps. Sa théorie de la mystification est encore valable parce qu'elle est valable universellement, il est vrai, et s'applique aussi aux mystifications révolutionnaires. La liberté que révérait M. Thiers était une liberté du privilège consolidée par la police; la famille exaltée par les journaux conservateurs se maintenait sur un état social où femmes et hommes étaient descendus dans la mine, à demi nus, attachés à la même corde; la morale prospérait sur la prostitution ouvrière. Que les exigences de l'honnêteté et de l'intelligence aient été colonisées à des fins égoïstes par l'hypocrisie d'une société médiocre et cupide, c'est là un malheur que Marx, déniaiseur incomparable, a dénoncé avec une force inconnue avant lui. Cette dénonciation indignée a amené d'autres excès qui exigent une autre dénonciation. Mais il faut, avant toutes choses, savoir, et dire, où elle est née, dans le sang de l'insurrection écrasée en 1834 à Lyon et, en 1871, dans l'ignoble cruauté des moralistes de Versailles. « L'homme qui n'a rien n'est aujourd'hui rien. » Si cette affirmation est fausse, en vérité, elle était presque vraie dans la société optimiste du XIXᵉ siècle. L'extrême déchéance apportée par l'économie de la prospérité devait forcer Marx à donner la première place aux rapports sociaux et économiques et à exalter plus encore sa prophétie du règne de l'homme.

On comprend mieux alors l'explication purement économique de l'histoire que Marx entreprend. Si les principes mentent, seule la réalité de la misère et du travail est vraie. Si l'on peut démontrer ensuite qu'elle suffit à expliquer le passé et l'avenir de l'homme, les principes seront abattus pour toujours en même temps que la société qui s'en prévaut. Telle sera l'entreprise de Marx.

L'homme est né avec la production et avec la société. L'inégalité des terres, le perfectionnement plus ou moins rapide des moyens de production, la lutte pour la vie ont créé rapidement des inégalités sociales qui se sont cristallisées en antagonismes entre la production et la distribution; partant, en luttes de classes. Ces luttes et ces antagonismes sont les moteurs de l'histoire. L'esclavage antique, le servage féodal ont été les étapes d'une longue route qui aboutit à l'artisanat des siècles classiques où le producteur est le maître des moyens de production. A ce moment, l'ouverture des routes mondiales, la découverte de nouveaux débouchés exigent une production moins provinciale. La contradiction entre le mode de production et les nouvelles nécessités de la distribution annonce déjà la fin du régime de la petite production agricole et industrielle. La révolution industrielle, l'invention de la vapeur, la concurrence pour les débouchés aboutissent nécessairement à l'expropriation des petits propriétaires et à la constitution des grandes manufactures. Les moyens de production sont alors centralisés aux mains de ceux qui ont pu les acheter; les vrais producteurs, les travailleurs, ne disposent plus que de la force de leurs bras qu'ils peuvent vendre à l'« homme aux écus ». Le capitalisme bourgeois se définit ainsi par la séparation du producteur et des moyens de production. De cet antagonisme va sortir une série de conséquences inéluctables qui permettent à Marx d'annoncer la fin des antagonismes sociaux.

A première vue, notons-le déjà, il n'y a pas de raison pour que le principe fermement établi d'une lutte dialectique des classes cesse tout d'un coup d'être vrai. Il est toujours vrai ou il ne l'a jamais été. Marx dit bien qu'il n'y aura pas plus de classes après la révolution qu'il n'y a eu d'ordres après 1789. Mais les ordres ont disparu sans que les classes disparaissent, et rien ne dit que les classes ne céderont pas la place à un autre antagonisme social. L'essentiel de la prophétie marxiste tient cependant dans cette affirmation.

On connaît le schéma marxiste. Marx, après Adam Smith et Ricardo, définit la valeur de toute marchandise par la quantité de travail qui la produit. La quantité de travail, vendue par le prolétaire au capitaliste, est elle-même une marchandise dont la valeur sera définie par la quantité de travail qui la produit, autrement dit par la valeur des biens de consommation nécessaires à sa subsistance. Le capitaliste, achetant cette marchandise, s'engage donc à la payer suffisamment pour que celui qui la vend, le travailleur, puisse se nourrir et se perpétuer. Mais il reçoit en même temps le droit de faire travailler ce dernier aussi longtemps qu'il le pourra. Il le peut très longtemps et plus qu'il n'est nécessaire pour payer sa subsistance. Dans une journée de douze heures, si la moitié suffit à produire une valeur équivalente à la valeur des produits de subsistance, les six autres heures sont des heures non payées, une plus-value, qui constitue le bénéfice propre du capitaliste. L'intérêt du capitaliste est donc d'allonger au maximum les heures de travail ou, quand il ne le peut plus, d'accroître au maximum le rendement de l'ouvrier. La première exigence est affaire de police et de cruauté. La seconde est affaire d'organisa-

tion du travail. Elle mène à la division du travail d'abord,
et ensuite à l'utilisation de la machine, qui déshumanise
l'ouvrier. D'autre part, la concurrence pour les marchés
extérieurs, la nécessité d'investissements de plus en plus
grands dans le matériel nouveau, produisent les phénomènes de concentration et d'accumulation. Les petits
capitalistes sont d'abord absorbés par les grands qui
peuvent maintenir, par exemple, des prix déficitaires
pendant plus longtemps. Une partie de plus en plus
grande du profit est enfin investie dans de nouvelles
machines et accumulée dans la partie stable du capital.
Ce double mouvement précipite d'abord la ruine des
classes moyennes, qui rejoignent le prolétariat, et concentre ensuite, dans des mains de moins en moins nombreuses, les richesses produites uniquement par les prolétaires.
Ainsi le prolétariat s'accroît de plus en plus à mesure que
sa déchéance augmente. Le capital ne se concentre plus
qu'aux mains de quelques maîtres dont la puissance
croissante est basée sur le vol. Ebranlés, d'ailleurs, par les
crises successives, débordés par les contradictions du
système, ces maîtres ne peuvent même plus assurer la
subsistance de leurs esclaves qui dépendent alors de la
charité privée ou officielle. Un jour vient, fatalement, où
une immense armée d'esclaves opprimés se trouvent en
présence d'une poignée de maîtres indignes. Ce jour est
celui de la révolution. « La ruine de la bourgeoisie et la
victoire du prolétariat sont également inévitables. »

Cette description, désormais célèbre, ne rend pas
compte encore de la fin des antagonismes. Après la
victoire du prolétariat, la lutte pour la vie pourrait jouer
et faire naître de nouveaux antagonismes. Deux notions
interviennent alors dont l'une est économique, l'identité
du développement de la production et du développement
de la société, et l'autre purement systématique, la mission

du prolétariat. Ces deux notions se rejoignent dans ce qu'on peut appeler le fatalisme actif de Marx.

La même évolution économique, qui concentre en effet le capital dans un petit nombre de mains, rend l'antagonisme à la fois plus cruel et, en quelque sorte, irréel. Il semble qu'au plus haut point du développement des forces productives, il suffise d'une chiquenaude pour que le prolétariat se trouve seul en possession des moyens de production, ravis déjà à la propriété privée et concentrés en une seule énorme masse, désormais commune. La propriété privée, lorsqu'elle est concentrée aux mains d'un seul propriétaire, n'est séparée de la propriété collective que par l'existence d'un seul homme. L'aboutissement inévitable du capitalisme privé est une sorte de capitalisme d'Etat qu'il suffira de placer ensuite au service de la communauté pour qu'une société naisse où capital et travail, désormais confondus, produiront, d'un même mouvement, abondance et justice. C'est en considération de cette heureuse issue que Marx a toujours exalté le rôle révolutionnaire qu'assume, inconsciemment il est vrai, la bourgeoisie. Il a parlé d'un « droit historique » du capitalisme, source de progrès en même temps que de misère. La mission historique et la justification du capital, à ses yeux, sont de préparer les conditions d'un mode de production supérieur. Ce mode de production n'est pas lui-même révolutionnaire, il sera seulement le couronnement de la révolution. Seules, les bases de la production bourgeoise sont révolutionnaires. Lorsque Marx affirme que l'humanité ne se pose que des énigmes qu'elle peut résoudre, il montre en même temps que la solution du problème révolutionnaire se trouve en germe dans le système capitaliste lui-même. Il recommande donc de souffrir l'Etat bourgeois, et même d'aider à le bâtir, plutôt que de revenir à une production moins industrialisée. Les prolétaires « peuvent et doivent accepter la révolution bourgeoise comme une condition de la révolution ouvrière ».

Marx est ainsi le prophète de la production et il est permis de penser qu'à ce point précis, et non ailleurs, il a fait passer le système avant la réalité. Il n'a jamais cessé de défendre Ricardo, économiste du capitalisme manchestérien, contre ceux qui l'accusaient de vouloir la production pour elle-même (« Avec juste raison ! » s'écrie Marx) et de la vouloir sans se soucier des hommes. « C'est justement là son mérite », répond Marx, avec la même désinvolture que Hegel. Qu'importe en effet le sacrifice des hommes s'il doit servir au salut de l'humanité entière ! Le progrès ressemble « à cet horrible dieu païen qui ne voulait boire le nectar que dans le crâne des ennemis tués ». Du moins est-il le progrès, qui cessera d'être torturant, après l'apocalypse industrielle, au jour de la réconciliation.

Mais si le prolétariat ne peut éviter cette révolution ni d'être mis en possession des moyens de production, saura-t-il au moins en user pour le bien de tous ? Où est la garantie que, dans son sein même, des ordres, des classes, des antagonismes ne surgiront pas ? La garantie est dans Hegel. Le prolétariat est forcé d'user de sa richesse pour le bien universel. Il n'est pas le prolétariat, il est l'universel s'opposant au particulier, c'est-à-dire au capitalisme. L'antagonisme du capital et du prolétariat est la dernière phase de la lutte entre le singulier et l'universel, telle qu'elle anime la tragédie historique du maître et de l'esclave. Au terme du schéma idéal tracé par Marx, le prolétariat a d'abord englobé toutes les classes et n'a laissé en dehors de lui qu'une poignée de maîtres, représentants du « crime notoire », que la révolution, justement, détruira. De plus, le capitalisme, en poussant le prolétaire jusqu'à la dernière déchéance, le délivre peu à peu de toutes les déterminations qui pouvaient le séparer des autres hommes. Il n'a rien, ni propriété, ni morale, ni patrie. Il ne tient donc à rien qu'à la seule espèce dont il est désormais le représentant nu et implacable. Il affirme tout et tous, s'il s'affirme lui-même. Non parce que les prolétaires sont des dieux, mais justement parce qu'ils sont réduits à la condition la plus inhumaine. « Seuls les prolétaires totalement exclus de cette affirmation de leur personnalité sont capables de réaliser leur affirmation de soi complète. »

Telle est la mission du prolétariat : faire surgir la suprême dignité de la suprême humiliation. Par ses douleurs et ses luttes, il est le Christ humain qui rachète le péché collectif de l'aliénation. Il est, d'abord, le porteur innombrable de la négation totale, le héraut de l'affirmation définitive ensuite. « La philosophie ne peut se réaliser sans la disparition du prolétariat, le prolétariat ne peut se libérer sans la réalisation de la philosophie », et encore : « Le prolétariat ne peut exister que sur le plan de l'histoire mondiale... L'action communiste ne peut exister qu'en tant que réalité historique planétaire. » Mais ce Christ est en même temps vengeur. Il exécute, selon Marx, le jugement que la propriété privée porte contre elle-même. « Toutes les maisons de nos jours sont marquées d'une mystérieuse croix rouge. Le juge, c'est l'histoire, l'exécuteur de la sentence, c'est le prolétaire. » Ainsi l'accomplissement est inévitable. Les crises succéderont aux crises[1], la déchéance du prolétariat s'approfondira, son nombre s'étendra jusqu'à la crise universelle où disparaîtra le monde de l'échange et où l'histoire, par une suprême violence, cessera d'être violente. Le royaume des fins sera constitué.

On comprend que ce fatalisme ait pu être poussé

---

1. Tous les dix ou onze ans, prévoit Marx. Mais la périodicité des cycles « se raccourcira graduellement ».

(comme il est arrivé à la pensée hégélienne) à une sorte de quiétisme politique par des marxistes, comme Kautsky, pour qui il était aussi peu au pouvoir des prolétariats de créer la révolution qu'en celui des bourgeois de l'empêcher. Même Lénine, qui devait choisir au contraire l'aspect activiste de la doctrine, écrivait en 1905, dans un style d'excommunication : « C'est une pensée réactionnaire que de chercher le salut de la classe ouvrière dans autre chose que le développement massif du capitalisme. » La nature économique, chez Marx, ne fait pas de sauts, et il ne faut pas lui faire brûler les étapes. Il est tout à fait faux de dire que les socialistes réformistes sont restés fidèles à Marx en ceci. Le fatalisme exclut, au contraire, toutes réformes, dans la mesure où elles risqueraient d'atténuer l'aspect catastrophique de l'évolution et, par conséquent, de retarder l'inévitable issue. La logique d'une pareille attitude voudrait qu'on approuvât ce qui peut accroître la misère ouvrière. Il ne faut rien donner à l'ouvrier pour qu'il puisse un jour avoir tout.

Il n'empêche que Marx a senti le danger de ce quiétisme. Le pouvoir ne s'attend pas ou il s'attend indéfiniment. Un jour vient où il faut le prendre et c'est ce jour qui reste dans une clarté douteuse pour tout lecteur de Marx. Sur ce point, il n'a cessé de se contredire. Il a noté que la société était « historiquement forcée de passer par la dictature ouvrière ». Quant au caractère de cette dictature, ses définitions sont contradictoires[1]. Il est sûr qu'il a condamné l'Etat en termes clairs, disant que son existence et celle de la servitude sont inséparables. Mais il a protesté contre l'observation, pourtant judicieuse, de Bakounine, qui trouvait la notion d'une dictature provi-

---

1. Michel Collinet dans *La Tragédie du marxisme* relève chez Marx trois formes de la prise du pouvoir par le prolétariat : république jacobine dans le *Manifeste communiste,* dictature autoritaire dans *Le 18 Brumaire,* et gouvernement fédéral et libertaire dans *La Guerre civile en France.*

soire contraire à ce qu'on savait de la nature humaine.
Marx pensait, il est vrai, que les véritables dialectiques
étaient supérieures à la vérité psychologique. Que disait
la dialectique? Que « l'abolition de l'Etat n'a de sens que
chez les communistes comme un résultat nécessaire de la
suppression des classes dont la disparition entraîne automatiquement la disparition du besoin d'un pouvoir organisé d'une classe pour l'oppression de l'autre ». Selon la
formule consacrée, le gouvernement des personnes cédait
alors le pas à l'administration des choses. La dialectique
était donc formelle et ne justifiait l'Etat prolétarien que
pour le temps où la classe bourgeoise devait être détruite
ou intégrée. Mais la prophétie et le fatalisme autorisaient,
par malheur, d'autres interprétations. S'il est sûr que le
royaume arrivera, qu'importent les années? La souffrance
n'est jamais provisoire pour celui qui ne croit pas à
l'avenir. Mais cent années de douleur sont fugitives au
regard de celui qui affirme, pour la cent unième année, la
cité définitive. Dans la perspective de la prophétie, rien
n'importe. De toutes manières, la classe bourgeoise disparue, le prolétaire établit le règne de l'homme universel
au sommet de la production, par la logique même du
développement productif. Qu'importe que cela soit par la
dictature et la violence? Dans cette Jérusalem bruissante
de machines merveilleuses, qui se souviendra encore du
cri de l'égorgé?

L'âge d'or renvoyé au bout de l'histoire, et coïncidant,
par un double attrait, avec une apocalypse, justifie donc
tout. Il faut méditer sur la prodigieuse ambition du
marxisme, évaluer sa prédication démesurée, pour comprendre qu'une telle espérance force à négliger des problèmes qui apparaissent alors comme secondaires. « Le
communisme en tant qu'appropriation réelle de l'essence
humaine par l'homme et pour l'homme, en tant que
retour de l'homme à lui-même à titre d'homme social,

c'est-à-dire d'homme humain, retour complet, conscient et qui conserve toutes les richesses du mouvement intérieur, ce communisme, étant un naturalisme achevé, coïncide avec l'humanisme : il est la véritable fin de la querelle entre l'homme et la nature et entre l'homme et l'homme... entre l'essence et l'existence, entre l'objectivation et l'affirmation de soi, entre la liberté et la nécessité, entre l'individu et l'espèce. Il résout le mystère de l'histoire et il sait qu'il le résout. » Seul le langage se voudrait ici scientifique. Pour le fond, quelle différence avec Fourier qui annonce « les déserts fertilisés, l'eau de mer potable et à goût de violette, l'éternel printemps... »? L'éternel printemps des hommes nous est annoncé dans un langage d'encyclique. Que peut vouloir et espérer l'homme sans dieu, sinon le royaume de l'homme? Ceci explique la transe des disciples. « Dans une société sans angoisse, il est facile d'ignorer la mort », dit l'un d'eux. Pourtant, et c'est la vraie condamnation de notre société, l'angoisse de la mort est un luxe qui touche beaucoup plus l'oisif que le travailleur, asphyxié par sa propre tâche. Mais tout socialisme est utopique, et d'abord le scientifique. L'utopie remplace Dieu par l'avenir. Elle identifie alors l'avenir et la morale; la seule valeur est ce qui sert cet avenir. De là qu'elle ait été, presque toujours, contraignante et autoritaire[1]. Marx, en tant qu'utopiste, ne diffère pas de ses terribles prédécesseurs et une part de son enseignement justifie ses successeurs.

Certes, on a eu raison d'insister sur l'exigence éthique qui est au fond du rêve marxiste[2]. Il faut dire, justement, avant d'examiner l'échec du marxisme, qu'elle fait la vraie grandeur de Marx. Il a mis le travail, sa

---

1. Morelly, Babeuf, Godkin décrivent en réalité des sociétés d'inquisition.
2. Maximilien Rubel. *Pages choisies pour une éthique socialiste*. Rivière.

déchéance injuste et sa dignité profonde, au centre de sa réflexion. Il s'est élevé contre la réduction du travail à une marchandise et du travailleur à un objet. Il a rappelé aux privilégiés que leurs privilèges n'étaient pas divins, ni la propriété un droit éternel. Il a donné une mauvaise conscience à ceux qui n'avaient pas le droit de la garder en paix et dénoncé, avec une profondeur sans égale, une classe dont le crime n'est pas tant d'avoir eu le pouvoir que de l'avoir utilisé aux fins d'une société médiocre et sans vraie noblesse. Nous lui devons cette idée qui fait le désespoir de notre temps – mais ici le désespoir vaut mieux que tout espoir – que lorsque le travail est une déchéance, il n'est pas la vie, bien qu'il couvre tout le temps de la vie. Qui, malgré les prétentions de cette société, peut y dormir en paix, sachant désormais qu'elle tire ses jouissances médiocres du travail de millions d'âmes mortes? Exigeant pour le travailleur la vraie richesse, qui n'est pas celle de l'argent, mais celle du loisir ou de la création, il a réclamé, malgré les apparences, la qualité de l'homme. Ce faisant, on peut le dire avec force, il n'a pas voulu la dégradation supplémentaire qu'en son nom on a imposée à l'homme. Une phrase de lui, pour une fois claire et coupante, refuse à jamais à ses disciples triomphants la grandeur et l'humanité qui étaient les siennes : « Un but qui a besoin de moyens injustes n'est pas un but juste. »

Mais la tragédie de Nietzsche se retrouve ici. L'ambition, la prophétie sont généreuses et universelles. La doctrine était restrictive et la réduction de toute valeur à la seule histoire autorisait les plus extrêmes conséquences. Marx a cru que les fins de l'histoire, au moins, se révéleraient morales et rationnelles. C'est là son utopie. Mais l'utopie, comme il le savait pourtant, a pour destin de servir le cynisme dont il ne voulait pas. Marx détruit toute transcendance, puis accomplit de lui-même le passage du fait au devoir. Mais ce devoir n'a de principe que dans le fait. La revendication de justice aboutit à l'injustice si elle n'est pas fondée d'abord sur une justification éthique de la justice. Faute de quoi, le crime aussi, un jour, devient devoir. Quand le mal et le bien sont réintégrés dans le temps, confondus avec les événements, rien n'est plus bon ou mauvais, mais seulement prématuré ou périmé. Qui décidera de l'opportunité, sinon l'opportuniste ? Plus tard, disent les disciples, vous jugerez. Mais les victimes ne seront plus là pour juger. Pour la victime, le présent est la seule valeur, la révolte la seule action. Le messianisme, pour être, doit s'édifier contre les victimes. Il est possible que Marx ne l'ait pas voulu, mais c'est là sa responsabilité qu'il faut examiner, il justifie, au nom de la révolution, la lutte désormais sanglante contre toutes les formes de la révolte.

L'ÉCHEC DE LA PROPHÉTIE

Hegel termine superbement l'histoire en 1807, les saint-simoniens considèrent que les convulsions révolutionnaires de 1830 et 1848 sont les dernières, Comte meurt en 1857, s'apprêtant à monter en chaire pour prêcher le positivisme à une humanité enfin revenue de ses erreurs. A son tour, avec le même romantisme aveugle, Marx prophétise la société sans classes et la résolution du mystère historique. Plus avisé, cependant, il ne fixe pas la date. Malheureusement, sa prophétie décrivait aussi la marche de l'histoire jusqu'à l'heure du rassasiement; elle annonçait la tendance des événements. Les événements et les faits, justement, ont oublié de venir se ranger sous la synthèse; ceci explique déjà qu'il ait fallu les y ramener de force. Mais, surtout, les prophéties, à partir du moment où elles traduisent l'espoir vivant de millions d'hommes, ne peuvent rester impunément sans terme. Un temps vient où la déception transforme le patient espoir en fureur et où la même fin, affirmée avec la rage de l'entêtement, exigée plus cruellement encore, oblige à chercher d'autres moyens.

Le mouvement révolutionnaire, à la fin du XIXᵉ siècle et au début du XXᵉ, a vécu comme les premiers chrétiens, dans l'attente de la fin du monde et de la parousie du Christ prolétarien. On sait la persistance de ce sentiment, au sein des communautés chrétiennes primitives. A la fin du IVᵉ siècle encore, un évêque de l'Afrique proconsulaire calculait qu'il restait cent un ans à vivre au monde. Au bout de ce temps, viendrait le royaume du ciel qu'il fallait mériter sans tarder. Ce sentiment est général au Iᵉʳ siècle de notre ère [1] et explique l'indifférence que montraient les premiers chrétiens aux questions purement théologiques. Si la parousie est proche, c'est à la foi brûlante plus qu'aux œuvres et aux dogmes qu'il faut tout consacrer. Jusqu'à Clément et Tertullien, pendant plus d'un siècle, la littérature chrétienne se désintéresse des problèmes de théologie et ne raffine pas sur les œuvres. Mais dès l'instant où la parousie s'éloigne, il faut vivre avec sa foi, c'est-à-dire composer. Alors naissent la dévotion et le catéchisme. La parousie évangélique s'est éloignée; saint Paul est venu constituer le dogme. L'Eglise a donné un corps à cette foi qui n'était qu'une pure tension vers le royaume à venir. Il a fallu tout organiser dans le siècle, même le martyre, dont les témoins temporels seront les ordres monastiques, même la prédication qui se retrouvera sous la robe des inquisiteurs.

---

1. Sur l'imminence de cet événement, voir *Marc,* VIII-39, XIII-30; *Matthieu,* X-23, XII-27, 28, XXIV-34; *Luc,* IX-26, 27, XXI-22, etc.

Un mouvement similaire est né de l'échec de la parousie révolutionnaire. Les textes de Marx déjà cités donnent une juste idée de l'espoir brûlant qui était alors celui de l'esprit révolutionnaire. Malgré les échecs partiels, cette foi n'a pas cessé de croître jusqu'au moment où elle s'est trouvée, en 1917, devant ses rêves presque réalisés. « Nous luttons pour les portes du ciel », avait crié Liebknecht. En 1917, le monde révolutionnaire s'est cru véritablement parvenu devant ces portes. La prophétie de Rosa Luxemburg se réalisait. « La révolution se dressera demain de toute sa hauteur avec fracas et, à votre terreur, elle annoncera avec toutes ses trompettes : j'étais, je suis, je serai. » Le mouvement Spartakus a cru toucher à la révolution définitive puisque, selon Marx lui-même, celle-ci devait passer par la révolution russe complétée par une révolution occidentale[1]. Après la révolution de 1917, une Allemagne soviétique aurait ouvert, en effet, les portes du ciel. Mais Spartakus est écrasé, la grève générale française de 1920 échoue, le mouvement révolutionnaire italien est jugulé. Liebknecht reconnaît alors que la révolution n'est pas mûre. « Les temps n'étaient pas révolus. » Mais aussi, et nous saisissons alors comment la défaite peut surexciter la foi vaincue jusqu'à la transe religieuse : « Au fracas de l'effondrement économique dont les grondements déjà s'approchent, les troupes endormies de prolétaires se réveilleront comme aux fanfares du jugement dernier, et les cadavres des lutteurs assassinés se mettront debout et demanderont compte à ceux qui sont chargés de malédiction. » En attendant, lui-même et Rosa Luxemburg sont assassinés; l'Allemagne va se ruer à la servitude. La révolution russe reste seule, vivante contre son propre système, encore loin des portes célestes, avec une apocalypse à organiser. La

1. Préface à la traduction russe du *Manifeste communiste*.

parousie s'éloigne encore. La foi est intacte, mais elle plie sous une énorme masse de problèmes et de découvertes que le marxisme n'avait pas prévus. La nouvelle Eglise est à nouveau devant Galilée : pour conserver sa foi, elle va nier le soleil et humilier l'homme libre.

Que dit Galilée en effet à ce moment? Quelles sont les terreurs, démontrées par l'histoire elle-même, de la prophétie? On sait que l'évolution économique du monde contemporain dément d'abord un certain nombre de postulats de Marx. Si la révolution doit se produire à l'extrémité de deux mouvements parallèles, la concentration indéfinie du capital et l'extension indéfinie du prolétariat, elle ne se produira pas ou n'aurait pas dû se produire. Capital et prolétariat ont été également infidèles à Marx. La tendance observée dans l'Angleterre industrielle du XIXe siècle s'est, dans certains cas, renversée, compliquée dans d'autres. Les crises économiques qui devaient se précipiter se sont au contraire espacées : le capitalisme a appris les secrets de la planification et contribué de son côté à la croissance de l'Etat-Moloch. D'un autre côté, avec la constitution des sociétés par actions, le capital, au lieu de se concentrer, a fait naître une nouvelle catégorie de petits possédants dont le dernier souci est certainement d'encourager les grèves. Les petites entreprises ont été, dans beaucoup de cas, détruites par la concurrence comme le prévoyait Marx. Mais la complexité de la production a fait proliférer, autour des grandes entreprises, une multitude de petites manufactures. En 1938, Ford pouvait annoncer que cinq mille deux cents ateliers indépendants travaillaient pour lui. La tendance, depuis, s'est accentuée. Il est entendu que, par la force des choses, Ford coiffe ces entreprises. Mais l'essentiel est que ces petits industriels forment une couche sociale intermédiaire qui complique le schéma imaginé par Marx. Enfin la loi de concentration s'est

révélée absolument fausse pour l'économie agricole, traitée avec légèreté par Marx. La lacune est ici d'importance. Sous l'un de ses aspects, l'histoire du socialisme
dans notre siècle peut être considérée comme la lutte du
mouvement prolétarien contre la classe paysanne. Cette
lutte continue, sur le plan de l'histoire, la lutte idéologique, au XIX⁰ siècle, entre le socialisme autoritaire et le
socialisme libertaire dont les origines paysannes et artisa-
nales sont évidentes. Marx avait donc, dans le matériel
idéologique de son temps, les éléments d'une réflexion
sur le problème paysan. Mais la volonté du système a
tout simplifié. Cette simplification devait coûter cher aux
koulaks qui constituaient plus de cinq millions d'exceptions historiques, ramenées aussitôt, par la mort et la
déportation, dans la règle.

La même simplification a détourné Marx du phénomène national, au siècle même des nationalités. Il a cru
que par le commerce et l'échange, par la prolétarisation
elle-même, les barrières tomberaient. Ce sont les barrières
nationales qui ont fait tomber l'idéal prolétarien. La lutte
des nationalités s'est révélée au moins aussi importante
pour expliquer l'histoire que la lutte des classes. Mais la
nation ne peut s'expliquer tout entière par l'économie; le
système l'a donc ignorée.

Le prolétariat, de son côté, ne s'est pas placé dans la
ligne. La crainte de Marx s'est d'abord vérifiée : le
réformisme et l'action syndicale ont obtenu une hausse
des niveaux de vie et une amélioration des conditions de
travail. Ces avantages sont très loin de constituer un
règlement équitable du problème social. Mais la misérable condition des ouvriers anglais du textile, à l'époque de
Marx, loin de se généraliser et de s'aggraver, comme il le
voulait, s'est au contraire résorbée. Marx ne s'en plain-
drait d'ailleurs pas aujourd'hui, l'équilibre se trouvant
rétabli par une autre erreur dans ses prédictions. On a pu

constater en effet que l'action révolutionnaire ou syndicale la plus efficace a toujours été le fait d'élites ouvrières
que la faim ne stérilisait pas. La misère et la dégénéres-
cence n'ont pas cessé d'être ce qu'elles étaient avant
Marx, et qu'il ne voulait pas, contre toute observation,
qu'elles fussent : des facteurs de servitude, non de révolution. Le tiers de l'Allemagne laborieuse était en 1933
au chômage. La société bourgeoise était alors obligée de
faire vivre ses chômeurs, réalisant ainsi la condition
exigée par Marx pour la révolution. Mais il n'est pas bon
que de futurs révolutionnaires soient mis dans le cas
d'attendre leur pain de l'Etat. Cette habitude forcée en
amène d'autres, qui le sont moins, et que Hitler a mises
en doctrine.

Enfin, la classe prolétarienne ne s'est pas accrue indéfiniment. Les conditions mêmes de la production industrielle, que chaque marxiste devait encourager, ont aug-
menté de façon considérable la classe moyenne [1] et créé
même une nouvelle couche sociale, celle des techniciens.
L'idéal, cher à Lénine, d'une société où l'ingénieur serait
en même temps manœuvre, s'est en tout cas heurté aux
faits. Le fait capital est que la technique comme la
science s'est à ce point compliquée qu'il n'est pas possible
qu'un seul homme embrasse la totalité de ses principes et
de ses applications. Il est presque impossible, par exemple, qu'un physicien d'aujourd'hui ait une vue complète
de la science biologique de son temps. A l'intérieur même
de la physique, il ne peut prétendre à dominer également
tous les secteurs de cette discipline. Il en est de même
pour la technique. A partir du moment où la producti-

1. De 1920 à 1930, dans une période d'intense productivité, les U.S.A.
ont vu le nombre de leurs ouvriers métallurgistes diminuer, dans le temps
où le nombre des vendeurs, dépendant de la même industrie, doublait
presque.

vité, envisagée par les bourgeois et les marxistes comme un bien en elle-même, a été développée dans des proportions démesurées, la division du travail, dont Marx pensait qu'elle pourrait être évitée, est devenue inéluctable. Chaque ouvrier a été amené à effectuer un travail particulier sans connaître le plan général où s'insérait son ouvrage. Ceux qui coordonnaient les travaux de chacun ont constitué, par leur fonction même, une couche dont l'importance sociale est décisive.

Cette ère des technocrates annoncée par Burnham, il est d'une justice élémentaire de rappeler qu'il y a déjà dix-sept ans que Simone Weil l'a décrite [1] dans une forme que l'on peut considérer comme achevée sans en tirer les conséquences inacceptables de Burnham. Aux deux formes traditionnelles d'oppression qu'a connues l'humanité, par les armes et par l'argent, Simone Weil en ajoute une troisième, l'oppression par la fonction. « On peut supprimer l'opposition entre acheteur et vendeur du travail, écrivait-elle, sans supprimer l'opposition entre ceux qui disposent de la machine et ceux dont la machine dispose. » La volonté marxiste de supprimer la dégradante opposition du travail intellectuel au travail manuel a buté contre les nécessités de la production que Marx exaltait ailleurs. Marx a prévu, sans doute, dans *Le Capital,* l'importance du « directeur », au niveau de la concentration maximale du capital. Mais il n'a pas cru que cette concentration pourrait survivre à l'abolition de la propriété privée. Division du travail et propriété privée, disait-il, sont des expressions identiques. L'histoire a démontré le contraire. Le régime idéal basé sur la propriété collective voulait se définir par la justice plus

1. « Allons-nous vers une révolution prolétarienne? » *Révolution prolétarienne,* 25 avril 1933.

l'électricité. Finalement, il n'est plus que l'électricité, moins la justice.

L'idée d'une mission du prolétariat n'a pu enfin s'incarner jusqu'à présent dans l'histoire; cela résume l'échec de la prédiction marxiste. La faillite de la deuxième Internationale a prouvé que le prolétariat était déterminé par autre chose encore que sa condition économique et qu'il avait une patrie, contrairement à la fameuse formule. Dans sa majorité, le prolétariat a accepté, ou subi la guerre, et collaboré, bon gré, mal gré, aux fureurs nationalistes de ce temps. Marx entendait que les classes ouvrières, avant de triompher, auraient acquis la capacité juridique et politique. Son erreur était seulement de croire que l'extrême misère, et particulièrement la misère industrielle, peut mener à la maturité politique. Il est certain, d'ailleurs, que la capacité révolutionnaire des masses ouvrières a été freinée par la décapitation de la révolution libertaire, pendant et après la Commune. Après tout, le marxisme a dominé facilement le mouvement ouvrier à partir de 1872, à cause sans doute de sa grandeur propre, mais aussi parce que la seule tradition socialiste qui pouvait lui tenir tête a été noyée dans le sang; il n'y avait pratiquement pas de marxistes parmi les insurgés de 1871. Cette épuration automatique de la révolution s'est poursuivie, par les soins des Etats policiers, jusqu'à nos jours. De plus en plus, la révolution s'est trouvée livrée à ses bureaucrates et à ses doctrinaires d'une part, à des masses affaiblies et désorientées d'autre part. Quand on guillotine l'élite révolutionnaire et qu'on laisse vivre Talleyrand, qui s'opposerait à Bonaparte? Mais à ces raisons historiques s'ajoutent les nécessités économiques. Il faut lire les textes de Simone Weil sur la condition de l'ouvrier d'usine[1], pour savoir à quel degré

---

1. *La Condition ouvrière* (Gallimard).

d'épuisement moral et de désespoir silencieux peut mener la rationalisation du travail. Simone Weil a raison de dire que la condition ouvrière est deux fois inhumaine, privée d'argent, d'abord, et de dignité ensuite. Un travail auquel on peut s'intéresser, un travail créateur, même mal payé, ne dégrade pas la vie. Le socialisme industriel n'a rien fait d'essentiel pour la condition ouvrière parce qu'il n'a pas touché au principe même de la production et de l'organisation du travail, qu'il a exalté au contraire. Il a pu proposer au travailleur une justification historique de même valeur que celle qui consiste à promettre les joies célestes à celui qui meurt à la peine; il ne lui a jamais rendu la joie du créateur. La forme politique de la société n'est plus en question à ce niveau, mais les credo d'une civilisation technique de laquelle dépendent également capitalisme et socialisme. Toute pensée qui ne fait pas avancer ce problème ne touche qu'à peine au malheur ouvrier.

Par le seul jeu des forces économiques admirées par Marx, le prolétariat a rejeté la mission historique dont Marx, justement, l'avait chargé. On excuse l'erreur de ce dernier parce que, devant l'avilissement des classes dirigeantes, un homme soucieux de civilisation cherche d'instinct des élites de remplacement. Mais cette exigence n'est pas à elle seule créatrice. La bourgeoisie révolutionnaire a pris le pouvoir en 1789 parce qu'elle l'avait déjà. Le droit, à cette époque, comme le dit Jules Monnerot, était en retard sur le fait. Le fait était que la bourgeoisie disposait déjà des postes de commande et de la nouvelle puissance, l'argent. Il n'en est pas de même du prolétariat qui n'a pour lui que sa misère et ses espoirs, et que la bourgeoisie a maintenu dans cette misère. La classe bourgeoise s'est avilie, par une folie de production et de puissance matérielle; l'organisation même de cette folie

ne pouvait créer des élites[1]. La critique de cette organisation et le développement de la conscience révoltée
pouvaient au contraire forger une élite de remplacement.
Seul le syndicalisme révolutionnaire, avec Pelloutier et
Sorel, s'est engagé dans cette voie et a voulu créer, par
l'éducation professionnelle et la culture, les cadres neufs
qu'appelait et qu'appelle encore un monde sans honneur.
Mais cela ne pouvait se faire en un jour et les nouveaux
maîtres étaient déjà là, qui s'intéressaient à utiliser immédiatement le malheur, pour un bonheur lointain, plutôt
qu'à soulever le plus possible, et sans attendre, l'affreuse
peine de millions d'hommes. Les socialistes autoritaires
ont jugé que l'histoire allait trop lentement et qu'il fallait,
pour la précipiter, remettre la mission du prolétariat à
une poignée de doctrinaires. Par là même ils ont été les
premiers à nier cette mission. Elle existe pourtant, non
pas au sens exclusif que lui donnait Marx, mais comme
existe la mission de tout groupe humain qui sait tirer
fierté et fécondité de son labeur et de ses souffrances.
Pour qu'elle se manifeste, cependant, il fallait prendre un
risque et faire confiance à la liberté et à la spontanéité
ouvrières. Le socialisme autoritaire a confisqué au contraire cette liberté vivante au profit d'une liberté idéale,
encore à venir. Ce faisant, qu'il l'ait voulu ou non, il a
renforcé l'entreprise d'asservissement commencée par le
capitalisme d'usine. Par l'action conjuguée de ces deux
facteurs, et pendant cent cinquante ans, sauf dans le Paris
de la Commune, dernier refuge de la révolution révoltée,

---

1. Lénine, du reste, a enregistré le premier cette vérité, mais sans
amertume apparente. Si sa phrase est terrible pour les espoirs révolutionnaires, elle l'est plus encore pour Lénine lui-même. Il a osé dire, en effet,
que les masses accepteraient plus facilement son centralisme bureaucratique et dictatorial parce que « la discipline et l'organisation sont assimilées
plus facilement par le prolétariat grâce précisément à cette école de
fabrique ».

le prolétariat n'a pas eu d'autre mission historique que d'être trahi. Les prolétaires se sont battus et sont morts pour donner le pouvoir à des militaires ou des intellectuels, futurs militaires, qui les asservissaient à leur tour. Cette lutte a pourtant été leur dignité, reconnue par tous ceux qui ont choisi de partager leur espoir et leur malheur. Mais cette dignité a été conquise contre le clan des maîtres anciens et nouveaux. Elle les nie au moment même où ils osent l'utiliser. D'une certaine manière, elle annonce leur crépuscule.

Les prédictions économiques de Marx ont donc été au moins mises en question par la réalité. Ce qui reste vrai dans sa vue du monde économique est la constitution d'une société définie de plus en plus par le rythme de production. Mais il a partagé cette conception, dans l'enthousiasme de son siècle, avec l'idéologie bourgeoise. Les illusions bourgeoises concernant la science et le progrès technique, partagées par les socialistes autoritaires, ont donné naissance à la civilisation des dompteurs de machine qui peut, par la concurrence et la domination, se séparer en blocs ennemis mais qui, sur le plan économique, est soumise aux mêmes lois : accumulation du capital, production rationalisée et sans cesse accrue. La différence politique qui touche à la plus ou moins grande omnipotence de l'Etat est appréciable, mais pourrait être réduite par l'évolution économique. Seule, la différence des morales, la vertu formelle s'opposant au cynisme historique, paraît solide. Mais l'impératif de la production domine les deux univers et n'en fait, sur le plan économique, qu'un seul monde[1].

De toute manière, si l'impératif économique n'est

---

1. Précisons que la productivité n'est malfaisante que lorsqu'elle est prise comme une fin – non comme un moyen qui pourrait être libérateur.

plus niable[1], ses conséquences ne sont pas celles que
Marx avait imaginées. Economiquement, le capitalisme
est oppresseur par le phénomène de l'accumulation. Il
opprime par ce qu'il est, il accumule pour accroître ce
qu'il est, exploite d'autant plus et, à mesure, accumule
encore. Marx n'imaginait pas de fin à ce cercle infernal,
que la révolution. A ce moment, l'accumulation ne serait
nécessaire que dans une faible mesure, pour garantir les
œuvres sociales. Mais la révolution s'industrialise à son
tour et s'aperçoit alors que l'accumulation tient à la
technique même, et non au capitalisme, que la machine
enfin appelle la machine. Toute collectivité en lutte a
besoin d'accumuler au lieu de distribuer ses revenus. Elle
accumule pour s'accroître et accroître sa puissance. Bourgeoise ou socialiste, elle renvoie la justice à plus tard, au
profit de la seule puissance. Mais la puissance s'oppose à
d'autres puissances. Elle s'équipe, elle s'arme, parce que
les autres s'arment et s'équipent. Elle ne cesse pas
d'accumuler et ne cessera jamais qu'à partir du jour,
peut-être, où elle régnera seule sur le monde. Pour cela,
d'ailleurs, il lui faut passer par la guerre. Jusqu'à ce jour,
le prolétaire ne reçoit qu'à peine ce qu'il lui faut pour sa
subsistance. La révolution s'oblige à construire, à grands
frais d'hommes, l'intermédiaire industriel et capitaliste
que son propre système exigeait. La rente est remplacée
par la peine de l'homme. L'esclavage est alors généralisé,
les portes du ciel restent fermées. Telle est la loi économique d'un monde qui vit du culte de la production, et la
réalité est encore plus sanglante que la loi. La révolution,
dans l'impasse où l'ont engagée ses ennemis bourgeois et

---

1. Bien qu'il l'ait été – jusqu'au XVIIIᵉ siècle – pendant tout le temps où
Marx a cru le découvrir. Exemples historiques où le conflit des formes de
civilisations n'a pas abouti à un progrès dans l'ordre de la production :
destruction de la société mycénienne, invasion de Rome par les Barbares,
expulsion des Maures d'Espagne, extermination des Albigeois... etc.

ses partisans nihilistes, est l'esclavage. A moins de changer de principes et de voie, elle n'a pas d'autre issue que les révoltes serviles, écrasées dans le sang, ou le hideux espoir du suicide atomique. La volonté de puissance, la lutte nihiliste pour la domination et le pouvoir, ont fait mieux que balayer l'utopie marxiste. Celle-ci est devenue à son tour un fait historique destiné à être utilisé comme les autres. Elle, qui voulait dominer l'histoire, s'y est perdue; asservir tous les moyens, a été réduite à l'état de moyen et cyniquement manœuvrée pour la plus banale et la plus sanglante des fins. Le développement ininterrompu de la production n'a pas ruiné le régime capitaliste au profit de la révolution. Il a ruiné également la société bourgeoise et la société révolutionnaire au profit d'une idole qui a le mufle de la puissance.

Comment un socialisme, qui se disait scientifique, a-t-il pu se heurter ainsi aux faits? La réponse est simple : il n'était pas scientifique. Son échec tient, au contraire, à une méthode assez ambiguë pour se vouloir en même temps déterministe et prophétique, dialectique et dogmatique. Si l'esprit n'est que le reflet des choses, il ne peut en devancer la marche, sinon par l'hypothèse. Si la théorie est déterminée par l'économie, elle peut décrire le passé de la production, non son avenir qui reste seulement probable. La tâche du matérialisme historique ne peut être que d'établir la critique de la société présente; il ne saurait faire sur la société future, sans faillir à l'esprit scientifique, que des suppositions. Au reste, n'est-ce pas pour cela que son livre fondamental s'appelle *Le Capital* et non *La Révolution*? Marx et les marxistes se sont laissés aller à prophétiser l'avenir et le communisme au détriment de leurs postulats et de la méthode scientifique.

Cette prédiction ne pouvait être scientifique, au contraire, qu'en cessant de prophétiser dans l'absolu. Le marxisme n'est pas scientifique; il est, au mieux, scien-

tiste. Il fait éclater le divorce profond qui s'est établi entre
la raison scientifique, fécond instrument de recherche, de
pensée, et même de révolte, et la raison historique,
inventée par l'idéologie allemande dans sa négation de
tout principe. La raison historique n'est pas une raison
qui, selon sa fonction propre, juge le monde. Elle le mène
en même temps qu'elle prétend le juger. Ensevelie dans
l'événement, elle le dirige. Elle est à la fois pédagogique
et conquérante. Ces mystérieuses descriptions recouvrent,
d'ailleurs, la réalité la plus simple. Si l'on réduit l'homme
à l'histoire, il n'est pas d'autre choix que de sombrer dans
le bruit et la fureur d'une histoire démentielle ou de
donner à cette histoire la forme de la raison humaine.
L'histoire du nihilisme contemporain n'est donc qu'un
long effort pour donner, par les seules forces de l'homme,
et par la force tout court, un ordre à une histoire qui n'en
a plus. Cette pseudo-raison finit par s'identifier alors avec
la ruse et la stratégie, en attendant de culminer dans
l'Empire idéologique. Que viendrait faire ici la science?
Rien n'est moins conquérant que la raison. On ne fait pas
l'histoire avec des scrupules scientifiques; on se condamne même à ne pas la faire à partir du moment où l'on
prétend s'y conduire avec l'objectivité des scientifiques.
La raison ne se prêche pas, ou si elle prêche, elle n'est
plus la raison. C'est pourquoi la raison historique est une
raison irrationnelle et romantique, qui rappelle parfois la
systématisation de l'obsédé, l'affirmation mystique du
verbe, d'autres fois.

Le seul aspect vraiment scientifique du marxisme se
trouve dans son refus préalable des mythes et dans la
mise au jour des intérêts les plus crus. Mais, à ce compte,
Marx n'est pas plus scientifique que La Rochefoucauld;
et, justement, cette attitude est celle qu'il abandonne dès
qu'il entre dans la prophétie. On ne s'étonnera donc pas
que, pour rendre le marxisme scientifique, et maintenir

cette fiction, utile au siècle de la science, il ait fallu au préalable rendre la science marxiste, par la terreur. Le progrès de la science, depuis Marx, a consisté, en gros, à remplacer le déterminisme et le mécanisme assez grossier de son siècle par un probabilisme provisoire. Marx écrivait à Engels que la théorie de Darwin constituait la base même de leur théorie. Pour que le marxisme restât infaillible, il a donc fallu nier les découvertes biologiques depuis Darwin. Comme il se trouve que ces découvertes, depuis les mutations brusques constatées par de Vries, ont consisté à introduire, contre le déterminisme, la notion de hasard en biologie, il a fallu charger Lyssenko de discipliner les chromosomes, et de démontrer à nouveau le déterminisme le plus élémentaire. Cela est ridicule. Mais que l'on donne une police à M. Homais, il ne sera plus ridicule, et voici le XXᵉ siècle. Pour cela, le XXᵉ siècle devra nier aussi le principe d'indétermination en physique, la relativité restreinte, la théorie des quanta [1] et enfin la tendance générale de la science contemporaine. Le marxisme n'est aujourd'hui scientifique qu'à condition de l'être contre Heisenberg, Bohr, Einstein et les plus grands savants de ce temps. Après tout, le principe qui consiste à ramener la raison scientifique au service d'une prophétie n'a rien de mystérieux. Il s'est déjà appelé le principe d'autorité; c'est lui qui guide les Eglises lorsqu'elles veulent asservir la vraie raison à la foi morte et la liberté de l'intelligence au maintien de la puissance temporelle [2].

Finalement, de la prophétie de Marx, dressée désormais contre ses deux principes, l'économie et la science,

1. Roger Caillois fait remarquer que le stalinisme objecte à la théorie des quanta, mais utilise la science atomique qui en dérive (*Critique du marxisme,* Gallimard).
2. Sur tout ceci, voir Jean Grenier, *Essai sur l'Esprit d'orthodoxie* (Gallimard), qui reste, après quinze ans, un livre d'actualité.

il ne reste que l'annonce passionnée d'un événement à très long terme. Le seul recours des marxistes consiste à dire que les délais sont simplement plus longs et qu'il faut s'attendre que la fin justifie tout, un jour encore invisible. Autrement dit, nous sommes dans le purgatoire et on nous promet qu'il n'y aura pas d'enfer. Le problème qui se pose alors est d'un autre ordre. Si la lutte d'une ou deux générations au long d'une évolution économique forcément favorable suffit à amener la société sans classes, le sacrifice devient concevable pour le militant : l'avenir a pour lui un visage concret, celui de son petit enfant par exemple. Mais si, le sacrifice de plusieurs générations n'ayant pas suffi, nous devons maintenant aborder une période infinie de luttes universelles mille fois plus destructives, il faut alors les certitudes de la foi pour accepter de mourir et de donner la mort. Simplement, cette foi nouvelle n'est pas plus fondée en raison pure que les anciennes.

Comment imaginer en effet cette fin de l'histoire? Marx n'a pas repris les termes de Hegel. Il a dit assez obscurément que le communisme n'était qu'une forme nécessaire de l'avenir humain, qu'il n'était pas tout l'avenir. Mais, ou bien le communisme ne termine pas l'histoire des contradictions et de la douleur : on ne voit plus alors comment justifier tant d'efforts et de sacrifices; ou il la termine : on ne peut plus imaginer la suite de l'histoire que comme la marche vers cette société parfaite. Une notion mystique s'introduit alors arbitrairement dans une description qui se veut scientifique. La disparition finale de l'économie politique, thème favori de Marx et d'Engels, signifie la fin de toute douleur. L'économie, en effet, coïncide avec la peine et le malheur de l'histoire, qui disparaissent avec elle. Nous sommes dans l'Eden.
On ne fait pas avancer le problème en déclarant qu'il

ne s'agit pas de la fin de l'histoire, mais du saut dans une autre histoire. Cette autre histoire, nous ne pouvons l'imaginer que selon notre propre histoire; à elles deux, pour l'homme, elles n'en sont qu'une. Cette autre histoire pose d'ailleurs le même dilemme. Ou bien elle n'est pas la résolution des contradictions et nous souffrons, mourons et tuons pour presque rien. Ou elle est la résolution des contradictions et elle termine pratiquement notre histoire. Le marxisme ne se justifie à ce stade que par la cité définitive.

Cette cité des fins a-t-elle alors un sens? Elle en a un dans l'univers sacré, une fois admis le postulat religieux. Le monde a été créé, il aura une fin; Adam a quitté l'Eden, l'humanité doit y revenir. Il n'en a pas dans l'univers historique si l'on admet le postulat dialectique. La dialectique appliquée correctement ne peut pas et ne doit pas s'arrêter[1]. Les termes antagonistes d'une situation historique peuvent se nier les uns les autres, puis se surmonter dans une nouvelle synthèse. Mais il n'y a pas de raison pour que cette synthèse nouvelle soit supérieure aux premières. Ou plutôt il n'y a de raison à cela que si l'on impose, arbitrairement, un terme à la dialectique, si donc l'on y introduit un jugement de valeur venu du dehors. Si la société sans classes termine l'histoire, alors, en effet, la société capitaliste est supérieure à la société féodale dans la mesure où elle rapproche encore l'avènement de cette société sans classes. Mais si l'on admet le postulat dialectique, il faut l'admettre entièrement. De même qu'à la société des ordres a succédé une société sans ordres mais avec classes, il faut dire qu'à la société des classes succédera une société sans classes, mais animée par un nouvel antagonisme, encore à définir. Un

1. Voir l'excellente discussion de Jules Monnerot, *Sociologie du communisme,* IIIe partie.

mouvement, auquel on refuse un commencement, ne
peut avoir de fin. « Si le socialisme, dit un essayiste
libertaire[1], est un éternel devenir, ses moyens sont sa
fin. » Exactement, il n'a pas de fin, il n'a que des moyens
qui ne sont garantis par rien s'ils ne le sont par une valeur
étrangère au devenir. En ce sens, il est juste de remarquer
que la dialectique n'est pas et ne peut pas être révolutionnaire. Elle est seulement, selon notre point de vue,
nihiliste, pur mouvement qui vise à nier tout ce qui n'est
pas lui-même.

Il n'y a donc, dans cet univers, aucune raison d'imaginer la fin de l'histoire. Elle est pourtant la seule justification des sacrifices demandés, au nom du marxisme, à
l'humanité. Mais elle n'a pas d'autre fondement raisonnable qu'une pétition de principe qui introduit dans
l'histoire, royaume qu'on voulait unique et suffisant, une
valeur étrangère à l'histoire. Comme cette valeur est en
même temps étrangère à la morale, elle n'est pas à
proprement parler une valeur sur laquelle on puisse
régler sa conduite, elle est un dogme sans fondement
qu'on peut faire sien dans le mouvement désespéré d'une
pensée qui étouffe de solitude ou de nihilisme, ou qu'on
se verra imposer par ceux à qui le dogme profite. La fin de
l'histoire n'est pas une valeur d'exemple et de perfectionnement. Elle est un principe d'arbitraire et de terreur.

Marx a reconnu que toutes les révolutions jusqu'à lui
avaient échoué. Mais il a prétendu que la révolution qu'il
annonçait devait réussir définitivement. Le mouvement
ouvrier jusqu'ici a vécu sur cette affirmation que les faits
n'ont cessé de démentir et dont il est temps de dénoncer
tranquillement le mensonge. A mesure que la parousie
s'éloignait, l'affirmation du royaume final, affaiblie en
raison, est devenue article de foi. La seule valeur du

1. Ernestan. *Le Socialisme et la Liberté.*

monde marxiste réside désormais, malgré Marx, dans un dogme imposé à tout un empire idéologique. Le royaume des fins est utilisé, comme la morale éternelle et le royaume des cieux, à des fins de mystification sociale. Elie Halévy se déclarait hors d'état de dire si le socialisme allait conduire à la république suisse universalisée ou au césarisme européen. Nous sommes désormais mieux renseignés. Les prophéties de Nietzsche, sur ce point au moins, sont justifiées. Le marxisme s'illustre désormais, contre lui-même et par une logique inévitable, dans le césarisme intellectuel dont il nous faut entreprendre enfin la description. Dernier représentant de la lutte de la justice contre la grâce, il prend en charge, sans l'avoir voulu, la lutte de la justice contre la vérité. Comment vivre sans la grâce, c'est la question qui domine le XIXᵉ siècle. « Par la justice », ont répondu tous ceux qui ne voulaient pas accepter le nihilisme absolu. Aux peuples qui désespéraient du royaume des cieux, ils ont promis le royaume de l'homme. La prédication de la cité humaine s'est accélérée jusqu'à la fin du XIXᵉ siècle où elle est devenue proprement visionnaire et a mis les certitudes de la science au service de l'utopie. Mais le royaume s'est éloigné, de prodigieuses guerres ont ravagé la plus vieille des terres, le sang des révoltés a couvert les murs des villes, et la justice totale ne s'est pas rapprochée. La question du XXᵉ siècle, dont les terroristes de 1905 sont morts et qui déchire le monde contemporain, s'est peu à peu précisée : comment vivre sans grâce et sans justice ?

A cette question, seul le nihilisme, et non la révolte, a répondu. Seul, jusqu'à présent, il a parlé, reprenant la formule des révoltés romantiques : « Frénésie ». La frénésie historique s'appelle la puissance. La volonté de puissance est venue relayer la volonté de justice, faisant mine d'abord de s'identifier avec elle, et puis la reléguant

quelque part au bout de l'histoire, en attendant que rien
sur la terre ne reste à dominer. La conséquence idéologique a triomphé alors de la conséquence économique :
l'histoire du communisme russe fait le démenti de ses
principes. Nous retrouvons au bout de ce long chemin la
révolte métaphysique, qui avance cette fois dans le
tumulte des armes et des mots d'ordre, mais oublieuse de
ses vrais principes, enfouissant sa solitude au sein de
foules armées, couvrant ses négations d'une scolastique
obstinée, tournée encore vers l'avenir dont elle a fait
désormais son seul dieu, mais séparée de lui par une foule
de nations à abattre et de continents à dominer. L'action
pour principe unique, le règne de l'homme pour alibi,
elle a déjà commencé de creuser son camp retranché, à
l'est de l'Europe, face à d'autres camps retranchés.

LE ROYAUME DES FINS

Marx n'imaginait pas une si terrifiante apothéose.
Lénine non plus qui, pourtant, a fait un pas décisif vers
l'Empire militaire. Aussi bon stratège qu'il était médiocre
philosophe, il s'est posé d'abord le problème de la prise
du pouvoir. Notons tout de suite qu'il est tout à fait faux
de parler, comme on le fait, du jacobinisme de Lénine.
Seule, son idée de la fraction d'agitateurs et de révolutionnaires est jacobine. Les Jacobins croyaient aux principes et à la vertu; ils sont morts d'avoir à les nier. Lénine
ne croit qu'à la révolution et à la vertu d'efficacité. « Il
faut être prêt à tous les sacrifices, user s'il le faut de tous
les stratagèmes, de ruse, de méthodes illégales, être décidé
à celer la vérité, à seule fin de pénétrer dans les syndi-
cats... et d'y accomplir malgré tout la tâche commu-

niste. » La lutte contre la morale formelle, inaugurée par Hegel et Marx, se retrouve chez lui dans la critique des attitudes révolutionnaires inefficaces. L'Empire était au bout de ce mouvement.

Si l'on prend les deux œuvres qui sont au début[1], et à la fin[2], de sa carrière d'agitateur, on est frappé de voir qu'il n'a cessé de lutter sans merci contre les formes sentimentales de l'action révolutionnaire. Il a voulu chasser la morale de la révolution parce qu'il croyait, à juste titre, que le pouvoir révolutionnaire ne s'établit pas dans le respect des dix commandements. Quand il arrive, après les premières expériences, sur la scène d'une histoire où il devait jouer un si grand rôle, à le voir prendre avec une si naturelle liberté le monde tel que l'ont fabriqué l'idéologie et l'économie du siècle précédent, il semble être le premier homme d'un nouvel âge. Indifférent à l'inquiétude, aux nostalgies, à la morale, il se met aux commandes, cherche le meilleur régime du moteur et décide que telle vertu convient au conducteur de l'histoire, telle autre non. Il tâtonne un peu au début, hésite sur le point de savoir si la Russie doit passer d'abord par le stade capitaliste et industriel. Mais cela revient à douter que la révolution puisse avoir lieu en Russie. Lui est Russe, sa tâche est de faire la révolution russe. Il jette par-dessus bord le fatalisme économique et se met à l'action. Il déclare nettement, dès 1902, que les ouvriers n'élaborent pas d'eux-mêmes une idéologie indépendante. Il nie la spontanéité des masses. La doctrine socialiste suppose une base scientifique que, seuls, peuvent lui donner les intellectuels. Quand il dit qu'il faut effacer toute distinction entre ouvriers et intellectuels, il faut traduire qu'on peut ne pas être prolétaire et connaî-

---

1. *Que faire?*, 1902.
2. *L'Etat et la Révolution*, 1917.

tre, mieux que les prolétaires, les intérêts du prolétariat. Il félicite donc Lassalle d'avoir mené une lutte acharnée contre la spontanéité des masses. « La théorie, dit-il, doit se soumettre la spontanéité [1]. » En clair, cela veut dire que la révolution a besoin de chefs et de chefs théoriciens.

Il combat, à la fois, le réformisme, coupable de détendre la force révolutionnaire, et le terrorisme [2], attitude exemplaire et inefficace. La révolution, avant d'être économique, ou sentimentale, est militaire. Jusqu'au jour où elle éclatera, l'action révolutionnaire se confond avec la stratégie. L'autocratie est l'ennemi; sa force principale, la police, corps professionnel de soldats politiques. La conclusion est simple : « La lutte contre la police politique exige des qualités spéciales, exige des révolutionnaires de profession. » La révolution aura son armée de métier à côté de la masse qu'on peut appeler un jour à la conscription. Ce corps d'agitateurs doit être organisé avant la masse elle-même. Un réseau d'agents, telle est l'expression de Lénine, qui annonce ainsi le règne de la société secrète et des moines réalistes de la révolution : « Nous sommes les jeunes Turcs de la révolution, disait-il, avec quelque chose de jésuite en plus. » Le prolétariat n'a plus de mission à partir de cet instant. Il n'est qu'un moyen puissant, parmi d'autres, aux mains d'ascètes révolutionnaires [3].

Le problème de la prise du pouvoir entraîne celui de l'Etat. *L'Etat et la Révolution* (1917), qui traite de ce sujet, est le plus curieux et le plus contradictoire des libelles. Lénine y use de sa méthode favorite qui est

---

1. De même Marx : « Ce que tel ou tel prolétaire ou même le prolétariat tout entier imagine être son but n'importe pas! »
2. On sait que son frère aîné, qui avait, lui, choisi le terrorisme, fut pendu.
3. Heine appelait déjà les socialistes « les nouveaux puritains ». Puritanisme et révolution vont, historiquement, de pair.

d'autorité. A l'aide de Marx et d'Engels, il commence par s'élever contre tout réformisme qui prétendrait utiliser l'Etat bourgeois, organisme de domination d'une classe sur l'autre. L'Etat bourgeois repose sur la police et sur l'armée parce qu'il est d'abord un instrument d'oppression. Il reflète à la fois l'antagonisme inconciliable des classes et la réduction forcée de cet antagonisme. Cette autorité de fait ne mérite que le mépris. « Même le chef du pouvoir militaire d'un Etat civilisé pourrait envier le chef du clan que la société patriarcale entourait d'un respect volontaire et non imposé par le bâton. » Engels a établi fermement, d'ailleurs, que la notion d'Etat et celle de société libre sont inconciliables. « Les classes disparaîtront aussi inéluctablement qu'elles sont apparues. Avec la disparition des classes, disparaîtra inéluctablement l'Etat. La société qui réorganisera la production sur la base de l'association libre et égale des producteurs reléguera la machine d'Etat à la place qui lui convient : au musée des antiquités, à côté du rouet et de la hache de bronze. »

Cela explique sans doute que des lecteurs distraits aient mis *L'Etat et la Révolution* au compte des tendances anarchistes de Lénine et se soient apitoyés sur la postérité singulière d'une doctrine si sévère pour l'armée, la police, le bâton et la bureaucratie. Mais les points de vue de Lénine, pour être compris, doivent toujours s'entendre en termes de stratégie. S'il défend avec tant d'énergie la thèse d'Engels sur la disparition de l'Etat bourgeois, c'est qu'il veut, d'une part faire obstacle au pur « économisme » de Plekhanov ou de Kautsky, d'autre part démontrer que le gouvernement Kerensky est un gouvernement bourgeois qu'il faut détruire. Un mois plus tard, d'ailleurs, il le détruira.

Il fallait répondre aussi à ceux qui objectaient que la révolution elle-même aurait besoin d'un appareil d'administration et de répression. Là encore, Marx et Engels sont largement utilisés pour prouver, d'autorité, que l'Etat prolétaire n'est pas un Etat organisé comme les autres, mais un Etat qui, par définition, ne cesse de dépérir. « Dès qu'il n'y a plus de classe sociale à maintenir opprimée... un Etat cesse d'être nécessaire. Le premier acte par lequel l'Etat (prolétarien) s'affirme réellement comme le représentant de la société tout entière – la prise de possession des moyens de production de la société – est, en même temps, le dernier acte propre de l'Etat. Au gouvernement des personnes se substitue l'administration des choses... L'Etat n'est pas aboli, il dépérit. » L'Etat bourgeois est d'abord supprimé par le prolétariat. Ensuite, mais ensuite seulement, l'Etat prolétarien se résorbe. La dictature du prolétariat est nécessaire : 1° pour opprimer ou supprimer ce qui reste de la classe bourgeoise; 2° pour réaliser la socialisation des moyens de production. Ces deux tâches accomplies, elle commence aussitôt à dépérir.

Lénine part donc du principe, clair et ferme, que l'Etat meurt dès que la socialisation des moyens de production est opérée, la classe d'exploiteurs étant alors supprimée. Et pourtant, dans le même libelle, il aboutit à légitimer le maintien, après la socialisation des moyens de production, et sans terme prévisible, de la dictature d'une fraction révolutionnaire sur le reste du peuple. Le pamphlet, qui prend pour référence constante l'expérience de la Commune, contredit absolument le courant d'idées fédéralistes et antiautoritaires qui a produit la Commune; il s'oppose aussi bien à la description optimiste de Marx et d'Engels. La raison en est claire : Lénine n'a pas oublié que la Commune avait échoué. Quant aux moyens d'une si surprenante démonstration, ils sont encore plus simples : à chaque nouvelle difficulté rencontrée par la révolution, on donne une attribution supplémentaire à l'Etat décrit par Marx. Dix pages plus loin, sans transition, Lénine affirme, en effet, que le pouvoir est nécessaire pour réprimer la résistance des exploiteurs « et aussi pour diriger la grande masse de la population, paysannerie, petite bourgeoisie, semi-prolétaires, dans l'aménagement de l'économie socialiste ». Le tournant ici est incontestable; l'Etat provisoire de Marx et Engels se voit chargé d'une nouvelle mission qui risque de lui donner longue vie. Nous trouvons déjà la contradiction du régime stalinien aux prises avec sa philosophie officielle. Ou bien ce régime a réalisé la société socialiste sans classes et le maintien d'un formidable appareil de répression ne se justifie pas en termes marxistes. Ou il ne l'a pas réalisée, la preuve est faite alors que la doctrine marxiste est erronée et qu'en particulier la socialisation des moyens de production ne signifie pas la disparition des classes. En face de sa doctrine officielle, le régime est contraint de choisir : elle est fausse ou il l'a trahie. En fait, avec Netchaiev et Tkatchev, c'est Lassalle, inventeur du socialisme d'Etat, que Lénine a fait triompher en Russie, contre Marx. A partir de ce moment, l'histoire des luttes intérieures du parti, de Lénine à Staline, se résumera dans la lutte entre la démocratie ouvrière et la dictature militaire et bureaucratique, la justice enfin et l'efficacité.

On doute un moment si Lénine ne va pas trouver une sorte de conciliation en le voyant faire l'éloge des mesures prises par la Commune : fonctionnaires éligibles, révocables, rétribués comme les ouvriers, remplacement de la bureaucratie industrielle par la gestion ouvrière directe. Un Lénine fédéraliste apparaît même qui loue l'institution des communes et leur représentation. Mais on comprend rapidement que ce fédéralisme n'est prôné que dans la mesure où il signifie l'abolition du parlementarisme. Lénine, contre toute vérité historique, le qualifie de centralisme et met aussitôt l'accent sur l'idée de la dictature prolétarienne, reprochant aux anarchistes leur intransigeance en ce qui concerne l'Etat. Ici intervient, appuyée sur Engels, une nouvelle affirmation qui justifie le maintien de la dictature du prolétariat après la socialisation, la disparition de la classe bourgeoise et même la direction, enfin obtenue, de la masse. Le maintien de l'autorité aura pour limites, maintenant, celles qui lui sont tracées par les conditions mêmes de la production. Par exemple, le dépérissement achevé de l'Etat coïncidera avec le moment où les logements pourront être fournis à tous gratuitement. C'est la phase supérieure du communisme : « A chacun selon ses besoins. » Jusque-là, il y aura Etat.

Quelle sera la rapidité du développement vers cette phase supérieure du communisme où chacun prendra selon ses besoins ? « Cela, nous ne le savons pas et nous ne pouvons pas le savoir... Nous n'avons pas de données nous permettant de trancher ces questions. » Pour plus de clarté, Lénine affirme, toujours arbitrairement, « qu'il n'est venu à l'esprit d'aucun socialiste de promettre l'avènement de la phase supérieure du communisme ». On peut dire qu'à cet endroit meurt définitivement la liberté. Du règne de la masse, de la notion de révolution prolétarienne, on passe d'abord à l'idée d'une révolution faite et dirigée par des agents professionnels. La critique impitoyable de l'Etat se concilie ensuite avec la nécessaire, mais provisoire, dictature du prolétariat, en la personne de ses chefs. Pour finir, on annonce qu'on ne peut prévoir le terme de cet Etat provisoire et qu'au surplus personne ne s'est jamais avisé de promettre qu'il y aurait un terme. Après cela, il est logique que l'autonomie des Soviets soit combattue, Makhno trahi et les marins de Cronstadt écrasés par le parti.

Certes, bien des affirmations de Lénine, amant passionné

de la justice, peuvent encore être opposées au régime stalinien; principalement, la notion de dépérissement. Même si l'on admet que l'État prolétarien ne puisse avant longtemps disparaître, il faut encore, selon la doctrine, pour qu'il puisse se dire prolétarien, qu'il tende à disparaître et devienne de moins en moins contraignant. Il est sûr que Lénine croyait cette tendance inévitable et qu'en cela il a été dépassé. L'État prolétarien, depuis plus de trente ans, n'a donné aucun signe d'anémie progressive. On retiendra, au contraire, sa prospérité croissante. Deux ans plus tard, au demeurant, dans une conférence à l'université Sverdlov, sous la pression des événements extérieurs et des réalités intérieures, Lénine donnera une précision qui laisse prévoir le maintien indéfini du super-État prolétarien. « Avec cette machine ou cette massue (l'État), nous écraserons toute exploitation, et lorsque sur terre il n'y aura plus de possibilités d'exploitation, plus de gens possédant des terres et des fabriques, plus de gens se gavant au nez des affamés, lorsque de pareilles choses seront impossibles, alors, seulement, nous mettrons cette machine au rancart. Alors il n'y aura ni État, ni exploitation. » Aussi longtemps qu'il y aura sur terre, et non plus dans une société donnée, un opprimé ou un propriétaire, aussi longtemps l'État se maintiendra donc. Il sera aussi longtemps obligé de s'accroître pour vaincre une à une les injustices, les gouvernements de l'injustice, les nations obstinément bourgeoises, les peuples aveuglés sur leurs propres intérêts. Et quand, sur la terre enfin soumise et purgée d'adversaires, la dernière iniquité aura été noyée dans le sang des justes et des injustes, alors l'État, parvenu à la limite de toutes les puissances, idole monstrueuse couvrant le monde entier, se résorbera sagement dans la cité silencieuse de la justice.

Sous la pression, pourtant inévitable, des impérialismes

adverses naît, en réalité, avec Lénine, l'impérialisme de la
justice. Mais l'impérialisme, même de la justice, n'a
d'autre fin que la défaite, ou l'empire du monde. Jusque-
là, il n'a d'autre moyen que l'injustice. Dès lors, la
doctrine s'identifie définitivement à la prophétie. Pour
une justice lointaine, elle légitime l'injustice pendant tout
le temps de l'histoire, elle devient cette mystification que
Lénine détestait plus que tout au monde. Elle fait accepter l'injustice, le crime et le mensonge par la promesse du
miracle. Encore plus de production et encore plus de
pouvoir, le travail ininterrompu, la douleur incessante, la
guerre permanente, et un moment viendra où le servage
généralisé dans l'Empire total se changera merveilleuse-
ment en son contraire : le loisir libre dans une république
universelle. La mystification pseudo-révolutionnaire a
maintenant sa formule : il faut tuer toute liberté pour
conquérir l'Empire et l'Empire un jour sera la liberté. Le
chemin de l'unité passe alors par la totalité.

LA TOTALITÉ ET LE PROCÈS

La totalité n'est en effet rien d'autre que le vieux rêve
d'unité commun aux croyants et aux révoltés, mais
projeté horizontalement sur une terre privée de Dieu.
Renoncer à toute valeur revient alors à renoncer à la
révolte pour accepter l'Empire et l'esclavage. La critique
des valeurs formelles ne pouvait épargner l'idée de liberté. Une fois reconnue l'impossibilité de faire naître,
par les seules forces de la révolte, l'individu libre dont
rêvaient les romantiques, la liberté a été, elle aussi,
incorporée au mouvement de l'histoire. Elle est devenue

liberté en lutte, qui, pour être, doit se faire. Identifiée au dynamisme de l'histoire, elle ne pourra jouir d'elle-même que lorsque l'histoire s'arrêtera, dans la Cité universelle. Jusque-là, chacune de ses victoires suscitera une contestation qui la rendra vaine. La nation allemande se libère de ses oppresseurs alliés, mais au prix de la liberté de chaque Allemand. Les individus en régime totalitaire ne sont pas libres, quoique l'homme collectif soit libéré. A la fin, quand l'Empire affranchira l'espèce entière, la liberté régnera sur des troupeaux d'esclaves, qui, du moins, seront libres par rapport à Dieu et, en général, à toute transcendance. Le miracle dialectique, la transformation de la quantité en qualité s'éclaire ici : on choisit d'appeler liberté la servitude totale. Comme d'ailleurs dans tous les exemples cités par Hegel et Marx, il n'y a nullement transformation objective, mais changement subjectif de dénomination. Il n'y a pas de miracle. Si le seul espoir du nihilisme est que des millions d'esclaves puissent un jour constituer une humanité à jamais affranchie, l'histoire n'est qu'un songe désespéré. La pensée historique devait délivrer l'homme de la sujétion divine; mais cette libération exige de lui la soumission la plus absolue au devenir. On court alors à la permanence du parti comme on se jetait sous l'autel. C'est pourquoi l'époque qui ose se dire la plus révoltée n'offre à choisir que des conformismes. La vraie passion du XXᵉ siècle, c'est la servitude.

Mais la liberté totale n'est pas plus aisée à conquérir que la liberté individuelle. Pour assurer l'empire de l'homme sur le monde, il faut retrancher du monde et de l'homme tout ce qui échappe à l'Empire, tout ce qui n'est pas du règne de la quantité : cette entreprise est infinie. Elle doit s'étendre à l'espace, au temps et aux personnes, qui font les trois dimensions de l'histoire. L'Empire est en même temps guerre, obscurantisme et tyrannie, affirmant désespérément qu'il sera fraternité, vérité et liberté : la

logique de ses postulats l'y oblige. Il y a sans doute dans
la Russie d'aujourd'hui, et même dans son communisme,
une vérité qui nie l'idéologie stalinienne. Mais celle-ci a
sa logique qu'il faut isoler et mettre en avant si l'on veut
que l'esprit révolutionnaire échappe enfin à la déchéance
définitive.

L'intervention cynique des armées occidentales contre
la révolution soviétique a montré, entre autres choses,
aux révolutionnaires russes que la guerre et le nationa-
lisme étaient des réalités au même titre que la lutte des
classes. Faute d'une solidarité internationale des prolétaires, et qui jouât automatiquement, aucune révolution
intérieure ne pouvait s'estimer viable sans qu'un ordre
international fût créé. De ce jour, il fallut admettre que la
Cité universelle ne pourrait se construire qu'à deux
conditions. Ou bien des révolutions quasi simultanées
dans tous les grands pays, ou bien la liquidation, par la
guerre, des nations bourgeoises; la révolution en permanence ou la guerre en permanence. Le premier point de
vue a failli triompher, on le sait. Les mouvements
révolutionnaires d'Allemagne, d'Italie et de France ont
marqué le point le plus haut de l'espoir révolutionnaire.
Mais l'écrasement de ces révolutions et le renforcement
consécutif des régimes capitalistes ont fait de la guerre la
réalité de la révolution. La philosophie des lumières
aboutit alors à l'Europe du couvre-feu. Par la logique de
l'histoire et de la doctrine, la Cité universelle, qui devait
être réalisée dans l'insurrection spontanée des humiliés, a
été peu à peu recouverte par l'Empire, imposé par les
moyens de la puissance. Engels, approuvé par Marx,
avait accepté froidement cette perspective quand il écrivait en réponse à l'*Appel aux Slaves* de Bakounine : « La
prochaine guerre mondiale fera disparaître de la surface
de la terre non seulement des classes et des dynasties
réactionnaires, mais encore des peuples réactionnaires

entiers. Cela fait partie aussi du progrès. » Ce progrès-là, dans l'esprit d'Engels, devait éliminer la Russie des tsars. Aujourd'hui, la nation russe a renversé la direction du progrès. La guerre, froide et tiède, est la servitude de l'Empire mondial. Mais, devenue impériale, la révolution est dans une impasse. Si elle ne renonce pas à ses principes faux pour retourner aux sources de la révolte, elle signifie seulement le maintien, pour plusieurs générations, et jusqu'à la décomposition spontanée du capitalisme, d'une dictature totale sur des centaines de millions d'hommes; ou, si elle veut précipiter l'avènement de la Cité humaine, la guerre atomique dont elle ne veut pas et après laquelle toute cité, au demeurant, ne rayonnerait que sur des ruines définitives. La révolution mondiale, par la loi même de cette histoire qu'elle a imprudemment déifiée, est condamnée à la police ou à la bombe. Du même coup, elle se trouve placée dans une contradiction supplémentaire. Le sacrifice de la morale et de la vertu, l'acceptation de tous les moyens qu'elle a constamment justifiés par la fin poursuivie, ne s'acceptent, à la rigueur, qu'en fonction d'une fin dont la probabilité est raisonnable. La paix armée suppose, par le maintien indéfini de la dictature, la négation indéfinie de cette fin. Le danger de guerre, de plus, affecte cette fin d'une probabilité dérisoire. L'extension de l'Empire sur l'espace mondial est une nécessité inévitable pour la révolution du XXᵉ siècle. Mais cette nécessité la place devant un dernier dilemme : se forger de nouveaux principes ou renoncer à la justice et à la paix dont elle voulait le règne définitif.

En attendant de dominer l'espace, l'Empire se voit contraint aussi de régner sur le temps. Niant toute vérité stable, il lui faut aller jusqu'à nier la forme la plus basse de la vérité, celle de l'histoire. Il a transporté la révolution, encore impossible à l'échelle du monde, dans le passé qu'il s'attache à nier. Cela même, aussi bien, est logique. Toute cohérence, qui ne soit pas purement économique, du passé à l'avenir humain, suppose une constante qui, à son tour, pourrait faire penser à une nature humaine. La cohérence profonde que Marx, homme de culture, avait maintenue entre les civilisations, risquait de déborder sa thèse et de mettre au jour une continuité naturelle, plus large que l'économique. Peu à peu le communisme russe a été amené à couper les ponts, à introduire une solution de continuité dans l'avenir. La négation des génies hérétiques (et ils le sont presque tous), des apports de la civilisation, de l'art, dans la mesure, infinie, où il échappe à l'histoire, le renoncement aux traditions vivantes, ont retranché peu à peu le marxisme contemporain dans des limites de plus en plus étroites. Il ne lui a pas suffi de nier ou de taire ce qui, dans l'histoire du monde, est inassimilable par la doctrine, ni de rejeter les acquisitions de la science moderne. Il lui a fallu encore refaire l'histoire, même la plus proche, la mieux connue, et, par exemple, l'histoire du parti et de la révolution. D'année en année, de mois en mois parfois, la *Pravda* se corrige elle-même, les éditions retouchées de l'histoire officielle se succèdent, Lénine est censuré, Marx n'est pas édité. A ce degré, la comparaison avec l'obscurantisme religieux n'est même plus juste. L'Eglise n'est jamais allée jusqu'à décider successivement que la manifestation divine se faisait en deux, puis en quatre, ou en trois, puis encore en deux personnes. L'accélération propre à notre temps atteint aussi la fabrication de la vérité qui, à ce rythme, devient pur fantôme. Comme dans le conte populaire, où les métiers d'une ville entière tissaient du vide pour habiller le roi, des milliers d'hommes, dont c'est l'étrange métier, refont tous les jours une vaine histoire, détruite le soir même, en attendant que la voix tranquille d'un enfant proclame soudain que le roi est nu. Cette petite voix de la révolte dira alors ce que tout le monde peut déjà voir : qu'une révolution condamnée, pour durer, à nier sa vocation universelle, ou à se renoncer pour être universelle, vit sur des principes faux.

En attendant, ces principes continuent de fonctionner au-dessus de millions d'hommes. Le rêve de l'Empire, contenu par les réalités du temps et de l'espace, assouvit sa nostalgie sur les personnes. Les personnes ne sont pas hostiles à l'Empire en tant qu'individus seulement : la terreur traditionnelle pourrait alors suffire. Elles lui sont hostiles dans la mesure où la nature humaine jusqu'ici n'a jamais pu vivre de l'histoire seule et lui a toujours échappé par quelque côté. L'Empire suppose une négation et une certitude : la certitude de l'infinie plasticité de l'homme et la négation de la nature humaine. Les techniques de propagande servent à mesurer cette plasticité et tentent de faire coïncider réflexion et réflexe conditionné. Elles autorisent à signer un pacte avec celui que, pendant des années, on a désigné comme l'ennemi mortel. Bien plus, elles permettent de renverser l'effet psychologique ainsi obtenu et de dresser tout un peuple, à nouveau, contre ce même ennemi. L'expérience n'est pas encore à son terme, mais son principe est logique. S'il n'y a pas de nature humaine, la plasticité de l'homme est, en effet, infinie. Le réalisme politique, à ce degré, n'est qu'un romantisme sans frein, un romantisme de l'efficacité.

On s'explique ainsi que le marxisme russe refuse, dans sa totalité, et bien qu'il sache s'en servir, le monde de l'irrationnel. L'irrationnel peut servir l'Empire, aussi bien que le réfuter. Il échappe au calcul et le calcul seul doit régner dans l'Empire. L'homme n'est qu'un jeu de forces sur lequel on peut peser rationnellement. Des marxistes inconsidérés ont cru pouvoir concilier leur doctrine avec celle de Freud, par exemple. On le leur fit bien, et

rapidement, voir. Freud est un penseur hérétique et
« petit-bourgeois » parce qu'il a mis au jour l'inconscient
et qu'il lui a conféré au moins autant de réalité qu'au
sur-moi, au moi social. Cet inconscient peut alors définir
l'originalité d'une nature humaine, opposée au moi historique. L'homme, au contraire, doit se résumer au moi
social et rationnel, objet de calcul. Il a donc fallu asservir,
non seulement la vie de chacun, mais encore l'événement
le plus irrationnel et le plus solitaire, dont l'attente
accompagne l'homme tout au long de sa vie. L'Empire,
dans son effort convulsé vers le royaume définitif, tend à
intégrer la mort.

On peut asservir un homme vivant et le réduire à l'état
historique de chose. Mais s'il meurt en refusant, il
réaffirme une nature humaine qui rejette l'ordre des
choses. C'est pourquoi l'accusé n'est produit et tué à la
face du monde que s'il consent à dire que sa mort sera
juste, et conforme à l'Empire des choses. Il faut mourir
déshonoré ou ne plus être, ni dans la vie, ni dans la mort.
Dans ce dernier cas, on ne meurt pas, on disparaît. De
même, le condamné, s'il subit un châtiment, son châtiment proteste silencieusement et introduit une fissure
dans la totalité. Mais le condamné n'est pas châtié, il est
replacé dans la totalité, il édifie la machine de l'Empire.
Il se transforme en rouage de la production, si indispensable, au demeurant, qu'à la longue il ne sera pas utilisé
dans la production parce qu'il est coupable, mais jugé
coupable parce que la production a besoin de lui. Le
système concentrationnaire russe a réalisé, en effet, le
passage dialectique du gouvernement des personnes à
l'administration des choses, mais en confondant la personne et la chose.

Même l'ennemi doit collaborer à l'œuvre commune.
Hors de l'Empire, point de salut. Cet Empire est ou sera
celui de l'amitié. Mais cette amitié est celle des choses,

car l'ami ne peut être préféré à l'Empire. L'amitié des personnes, il n'en est pas d'autre définition, est la solidarité particulière, jusqu'à la mort, contre ce qui n'est pas du règne de l'amitié. L'amitié des choses est l'amitié en général, l'amitié avec tous, qui suppose, quand elle doit se préserver, la dénonciation de chacun. Celui qui aime son amie ou son ami l'aime dans le présent et la révolution ne veut aimer qu'un homme qui n'est pas encore là. Aimer, d'une certaine manière, c'est tuer l'homme accompli qui doit naître par la révolution. Pour vivre un jour, en effet, il doit être, dès aujourd'hui, préféré à tout. Dans le règne des personnes, les hommes se lient d'affection; dans l'Empire des choses, les hommes s'unissent par la délation. La cité qui se voulait fraternelle devient une fourmilière d'hommes seuls.

Sur un autre plan, la fureur irrationnelle d'une brute peut seule imaginer qu'il faille torturer sadiquement des hommes pour obtenir leur consentement. Ce n'est alors qu'un homme qui en subjugue un autre, dans un immonde accouplement de personnes. Le représentant de la totalité rationnelle se contente, au contraire, de laisser dans l'homme la chose prendre le pas sur la personne. L'esprit le plus haut est d'abord ravalé au rang de l'esprit le plus bas par la technique policière de l'amalgame. Puis cinq, dix, vingt nuits d'insomnie viendront à bout d'une illusoire conviction et mettront au monde une nouvelle âme morte. De ce point de vue, la seule révolution psychologique que notre temps ait connue, après Freud, a été opérée par le N.K.V.D. et les polices politiques en général. Guidées par une hypothèse déterministe, calculant les points faibles et le degré d'élasticité des âmes, ces nouvelles techniques ont encore repoussé une des limites de l'homme et s'essaient à démontrer qu'aucune psychologie individuelle n'est originale et que la commune

mesure des caractères est la chose. Elles ont littéralement
créé la physique des âmes.

A partir de là, les relations humaines traditionnelles
ont été transformées. Ces transformations progressives
caractérisent le monde de la terreur rationnelle où vit, à
des degrés différents, l'Europe. Le dialogue, relation des
personnes, a été remplacé par la propagande ou la
polémique, qui sont deux sortes de monologue. L'abstraction, propre au monde des forces et du calcul, a remplacé
les vraies passions qui sont du domaine de la chair et de
l'irrationnel. Le ticket substitué au pain, l'amour et
l'amitié soumis à la doctrine, le destin au plan, le
châtiment appelé norme, et la production substituée à la
création vivante, décrivent assez bien cette Europe
décharnée, peuplée des fantômes, victorieux ou asservis,
de la puissance. « Qu'elle est donc misérable, s'écriait
Marx, cette société qui ne connaît de meilleur moyen de
défense que le bourreau ! » Mais le bourreau n'était pas
encore le bourreau philosophe et ne prétendait pas, du
moins, à la philanthropie universelle.

La contradiction ultime de la plus grande révolution
que l'histoire ait connue n'est point tant, après tout,
qu'elle prétende à la justice à travers un cortège ininterrompu d'injustices et de violences. Servitude ou mystification, ce malheur est de tous les temps. Sa tragédie est
celle du nihilisme, elle se confond avec le drame de
l'intelligence contemporaine qui, prétendant à l'universel,
accumule les mutilations de l'homme. La totalité n'est
pas l'unité. L'état de siège, même étendu aux limites du
monde, n'est pas la réconciliation. La revendication de la
cité universelle ne se maintient dans cette révolution
qu'en rejetant les deux tiers du monde et l'héritage
prodigieux des siècles, en niant, au profit de l'histoire, la
nature et la beauté, en retranchant de l'homme sa force
de passion, de doute, de bonheur, d'invention singulière,

sa grandeur en un mot. Les principes que se donnent les hommes finissent par prendre le pas sur leurs intentions les plus nobles. A force de contestations, de luttes incessantes, de polémiques, d'excommunications, de persécutions subies et rendues, la cité universelle des hommes libres et fraternels dérive peu à peu et laisse la place au seul univers où l'histoire et l'efficacité puissent en effet être érigées en juges suprêmes : l'univers du procès.

Chaque religion tourne autour des notions d'innocence et de culpabilité. Prométhée, le premier révolté, récusait pourtant le droit de punir. Zeus lui-même, Zeus surtout, n'est pas assez innocent pour recevoir ce droit. Dans son premier mouvement, la révolte refuse donc au châtiment sa légitimité. Mais dans sa dernière incarnation, au terme de son épuisant voyage, le révolté reprend la notion religieuse de châtiment et la met au centre de son univers. Le juge suprême n'est plus dans les cieux, il est l'histoire elle-même, qui sanctionne en divinité implacable. A sa manière, l'histoire n'est qu'un long châtiment puisque la récompense vraie ne sera savourée qu'à la fin des temps. Nous sommes loin, apparemment, du marxisme et de Hegel, bien plus loin encore des premiers révoltés. Toute pensée purement historique, cependant, s'ouvre sur ces abîmes. Dans la mesure où Marx prédisait l'accomplissement inévitable de la cité sans classes, dans la mesure où il établissait ainsi la bonne volonté de l'histoire, tout retard dans la marche libératrice devait être imputé à la mauvaise volonté de l'homme. Marx a réintroduit dans le monde déchristianisé la faute et le châtiment, mais en face de l'histoire. Le marxisme, sous un de ses aspects, est une doctrine de culpabilité quant à l'homme, d'innocence quant à l'histoire. Loin du pouvoir, sa traduction historique était la violence révolutionnaire; au sommet du pouvoir, elle risquait d'être la violence légale, c'est-à-dire la terreur et le procès.

Dans l'univers religieux, d'ailleurs, le vrai jugement est remis à plus tard; il n'est pas nécessaire que le crime soit puni sans délai, l'innocence consacrée. Dans le nouvel univers, au contraire, le jugement prononcé par l'histoire doit l'être immédiatement, car la culpabilité coïncide avec l'échec et le châtiment. L'histoire a jugé Boukharine parce qu'elle l'a fait mourir. Elle proclame l'innocence de Staline : il est au sommet de la puissance. Tito est en instance de procès, comme le fut Trotsky, dont la culpabilité ne devint claire pour les philosophes du crime historique qu'au moment où le marteau du meurtrier s'abattit sur lui. De même Tito dont nous ne savons pas, nous dit-on, s'il est coupable ou non. Il est dénoncé, pas encore abattu. Quand il sera jeté à terre, sa culpabilité sera certaine. Au reste, l'innocence provisoire de Trotsky et de Tito tenait et tient en grande partie à la géographie; ils étaient loin de la main séculière. C'est pourquoi il faut juger sans délai ceux que cette main peut atteindre. Le jugement définitif de l'histoire dépend d'une infinité de jugements qui auront été prononcés d'ici là et qui seront alors confirmés ou infirmés. On promet ainsi de mystérieuses réhabilitations pour le jour où le tribunal du monde sera édifié avec le monde lui-même. Celui-ci, qui se déclara traître et méprisable, entrera au Panthéon des hommes. Cet autre restera dans l'enfer historique. Mais qui jugera alors? L'homme lui-même, enfin accompli dans sa jeune divinité. En attendant, ceux qui ont conçu la prophétie, seuls capables de lire dans l'histoire le sens qu'ils y ont auparavant déposé, prononceront des sentences, mortelles pour le coupable, provisoires pour le juge seulement. Mais il arrive que ceux qui jugent, comme Rajk, soient jugés à leur tour. Faut-il croire qu'il ne lisait plus correctement l'histoire? En effet, sa défaite et sa mort le prouvent. Qui donc garantit que ses juges d'aujourd'hui ne seront pas traîtres demain, et précipités du haut de leur tribunal vers les caves de ciment où agonissent les damnés de l'histoire? La garantie est dans leur clairvoyance infaillible. Qui la prouve? Leur réussite perpétuelle. Le monde du procès est un monde circulaire où la réussite et l'innocence s'authentifient l'une l'autre, où tous les miroirs réfléchissent la même mystification.

Il y aurait ainsi une grâce historique[1], dont le pouvoir peut seul percer les desseins et qui favorise ou excommunie le sujet de l'Empire. Pour parer à ses caprices, celui-ci ne dispose que de la foi, telle du moins qu'elle est définie dans les *Exercices spirituels* de saint Ignace : « Nous devons toujours pour ne jamais nous égarer être prêts à croire noir ce que, moi, je vois blanc, si l'Eglise hiérarchique le définit ainsi. » Cette foi active dans les représentants de la vérité peut seule sauver le sujet des mystérieux ravages de l'histoire. Encore n'est-il pas quitte de l'univers du procès auquel il est lié, au contraire, par le sentiment historique de la peur. Mais, sans cette foi, il risque toujours, sans l'avoir voulu et avec les meilleures intentions du monde, de devenir un criminel objectif.

Dans cette notion culmine, enfin, l'univers du procès. Avec elle, la boucle est refermée. Au terme de cette longue insurrection au nom de l'innocence humaine, surgit, par une perversion essentielle, l'affirmation de la culpabilité générale. Tout homme est un criminel qui s'ignore. Le criminel objectif est celui qui, justement, croyait être innocent. Son action, il la jugeait subjectivement inoffensive, ou même favorable à l'avenir de la justice. Mais on lui démontre qu'objectivement elle a nui à cet avenir. S'agit-il d'une objectivité scientifique? Non, mais historique. Comment savoir si l'avenir de la justice est compromis, par exemple, par la dénonciation incon-

---

1. La « ruse de la raison », dans l'univers historique, repose le problème du mal.

sidérée d'une justice présente? La véritable objectivité consisterait à juger d'après ceux des résultats qu'on peut scientifiquement observer, sur les faits et leur tendance. Mais la notion de culpabilité objective prouve que cette curieuse objectivité n'est fondée que sur des résultats et des faits accessibles seulement à la science de l'an 2000, au moins. En attendant, elle se résume dans une subjectivité interminable qui s'impose aux autres comme objectivité : c'est la définition philosophique de la terreur. Cette objectivité n'a pas de sens définissable, mais le pouvoir lui donnera un contenu en décrétant coupable ce qu'il n'approuve pas. Il consentira à dire, ou à laisser dire à des philosophes qui vivent hors de l'Empire, qu'il prend ainsi un risque au regard de l'histoire, tout comme l'a pris, mais sans le savoir, le coupable objectif. La chose sera jugée plus tard quand victime et bourreau auront disparu. Mais cette consolation ne vaut que pour le bourreau, qui justement n'en a pas besoin. En attendant, les fidèles sont conviés régulièrement à d'étranges fêtes où, selon des rites scrupuleux, des victimes pleines de contrition sont offertes en offrande au dieu historique.

L'utilité directe de cette notion est d'interdire l'indifférence en matière de foi. C'est l'évangilisation forcée. La loi, dont la fonction est de poursuivre les suspects, les fabrique. En les fabriquant, elle les convertit. En société bourgeoise, par exemple, tout citoyen est censé approuver la loi. En société objective, tout citoyen sera censé la désapprouver. Ou du moins, il devra être toujours prêt à faire la preuve qu'il ne la désapprouve pas. La culpabilité n'est plus dans le fait, elle est dans la simple absence de foi, ce qui explique l'apparente contradiction du système objectif. En régime capitaliste, l'homme qui se dit neutre est réputé favorable, objectivement, au régime. En régime d'Empire, l'homme qui est neutre est réputé hostile, objectivement, au régime. Rien d'étonnant à cela. Si le sujet de l'Empire ne croit pas à l'Empire, il n'est rien historiquement, de son propre choix; il choisit donc contre l'histoire, il est blasphémateur. La foi confessée du bout des lèvres ne suffit même pas; il faut la vivre et agir pour la servir, être toujours en alerte pour consentir à temps à ce que les dogmes changent. A la moindre erreur, la culpabilité en puissance devient à son tour objective. Achevant son histoire à sa manière, la révolution ne se contente pas de tuer toute révolte. Elle s'oblige à tenir responsable tout homme, et jusqu'au plus servile, de ce que la révolte ait existé et existe encore sous le soleil. Dans l'univers du procès, enfin conquis et achevé, un peuple de coupables cheminera sans trêve vers une impossible innocence, sous le regard amer des Grands Inquisiteurs. Au XXᵉ siècle, la puissance est triste.

Ici s'achève l'itinéraire surprenant de Prométhée. Clamant sa haine des dieux et son amour de l'homme, il se détourne avec mépris de Zeus et vient vers les mortels pour les mener à l'assaut du ciel. Mais les hommes sont faibles, ou lâches; il faut les organiser. Ils aiment le plaisir et le bonheur immédiat; il faut leur apprendre à refuser, pour se grandir, le miel des jours. Ainsi, Prométhée, à son tour, devient un maître qui enseigne d'abord, commande ensuite. La lutte se prolonge encore et devient épuisante. Les hommes doutent d'aborder à la cité du soleil et si cette cité existe. Il faut les sauver eux-mêmes. Le héros leur dit alors qu'il connaît la cité, et qu'il est le seul à la connaître. Ceux qui en doutent seront jetés au désert, cloués à un rocher, offerts en pâture aux oiseaux cruels. Les autres marcheront désormais dans les ténèbres, derrière le maître pensif et solitaire. Prométhée, seul, est devenu dieu et règne sur la solitude des hommes. Mais, de Zeus, il n'a conquis que la solitude et la cruauté; il n'est plus Prométhée, il est César. Le vrai, l'éternel Prométhée a pris maintenant le visage d'une de ses victimes. Le même cri, venu du fond des âges, retentit toujours au fond du désert de Scythie.

RÉVOLTE ET RÉVOLUTION

La révolution des principes tue Dieu dans la personne de son représentant. La révolution du XXᵉ siècle tue ce qui reste de Dieu dans les principes eux-mêmes, et consacre le nihilisme historique. Quelles que soient ensuite les voies empruntées par ce nihilisme, dès l'instant où il veut créer dans le siècle, hors de toute règle morale, il bâtit le temple de César. Choisir l'histoire, et elle seule, c'est choisir le nihilisme contre les enseignements de la révolte elle-même. Ceux qui se ruent dans l'histoire au nom de l'irrationnel, criant qu'elle n'a aucun sens, rencontrent la servitude et la terreur et débouchent dans l'univers concentrationnaire. Ceux qui s'y lancent en prêchant sa rationalité absolue rencontrent servitude et terreur, et débouchent dans l'univers concentrationnaire. Le fascisme veut instaurer l'avènement du surhomme nietzschéen. Il découvre aussitôt que Dieu, s'il existe, est peut-être ceci ou cela, mais d'abord le maître de la mort. Si l'homme veut se faire Dieu, il s'arroge le droit de vie ou de mort sur les autres. Fabricant de cadavres, et de sous-hommes, il est sous-homme lui-même et non pas Dieu, mais serviteur ignoble de la mort. La résolution rationnelle veut, de son côté, réaliser l'homme total de Marx. La logique de l'histoire, à partir du moment où elle est acceptée totalement, la mène, peu à peu, contre sa passion la plus haute, à mutiler l'homme de plus en plus, et à se transformer elle-même en crime objectif. Il n'est pas juste d'identifier les fins du fascisme et du communisme russe. Le premier figure l'exaltation du bourreau par le bourreau lui-même. Le second, plus dramatique, l'exaltation du bourreau par les victimes. Le premier n'a jamais rêvé de libérer tout l'homme, mais seulement d'en libérer quelques-uns en subjuguant les autres. Le second, dans son principe le plus profond, vise à libérer tous les hommes en les asservissant tous, provisoirement. Il faut lui reconnaître la grandeur de l'intention. Mais il est juste, au contraire, d'identifier leurs moyens avec le cynisme politique qu'ils ont puisé tous deux à la même source, le nihilisme moral. Tout s'est passé comme si les descendants de Stirner et de Netchaïev utilisaient les descendantes de Kaliayev et de Proudhon. Les nihilistes, aujourd'hui, sont sur les trônes. Les pensées qui prétendent mener notre monde au nom de la révolution sont devenues en réalité des idéologies de consentement, non de révolte. Voilà pourquoi notre temps est celui des techniques privées et publiques d'anéantissement.

La révolution, obéissant au nihilisme, s'est retournée en effet contre ses origines révoltées. L'homme qui haïssait la mort et le dieu de la mort, qui désespérait de la survivance personnelle, a voulu se délivrer dans l'immortalité de l'espèce. Mais tant que le groupe ne domine pas le monde, tant que l'espèce n'y règne pas, il faut encore mourir. Le temps presse alors, la persuasion demande le loisir, l'amitié une construction sans fin : la terreur reste dans le plus court chemin de l'immortalité. Mais ces extrêmes perversions crient, en même temps, la nostalgie de la valeur révoltée primitive. La révolution contemporaine qui prétend nier toute valeur est déjà, en elle-même, un jugement de valeur. L'homme, par elle, veut régner. Mais pourquoi régner si rien n'a de sens? Pourquoi l'immortalité, si la face de la vie est affreuse? Il n'y a pas de pensée absolument nihiliste sinon, peut-être, dans le suicide, pas plus qu'il n'y a de matérialisme absolu. La destruction de l'homme affirme encore l'homme. La terreur et les camps de concentration sont les moyens extrêmes que l'homme utilise pour échapper à la solitude. La soif d'unité doit se réaliser, même dans la fosse commune. S'ils tuent des hommes, c'est qu'ils refusent la condition mortelle et veulent l'immortalité pour tous. Ils se tuent alors d'une certaine manière. Mais ils prouvent en même temps qu'ils ne peuvent se passer de l'homme; ils assouvissent une affreuse faim de fraternité. « La créature doit avoir une joie et, quand elle n'a pas de joie, il lui faut une créature. » Ceux qui refusent la souffrance d'être et de mourir veulent alors dominer. « La solitude, c'est le pouvoir », dit Sade. Le pouvoir, aujourd'hui, pour des milliers de solitaires, parce qu'il signifie la souffrance de l'autre, avoue le besoin de l'autre. La terreur est l'hommage que de haineux solitaires finissent par rendre à la fraternité des hommes.

Mais le nihilisme, s'il n'est pas, essaie d'être et cela suffit à déserter le monde. Cette fureur a donné à notre temps son visage repoussant. La terre de l'humanisme est devenue cette Europe, terre inhumaine. Mais ce temps est le nôtre, et comment le renier? Si notre histoire est notre enfer, nous ne saurions en détourner la face. Cette horreur ne peut être éludée, mais assumée pour être dépassée, par ceux-là mêmes qui l'ont vécue dans la lucidité, non par ceux qui, l'ayant provoquée, se croient en droit de prononcer le jugement. Une telle plante n'a pu jaillir en effet que sur un épais terreau d'iniquités accumulées. Dans l'extrémité d'une lutte à mort où la folie du siècle mêle indistinctement les hommes, l'ennemi reste le frère ennemi. Même dénoncé dans ses erreurs, il ne peut être ni méprisé, ni haï : le malheur est aujourd'hui la patrie commune, le seul royaume terrestre qui ait répondu à la promesse.

La nostalgie du repos et de la paix doit elle-même être repoussée; elle coïncide avec l'acceptation de l'iniquité. Ceux qui pleurent après les sociétés heureuses qu'ils rencontrent dans l'histoire avouent ce qu'ils désirent : non pas l'allégement de la misère, mais son silence. Que ce temps soit loué au contraire où la misère crie et retarde le sommeil des rassasiés! Maistre parlait déjà du « sermon terrible que la révolution prêchait aux rois. » Elle le prêche aujourd'hui, et de façon plus urgente encore, aux élites déshonorées de ce temps. Il faut attendre ce sermon. Dans toute parole et dans tout acte, fût-il criminel, gît la promesse d'une valeur qu'il nous faut chercher et mettre au jour. L'avenir ne peut se prévoir et il se peut que la renaissance soit impossible. Quoique la dialectique historique soit fausse et criminelle, le monde, après tout, peut se réaliser dans le crime, suivant une idée fausse. Simplement, cette sorte de résignation est refusée ici : il faut parier pour la renaissance.

Il ne nous reste plus d'ailleurs qu'à renaître ou à mourir. Si nous sommes à ce moment où la révolte parvient à sa contradiction la plus extrême en se niant elle-même, elle est alors contrainte de périr avec le monde qu'elle a suscité ou de retrouver une fidélité et un nouvel élan. Avant d'aller plus loin, il faut au moins mettre en clair cette contradiction. Elle n'est pas bien définie lorsqu'on dit, comme nos existentialistes par exemple (soumis eux aussi, pour le moment, à l'historisme et à ses contradictions)[1], qu'il y a progrès de la

---

1. L'existentialisme athée a, du moins, la volonté de créer une morale. Il faut attendre cette morale. Mais la vraie dificulté sera de la créer sans réintroduire dans l'existence historique une valeur étrangère à l'histoire.

révolte à la révolution et que le révolté n'est rien s'il n'est pas révolutionnaire. La contradiction est, en réalité, plus serrée. Le révolutionnaire est en même temps révolté ou alors il n'est plus révolutionnaire, mais policier et fonctionnaire qui se tourne contre la révolte. Mais s'il est révolté, il finit par se dresser contre la révolution. Si bien qu'il n'y a pas progrès d'une attitude à l'autre, mais simultanéité et contradiction sans cesse croissante. Tout révolutionnaire finit en oppresseur ou en hérétique. Dans l'univers purement historique qu'elles ont choisi, révolte et révolution débouchent dans le même dilemme : ou la police ou la folie.

A ce niveau, la seule histoire n'offre donc aucune fécondité. Elle n'est pas source de valeur, mais encore de nihilisme. Peut-on créer du moins la valeur contre l'histoire sur le seul plan de la réflexion éternelle? Cela revient à ratifier l'injustice historique et la misère des hommes. La calomnie de ce monde ramène au nihilisme que Nietzsche a défini. La pensée qui se forme avec la seule histoire, comme celle qui se tourne contre toute histoire, enlèvent à l'homme le moyen ou la raison de vivre. La première le pousse à l'extrême déchéance du « pourquoi vivre »; la seconde au « comment vivre ». L'histoire nécessaire, non suffisante, n'est donc qu'une cause occasionnelle. Elle n'est pas absence de valeur, ni la valeur elle-même, ni même le matériau de la valeur. Elle est l'occasion, parmi d'autres, où l'homme peut éprouver l'existence encore confuse d'une valeur qui lui sert à juger l'histoire. La révolte elle-même nous en fait la promesse.

La révolution absolue supposait en effet l'absolue plasticité de la nature humaine, sa réduction possible à l'état de force historique. Mais la révolte est, dans l'homme, le refus d'être traité en chose et d'être réduit à la simple histoire. Elle est l'affirmation d'une nature commune à tous les hommes, qui échappe au monde de la puissance. L'histoire, certainement, est l'une des limites de l'homme; en ce sens le révolutionnaire a raison. Mais l'homme, dans sa révolte, pose à son tour une limite à l'histoire. A cette limite naît la promesse d'une valeur. C'est la naissance de cette valeur que la révolution césarienne combat aujourd'hui implacablement, parce qu'elle figure sa vraie défaite et l'obligation pour elle de renoncer à ses principes. En 1950, et provisoirement, le sort du monde ne se joue pas, comme il paraît, dans la lutte entre la production bourgeoise et la production révolutionnaire; leurs fins seront les mêmes. Elle se joue entre les forces de la révolte et celles de la révolution césarienne. La révolution triomphante doit faire la preuve, par ses polices, ses procès et ses excommunications, qu'il n'y a pas de nature humaine. La révolte humiliée, par ses contradictions, ses souffrances, ses défaites renouvelées et sa fierté inlassable, doit donner son contenu de douleur et d'espoir à cette nature.

« Je me révolte, donc nous sommes », disait l'esclave. La révolte métaphysique ajoutait alors le « nous sommes seuls », dont nous vivons encore aujourd'hui. Mais si nous sommes seuls sous le ciel vide, si donc il faut mourir à jamais, comment pouvons-nous être réellement? La révolte métaphysique tentait alors de faire de l'être avec du paraître. Après quoi les pensées purement historiques sont venues dire qu'être, c'était faire. Nous n'étions pas, mais devions être par tous les moyens. Notre révolution est une tentative pour conquérir un être neuf, par le faire, hors de toute règle morale. C'est pourquoi elle se condamne à ne vivre que pour l'histoire, et dans la terreur. L'homme n'est rien, selon elle, s'il n'obtient pas dans l'histoire, de gré ou de force, le consentement unanime. A ce point précis, la limite est dépassée, la révolte est trahie, d'abord, et logiquement assassinée, ensuite, car elle n'a jamais affirmé dans son mouvement le plus pur que l'existence d'une limite, justement, et l'être divisé que nous sommes : elle n'est pas à l'origine la négation totale de tout être. Au contraire, elle dit en même temps oui et non. Elle est le refus d'une part de l'existence au nom d'une autre part qu'elle exalte. Plus cette exaltation est profonde, plus implacable est le refus. Ensuite, lorsque, dans le vertige et la fureur, la révolte passe au tout ou rien, à la négation de tout être et de toute nature humaine, elle se renie à cet endroit. La négation totale justifie seule le projet d'une totalité à conquérir. Mais l'affirmation d'une limite, d'une dignité et d'une beauté communes aux hommes, n'entraîne que la nécessité d'étendre cette valeur à tous et à tout et de marcher vers l'unité sans renier les origines. En ce sens la révolte, dans son authenticité première, ne justifie aucune pensée purement historique. La revendication de la révolte est l'unité, la revendication de la révolution historique la totalité. La première part du non appuyé sur un oui, la seconde part de la négation absolue et se condamne à toutes les servitudes pour fabriquer un oui rejeté à l'extrémité des temps. L'une est créatrice, l'autre nihiliste. La première est vouée à créer pour être de plus en plus, la seconde forcée de produire pour nier de mieux en mieux. La révolution historique s'oblige à faire toujours dans l'espoir, sans cesse déçu, d'être un jour. Même le consentement unanime ne suffira pas à créer l'être. « Obéissez », disait Frédéric le Grand à ses sujets. Mais, en mourant : « Je suis las de régner sur des esclaves. » Pour échapper à cet absurde destin, la révolution est et sera condamnée à renoncer à ses propres principes, au nihilisme et à la valeur purement historique, pour retrouver la source créatrice de la révolte. La révolution pour être créatrice ne peut se passer d'une règle, morale ou métaphysique, qui équilibre le délire historique. Elle n'a sans doute

qu'un mépris justifié pour la morale formelle et mystifi-
catrice qu'elle trouve dans la société bourgeoise. Mais sa
folie a été d'étendre ce mépris à toute revendication
morale. A ses origines mêmes, et dans ses élans les plus
profonds, se trouve une règle qui n'est pas formelle et qui,
pourtant, peut lui servir de guide. La révolte, en effet, lui
dit et lui dira de plus en plus haut qu'il faut essayer de
faire, non pour commencer d'être un jour, aux yeux d'un
monde réduit au consentement, mais en fonction de cet
être obscur qui se découvre déjà dans le mouvement
d'insurrection. Cette règle n'est ni formelle ni soumise à
l'histoire, c'est ce que nous pourrons préciser en la
découvrant à l'état pur, dans la création artistique.
Notons seulement, auparavant, qu'au « Je me révolte,
donc nous sommes », au « Nous sommes seuls » de la
révolte métaphysique, la révolte aux prises avec l'histoire
ajoute qu'au lieu de tuer et mourir pour produire l'être
que nous ne sommes pas, nous avons à vivre et faire vivre
pour créer ce que nous sommes.

IV

Révolte et Art

L'art aussi est ce mouvement qui exalte et nie en même temps. « Aucun artiste ne tolère le réel », dit Nietzsche. Il est vrai; mais aucun artiste ne peut se passer du réel. La création est exigence d'unité et refus du monde. Mais elle refuse le monde à cause de ce qui lui manque et au nom de ce que, parfois, il est. La révolte se laisse observer ici, hors de l'histoire, à l'état pur, dans sa complication primitive. L'art devrait donc nous donner une dernière perspective sur le contenu de la révolte.

On observera pourtant l'hostilité à l'art qu'ont montrée tous les réformateurs révolutionnaires. Platon est encore modéré. Il ne met en question que la fonction menteuse du langage et n'exile de sa république que les poètes. Pour le reste, il a mis la beauté au-dessus du monde. Mais le mouvement révolutionnaire des temps modernes coïncide avec un procès de l'art qui n'est pas encore achevé. La Réforme élit la morale et exile la beauté. Rousseau dénonce dans l'art une corruption ajoutée par la société à la nature. Saint-Just tonne contre les spectacles et, dans le beau programme qu'il fait pour la « fête de la Raison », veut que la raison soit personnifiée par une personne « vertueuse plutôt que belle ». La Révolution française ne fait naître aucun artiste, mais seulement un grand jour-

naliste, Desmoulins, et un écrivain clandestin, Sade. Le
seul poète de son temps, elle le guillotine. Le seul grand
prosateur s'exile à Londres et plaide pour le christianisme
et la légitimité. Un peu plus tard, les saint-simoniens
exigeront un art « socialement utile ». « L'art pour le
progrès » est un lieu commun qui a couru dans tout le
siècle et que Hugo a repris, sans réussir à le rendre
convaincant. Seul, Vallès apporte dans la malédiction de
l'art un ton d'imprécation qui l'authentifie.

Ce ton est aussi celui des nihilistes russes. Pisare
proclame la déchéance des valeurs esthétiques au profit
des valeurs pragmatiques. « J'aimerais mieux être un
cordonnier russe qu'un Raphaël russe. » Une paire de
bottes est pour lui plus utile que Shakespeare. Le nihiliste
Nekrassov, grand et douloureux poète, affirme cependant
qu'il préfère un morceau de fromage à tout Pouchkine.
On connaît enfin l'excommunication de l'art prononcée
par Tolstoï. Ces marbres de Vénus et d'Apollon, encore
dorés par le soleil d'Italie, que Pierre le Grand avait fait
venir dans son jardin d'été, à Saint-Pétersbourg, la Russie
révolutionnaire a fini par leur tourner le dos. La misère,
parfois, se détourne des douloureuses images du bonheur.

L'idéologie allemande n'est pas moins sévère dans ses
accusations. Selon les interprètes révolutionnaires de la
Phénoménologie, il n'y aura pas d'art dans la société
réconciliée. La beauté sera vécue, non plus imaginée. Le
réel, entièrement rationnel, apaisera, à lui seul, toutes les
soifs. La critique de la conscience formelle et des valeurs
d'évasion s'étend naturellement à l'art. L'art n'est pas de
tous les temps, il est déterminé au contraire par son
époque et il exprime, dira Marx, les valeurs privilégiées
de la classe dominante. Il n'y a donc qu'un seul art
révolutionnaire qui est justement l'art mis au service de la
révolution. Du reste, créant de la beauté, hors de l'his-

toire, l'art contrarie le seul effort qui soit rationnel : la transformation de l'histoire elle-même en beauté absolue. Le cordonnier russe, à partir du moment où il est conscient de son rôle révolutionnaire, est le véritable créateur de la beauté définitive. Raphaël, lui, n'a créé qu'une beauté passagère, qui sera incompréhensible au nouvel homme.

Marx se demande, il est vrai, comment la beauté grecque peut encore être belle pour nous. Il répond que cette beauté exprime l'enfance naïve d'un monde et que nous avons, au milieu de nos luttes d'adultes, la nostalgie de cette enfance. Mais comment les chefs-d'œuvre de la Renaissance italienne, comment Rembrandt, comment l'art chinois, peuvent-ils être encore beaux pour nous ? Qu'importe ! Le procès de l'art est engagé définitivement et se poursuit aujourd'hui avec la complicité embarrassée d'artistes et d'intellectuels voués à la calomnie de leur art et de leur intelligence. On remarquera en effet que, dans cette lutte entre Shakespeare et le cordonnier, ce n'est pas le cordonnier qui maudit Shakespeare ou la beauté, mais au contraire celui qui continue de lire Shakespeare et ne choisit pas de faire les bottes, qu'il ne pourrait jamais faire au demeurant. Les artistes de notre temps ressemblent aux gentilshommes repentants de la Russie, au XIXᵉ siècle ; leur mauvaise conscience fait leur excuse. Mais la dernière chose qu'un artiste puisse éprouver devant son art est le repentir. C'est dépasser la simple et nécessaire humilité que de prétendre renvoyer la beauté aussi à la fin des temps et, en attendant, priver tout le monde, et le cordonnier, de ce pain supplémentaire dont on a soi-même profité.

Cette folie ascétique a pourtant ses raisons qui, elles, du moins, nous intéressent. Elles traduisent, sur le plan esthétique, la lutte, déjà décrite, de la révolution et de la révolte. Dans toute révolte se découvrent l'exigence métaphysique de l'unité, l'impossibilité de s'en saisir, et la fabrication d'un univers de remplacement. La révolte, de ce point de vue, est fabricatrice d'univers. Ceci définit l'art, aussi. L'exigence de la révolte, à vrai dire, est en partie une exigence esthétique. Toutes les pensées révoltées, nous l'avons vu, s'illustrent dans une rhétorique ou un univers clos. La rhétorique des remparts chez Lucrèce, les couvents et les châteaux verrouillés de Sade, l'île ou le rocher romantique, les cimes solitaires de Nietzsche, l'océan élémentaire de Lautréamont, les parapets de Rimbaud, les châteaux terrifiants qui renaissent, battus par un orage de fleurs, chez les surréalistes, la prison, la nation retranchée, le camp de concentration, l'empire des libres esclaves, illustrent à leur manière le même besoin de cohérence et d'unité. Sur ces mondes fermés, l'homme peut régner et connaître enfin.

Ce mouvement est aussi celui de tous les arts. L'artiste refait le monde à son compte. Les symphonies de la nature ne connaissent pas de point d'orgue. Le monde n'est jamais silencieux; son mutisme même répète éternellement les mêmes notes, selon les vibrations qui nous échappent. Quant à celles que nous percevons, elles nous délivrent des sons, rarement un accord, jamais une mélodie. Pourtant la musique existe où les symphonies s'achèvent, où la mélodie donne sa forme à des sons qui, par eux-mêmes, n'en ont pas, où une disposition privilégiée des notes, enfin, tire du désordre naturel une unité satisfaisante pour l'esprit et le cœur.

« Je crois de plus en plus, écrit Van Gogh, qu'il ne faut pas juger le bon Dieu sur ce monde-ci. C'est une étude de lui qui est mal venue. » Tout artiste essaie de refaire cette étude et de lui donner le style qui lui manque. Le plus grand et le plus ambitieux de tous les arts, la sculpture, s'acharne à fixer dans les trois dimensions la figure fuyante de l'homme, à ramener le désordre des gestes à l'unité du grand style. La sculpture ne rejette pas la ressemblance dont, au contraire, elle a besoin. Mais elle ne la recherche pas d'abord. Ce qu'elle cherche, dans ses grandes époques, c'est le geste, la mine ou le regard vide qui résumeront tous les gestes et tous les regards du monde. Son propos n'est pas d'imiter, mais de styliser, et d'emprisonner dans une expression significative la fureur passagère des corps ou le tournoiement infini des attitudes. Alors, seulement, elle érige, au fronton des cités tumultueuses, le modèle, le type, l'immobile perfection qui apaisera, pour un moment, l'incessante fièvre des hommes. L'amant frustré de l'amour pourra tourner enfin autour des corés grecques pour se saisir de ce qui, dans le corps et le visage de la femme, survit à cette dégradation.

Le principe de la peinture est aussi dans un choix. « Le génie même, écrit Delacroix, réfléchissant sur son art, n'est que le don de généraliser et de choisir. » Le peintre isole son sujet, première façon de l'unifier. Les paysages fuient, disparaissent de la mémoire ou se détruisent l'un l'autre. C'est pourquoi le paysagiste ou le peintre de natures mortes isole dans l'espace et dans le temps ce qui, normalement, tourne avec la lumière, se perd dans une perspective infinie ou disparaît sous le choc d'autres valeurs. Le premier acte du paysagiste est de cadrer sa toile. Il élimine autant qu'il élit. De même, la peinture de sujet isole dans le temps comme dans l'espace l'action qui, normalement, se perd dans une autre action. Le peintre procède alors à une fixation. Les grands créateurs sont ceux qui, comme Piero della Francesca, donnent l'impression que la fixation vient de se faire, l'appareil de projection de s'arrêter net. Tous leurs personnages donnent alors l'impression que, par le miracle de l'art, ils continuent d'être vivants, en cessant cependant d'être périssables. Longtemps après sa mort, le philosophe de

Rembrandt médite toujours entre l'ombre et la lumière sur la même interrogation.

« Vaine chose que la peinture qui nous plaît par la ressemblance des objets qui ne sauraient nous plaire. » Delacroix, qui cite le mot célèbre de Pascal, écrit avec raison « étrange » au lieu de « vaine ». Ces objets ne sauraient nous plaire puisque nous ne les voyons pas; ils sont ensevelis et niés dans un devenir perpétuel. Qui regardait les mains du bourreau pendant la flagellation, les oliviers sur le chemin de la Croix? Mais les voici représentés, ravis au mouvement incessant de la Passion, et la douleur du Christ, emprisonnée dans ces images de violence et de beauté, crie à nouveau tous les jours parmi les salles froides des musées. Le style d'un peintre est dans cette conjonction de la nature et de l'histoire, cette présence imposée à ce qui devient toujours. L'art réalise, sans effort apparent, la réconciliation du singulier et de l'universel dont rêvait Hegel. Peut-être est-ce la raison pour laquelle les époques folles d'unité, comme est la nôtre, se tournent vers les arts primitifs, où la stylisation est la plus intense, l'unité la plus provocante? La stylisation la plus forte se trouve toujours au début et à la fin des époques artistiques; elle explique la force de négation et de transposition qui a soulevé toute la peinture moderne dans un élan désordonné vers l'être et l'unité. La plainte admirable de Van Gogh est le cri orgueilleux et désespéré de tous les artistes. « Je puis bien, dans la vie et dans la peinture aussi, me passer du bon Dieu. Mais je ne puis pas, moi souffrant, me passer de quelque chose qui est plus grand que moi, qui est ma vie, la puissance de créer. »

Mais la révolte de l'artiste contre le réel, et elle devient alors suspecte à la révolution totalitaire, contient la même affirmation que la révolte spontanée de l'opprimé. L'esprit révolutionnaire, né de la négation totale, a senti instinctivement qu'il y avait aussi dans l'art, outre le refus, un consentement; que la contemplation risquait de balancer l'action, la beauté, l'injustice, et que, dans certains cas, la beauté était en elle-même une injustice sans recours. Aussi bien, aucun art ne peut vivre sur le refus total. De même que toute pensée, et d'abord celle de la non-signification, signifie, de même il n'y a pas d'art du non-sens. L'homme peut s'autoriser à dénoncer l'injustice totale du monde et revendiquer alors une justice totale qu'il sera seul à créer. Mais il ne peut affirmer la laideur totale du monde. Pour créer la beauté, il doit en même temps refuser le réel et exalter certains de ses aspects. L'art conteste le réel, mais ne se dérobe pas à lui. Nietzsche pouvait refuser toute transcendance, morale ou divine, en disant que cette transcendance poussait à la calomnie de ce monde et de cette vie. Mais il y a peut-être une transcendance vivante, dont la beauté fait la promesse, qui peut faire aimer et préférer à tout autre ce monde mortel et limité. L'art nous mènera ainsi aux origines de la révolte, dans la mesure où il tente de donner sa forme à une valeur qui fuit dans le devenir perpétuel, mais que l'artiste pressent et veut ravir à l'histoire. On s'en persuadera mieux encore en réfléchissant à l'art qui se propose, précisément, d'entrer dans le devenir pour lui donner le style qui lui manque : le roman.

ROMAN ET RÉVOLTE

Il est possible de séparer la littérature de consentement qui coïncide, en gros, avec les siècles anciens et les siècles classiques, et la littérature de dissidence qui commence avec les temps modernes. On remarquera alors la rareté

du roman dans la première. Quand il existe, sauf rares
exceptions, il ne concerne pas l'histoire, mais la fantaisie
(*Théagène et Chariclée,* ou *L'Astrée*). Ce sont des contes,
non des romans. Avec la seconde, au contraire, se
développe vraiment le genre romanesque qui n'a pas
cessé de s'enrichir et de s'étendre jusqu'à nos jours, en
même temps que le mouvement critique et révolutionnaire. Le roman naît en même temps que l'esprit de
révolte et il traduit, sur le plan esthétique, la même
ambition.

  « Histoire feinte, écrite en prose », dit Littré du roman.
N'est-ce que cela? Un critique catholique[1] a écrit pourtant : « L'art, quel que soit son but, fait toujours une
coupable concurrence à Dieu. » Il est plus juste, en effet,
de parler d'une concurrence à Dieu, à propos du roman,
que d'une concurrence à l'état civil. Thibaudet exprimait
une idée semblable lorsqu'il disait à propos de Balzac :
« *La Comédie humaine,* c'est l'*Imitation* de Dieu le
père. » L'effort de la grande littérature semble être de
créer des univers clos ou des types achevés. L'Occident,
dans ses grandes créations, ne se borne pas à retracer sa
vie quotidienne. Il se propose sans arrêt de grandes
images qui l'enfièvrent et se jette à leur poursuite.

  Après tout, écrire ou lire un roman sont actions
insolites. Bâtir une histoire par un arrangement nouveau
de faits vrais n'a rien d'inévitable, ni de nécessaire. Si
même l'explication vulgaire, par le plaisir du créateur et
du lecteur, était vraie, il faudrait alors se demander par
quelle nécessité la plupart des hommes prennent justement du plaisir et de l'intérêt à des histoires feintes. La
critique révolutionnaire condamne le roman pur comme
l'évasion d'une imagination oisive. Le langage commun,
à son tour, appelle « roman » le récit mensonger du

---

1. Stanislas Fumet.

journaliste maladroit. Il y a quelques lustres, l'usage voulait aussi, contre la vraisemblance, que les jeunes filles fussent « romanesques ». On entendait par là que ces créatures idéales ne tenaient pas compte des réalités de l'existence. D'une façon générale, on a toujours considéré que le romanesque se séparait de la vie et qu'il l'embellissait en même temps qu'il la trahissait. La façon la plus simple et la plus commune d'envisager l'expression romanesque consiste donc à y voir un exercice d'évasion. Le sens commun rejoint la critique révolutionnaire.

Mais de quoi s'évade-t-on par le roman ? D'une réalité jugée trop écrasante ? Les gens heureux lisent aussi des romans et il est constant que l'extrême souffrance ôte le goût de la lecture. D'un autre côté, l'univers romanesque a certainement moins de poids et de présence que cet autre univers où des êtres de chair font notre siège sans répit. Par quel mystère, cependant, Adolphe nous apparaît-il comme un personnage bien plus familier que Benjamin Constant, le comte Mosca que nos moralistes professionnels ? Balzac termina un jour une longue conversation sur la politique et le sort du monde en disant : « Et maintenant revenons aux choses sérieuses », voulant parler de ses romans. La gravité indiscutable du monde romanesque, notre obstination à prendre au sérieux, en effet, les mythes innombrables que nous propose depuis deux siècles le génie romanesque, le goût de l'évasion ne suffit pas à l'expliquer. Certainement, l'activité romanesque suppose une sorte de refus du réel. Mais ce refus n'est pas une simple fuite. Doit-on y voir le mouvement de retraite de la belle âme qui, selon Hegel, se crée à elle-même, dans sa déception, un monde factice où la morale règne seule ? Le roman d'édification, pourtant, reste assez loin de la grande littérature ; et le meilleur des romans roses, *Paul et Virginie,* ouvrage proprement affligeant, n'offre rien à la consolation.

La contradiction est celle-ci : l'homme refuse le monde tel qu'il est, sans accepter de lui échapper. En fait, les hommes tiennent au monde et, dans leur immense majorité, ils ne désirent pas le quitter. Loin de vouloir toujours l'oublier, ils souffrent au contraire de ne point le posséder assez, étranges citoyens du monde, exilés dans leur propre patrie. Sauf aux instants fulgurants de la plénitude, toute réalité est pour eux inachevée. Leurs actes leur échappent dans d'autres actes, reviennent les juger sous des visages inattendus, fuient comme l'eau de Tantale vers une embouchure encore ignorée. Connaître l'embouchure, dominer le cours du fleuve, saisir enfin la vie comme destin, voilà leur vraie nostalgie, au plus épais de leur patrie. Mais cette vision qui, dans la connaissance au moins, les réconcilierait enfin avec eux-mêmes, ne peut apparaître, si elle apparaît, qu'à ce moment fugitif qu'est la mort : tout s'y achève. Pour être, une fois, au monde, il faut à jamais ne plus être.

Ici naît cette malheureuse envie que tant d'hommes portent à la vie des autres. Apercevant ces existences du dehors, on leur prête une cohérence et une unité qu'elles ne peuvent avoir, en vérité, mais qui paraissent évidentes à l'observateur. Il ne voit que la ligne de faîte de ces vies, sans prendre conscience du détail qui les ronge. Nous faisons alors de l'art sur ces existences. De façon élémentaire, nous les romançons. Chacun, dans ce sens, cherche à faire de sa vie une œuvre d'art. Nous désirons que l'amour dure et nous savons qu'il ne dure pas; si même, par miracle, il devait durer toute une vie, il serait encore inachevé. Peut-être, dans cet insatiable besoin de durer, comprendrions-nous mieux la souffrance terrestre, si nous la savions éternelle. Il semble que les grandes âmes, parfois, soient moins épouvantées par la douleur que par le fait qu'elle ne dure pas. A défaut d'un bonheur inlassable, une longue souffrance ferait au moins un destin. Mais non, et nos pires tortures cesseront un jour. Un matin, après tant de désespoirs, une irrépressible envie de vivre nous annoncera que tout est fini et que la souffrance n'a pas plus de sens que le bonheur.

Le goût de la possession n'est qu'une autre forme du désir de durer; c'est lui qui fait le délire impuissant de l'amour. Aucun être, même le plus aimé, et qui nous le rende le mieux, n'est jamais en notre possession. Sur la terre cruelle où les amants meurent parfois séparés, naissent toujours divisés, la possession totale d'un être, la communion absolue dans le temps entier de la vie est une impossible exigence. Le goût de la possession est à ce point insatiable qu'il peut survivre à l'amour même. Aimer, alors, c'est stériliser l'aimé. La honteuse souffrance de l'amant, désormais solitaire, n'est point tant de ne plus être aimé que de savoir que l'autre peut et doit aimer encore. A la limite, tout homme dévoré par le désir éperdu de durer et de posséder souhaite aux êtres qu'il a aimés la stérilité ou la mort. Ceci est la vraie révolte. Ceux qui n'ont pas exigé, un jour au moins, la virginité absolue des êtres et du monde, tremblé de nostalgie et d'impuissance devant son impossibilité, ceux qui, alors, sans cesse renvoyés à leur nostalgie d'absolu, ne se sont pas détruits à essayer d'aimer à mi-hauteur, ceux-là ne peuvent comprendre la réalité de la révolte et sa fureur de destruction. Mais les êtres s'échappent toujours et nous leur échappons aussi; ils sont sans contours fermes. La vie de ce point de vue est sans style. Elle n'est qu'un mouvement qui court après sa forme sans la trouver jamais. L'homme, ainsi déchiré, cherche en vain cette forme qui lui donnerait les limites entre lesquelles il serait roi. Qu'une seule chose vivante ait sa forme en ce monde et il sera réconcilié!

Il n'est pas d'être enfin qui, à partir d'un niveau élémentaire de conscience, ne s'épuise à chercher les formules ou les attitudes qui donneraient à son existence l'unité qui lui manque. Paraître ou faire, le dandy ou le révolutionnaire exigent l'unité, pour être, et pour être dans ce monde. Comme dans ces pathétiques et misérables liaisons qui se survivent quelquefois longtemps parce que l'un des partenaires attend de trouver le mot, le geste ou la situation qui feront de son aventure une histoire terminée, et formulée, dans le ton juste, chacun se crée ou se propose le mot de la fin. Il ne suffit pas de vivre, il faut une destinée, et sans attendre la mort. Il est donc juste de dire que l'homme a l'idée d'un monde meilleur que celui-ci. Mais meilleur ne veut pas dire alors différent, meilleur veut dire unifié. Cette fièvre qui soulève le cœur au-dessus d'un monde éparpillé, dont il ne peut cependant se déprendre, est la fièvre de l'unité. Elle ne débouche pas dans une médiocre évasion, mais dans la revendication la plus obstinée. Religion ou crime, tout effort humain obéit, finalement, à ce désir déraisonnable et prétend donner à la vie la forme qu'elle n'a pas. Le même mouvement, qui peut porter à l'adoration du ciel ou à la destruction de l'homme, mène aussi bien à la création romanesque, qui en reçoit alors son sérieux.

Qu'est-ce que le roman, en effet, sinon cet univers où l'action trouve sa forme, où les mots de la fin sont prononcés, les êtres livrés aux êtres, où toute vie prend le visage du destin [1]. Le monde romanesque n'est que la correction de ce monde-ci, suivant le désir profond de l'homme. Car il s'agit bien du même monde. La souffrance est la même, le mensonge et l'amour. Les héros ont notre langage, nos faiblesses, nos forces. Leur univers n'est ni plus beau ni plus édifiant que le nôtre. Mais eux,

---

1. Si même le roman ne dit que la nostalgie, le désespoir, l'inachevé, il crée encore la forme et le salut. Nommer le désespoir, c'est le dépasser. La littérature désespérée est une contradiction dans les termes.

du moins, courent jusqu'au bout de leur destin et il n'est même jamais de si bouleversants héros que ceux qui vont jusqu'à l'extrémité de leur passion, Kirilov et Stavroguine, Mme Graslin, Julien Sorel ou le prince de Clèves. C'est ici que nous perdons leur mesure, car ils finissent alors ce que nous n'achevons jamais.

Mme de La Fayette a tiré la *Princesse de Clèves* de la plus frémissante des expériences. Elle est sans doute Mme de Clèves, et pourtant elle ne l'est point. Où est la différence? La différence est que Mme de La Fayette n'est pas entrée au couvent et que personne autour d'elle ne s'est éteint de désespoir. Nul doute qu'elle ait connu au moins les instants déchirants de cet amour sans égal. Mais il n'a pas eu de point final, elle lui a survécu, elle l'a prolongé en cessant de le vivre, et enfin personne, ni elle-même, n'en aurait connu le dessin si elle ne lui avait donné la courbe nue d'un langage sans défaut. Il n'est pas non plus d'histoire plus romanesque et plus belle que celle de Sophie Tonska et de Casimir dans *Les Pléiades* de Gobineau. Sophie, femme sensible et belle, qui fait comprendre la confession de Stendhal, « il n'y a que les femmes à grand caractère qui puissent me rendre heureux », force Casimir à lui avouer son amour. Habituée à être aimée, elle s'impatiente devant celui-ci qui la voit tous les jours et qui ne s'est pourtant jamais départi d'un calme irritant. Casimir avoue son amour, en effet, mais sur le ton d'un exposé juridique. Il l'a étudiée, la connaît autant qu'il se connaît, est assuré que cet amour, sans lequel il ne peut vivre, n'a pas d'avenir. Il a donc décidé de lui dire à la fois cet amour et sa vanité, de lui faire donation de sa fortune – elle est riche et ce geste est sans conséquences – à charge pour elle de lui servir une très modeste pension, qui lui permette de s'installer dans le faubourg d'une ville choisie au hasard (ce sera Vilna), et d'y attendre la mort, dans la pauvreté. Casimir reconnaît, du reste, que l'idée de recevoir de Sophie ce qui lui sera nécessaire pour vivre représente une concession à la faiblesse humaine, la seule qu'il se permettra, avec, de loin en loin, l'envoi d'une page blanche sous une enveloppe où il écrira le nom de Sophie. Après s'être montrée indignée, puis troublée, puis mélancolique, Sophie acceptera; tout se déroulera comme Casimir l'avait prévu. Il mourra, à Vilna, de sa passion triste. Le romanesque a ainsi sa logique. Une belle histoire ne va pas sans cette continuité imperturbable qui n'est jamais dans les situations vécues, mais qu'on trouve dans la démarche de la rêverie, à partir de la réalité. Si Gobineau était allé à Vilna, il s'y serait ennuyé et en serait revenu, ou y aurait trouvé ses aises. Mais Casimir ne connaît pas les envies de changer et les matins de guérison. Il va jusqu'au bout, comme Heathcliff, qui souhaitera dépasser encore la mort pour parvenir jusqu'à l'enfer.

Voici donc un monde imaginaire, mais créé par la correction de celui-ci, un monde où la douleur peut, si elle le veut, durer jusqu'à la mort, où les passions ne sont jamais distraites, où les êtres sont livrés à l'idée fixe et toujours présents les uns aux autres. L'homme s'y donne enfin à lui-même la forme et la limite apaisante qu'il poursuit en vain dans sa condition. Le roman fabrique du destin sur mesure. C'est ainsi qu'il concurrence la création et qu'il triomphe, provisoirement, de la mort. Une analyse détaillée des romans les plus célèbres montrerait, dans des perspectives chaque fois différentes, que l'essence du roman est dans cette correction perpétuelle, toujours dirigée dans le même sens, que l'artiste effectue sur son expérience. Loin d'être morale ou purement formelle, cette correction vise d'abord à l'unité et traduit par là un besoin métaphysique. Le roman, à ce niveau, est d'abord un exercice de l'intelligence au service d'une sensibilité nostalgique ou révoltée. On pourrait étudier cette recherche de l'unité dans le roman français d'analyse, et chez Melville, Balzac, Dostoïevski ou Tolstoï. Mais une courte confrontation entre deux tentatives qui se situent aux extrémités opposées du monde romanesque, la création proustienne et le roman américain de ces dernières années, suffira à notre propos.

Le roman américain[1] prétend trouver son unité en réduisant l'homme, soit à l'élémentaire, soit à ses réactions extérieures et à son comportement. Il ne choisit pas un sentiment ou une passion dont il donnera une image privilégiée, comme dans nos romans classiques. Il refuse l'analyse, la recherche d'un ressort psychologique fondamental qui expliquerait et résumerait la conduite d'un personnage. C'est pourquoi l'unité de ce roman n'est qu'une unité d'éclairage. Sa technique consiste à décrire les hommes par l'extérieur, dans les plus indifférents de leurs gestes, à reproduire sans commentaires les discours jusque dans leurs répétitions[2], à faire enfin comme si les hommes se définissaient entièrement par leurs automatismes quotidiens. A ce niveau machinal, en effet, les hommes se ressemblent et on s'explique ainsi ce curieux univers où tous les personnages paraissent interchangeables, même dans leurs particularités physiques. Cette technique n'est appelée réaliste que par un malentendu. Outre que le réalisme en art est, comme nous le verrons, une notion incompréhensible, il est bien évident que ce monde romanesque ne vise pas à la reproduction pure et simple de la réalité, mais à sa stylisation la plus arbitraire. Il naît d'une mutilation, et d'une mutilation volontaire, opérée sur le réel. L'unité ainsi obtenue est une unité

---

1. Il s'agit naturellement du roman « dur », celui des années 30 et 40, et non de l'admirable floraison américaine du XIXᵉ siècle.
2. Même chez Faulkner, grand écrivain de cette génération, le monologue intérieur ne reproduit que l'écorce de la pensée.

dégradée, un nivellement des êtres et du monde. Il semble que, pour ces romanciers, ce soit la vie intérieure qui prive les actions humaines de l'unité et qui ravisse les êtres les uns aux autres. Ce soupçon est en partie légitime. Mais la révolte, qui est à la source de cet art, ne peut trouver sa satisfaction qu'en fabriquant l'unité à partir de cette réalité intérieure, et non pas en la niant. La nier totalement, c'est se référer à un homme imaginaire. Le roman noir est aussi un roman rose dont il a la vanité formelle. Il édifie, à sa manière[1]. La vie des corps, réduite à elle-même, produit paradoxalement un univers abstrait et gratuit, constamment nié à son tour par la réalité. Ce roman, purgé de vie intérieure, où les hommes semblent observés derrière une vitre, finit logiquement, en se donnant, comme sujet unique, l'homme supposé moyen, par mettre en scène le pathologique. On s'explique ainsi le nombre considérable d' « innocents » utilisés dans cet univers. L'innocent est le sujet idéal d'une telle entreprise puisqu'il n'est défini, et tout entier, que par son comportement. Il est le symbole de ce monde désespérant, où des automates malheureux vivent dans la plus machinale des cohérences, et que les romanciers américains ont élevé en face du monde moderne comme une protestation pathétique, mais stérile.

Quant à Proust, son effort a été de créer à partir de la réalité, obstinément contemplée, un monde fermé, irremplaçable, qui n'appartînt qu'à lui et marquât sa victoire sur la fuite des choses et sur la mort. Mais ses moyens sont opposés. Ils tiennent avant tout dans un choix concerté, une méticuleuse collection d'instants privilégiés que le romancier choisira au plus secret de son passé. D'immenses espaces morts sont ainsi rejetés de la vie

---

1. Bernardin de Saint-Pierre et le marquis de Sade, avec des indices différents, sont les créateurs du roman de propagande.

parce qu'ils n'ont rien laissé dans le souvenir. Si le monde du roman américain est celui des hommes sans mémoire, le monde de Proust n'est à lui seul qu'une mémoire. Il s'agit seulement de la plus difficile et de la plus exigeante des mémoires, celle qui refuse la dispersion du monde tel qu'il est et qui tire d'un parfum retrouvé le secret d'un nouvel et ancien univers. Proust choisit la vie intérieure et, dans la vie intérieure, ce qui est plus intérieur qu'elle-même, contre ce qui dans le réel s'oublie, c'est-à-dire le machinal, le monde aveugle. Mais de ce refus du réel, il ne tire pas la négation du réel. Il ne commet pas l'erreur, symétrique à celle du roman américain, de supprimer le machinal. Il réunit, au contraire, dans une unité supérieure, le souvenir perdu et la sensation présente, le pied qui se tord et les jours heureux d'autrefois.

Il est difficile de revenir sur les lieux du bonheur et de la jeunesse. Les jeunes filles en fleur rient et jacassent éternellement devant la mer, mais celui qui les contemple perd peu à peu le droit de les aimer, comme celles qu'il a aimées perdent le pouvoir de l'être. Cette mélancolie est celle de Proust. Elle a été assez puissante en lui pour faire jaillir un refus de tout l'être. Mais le goût des visages et de la lumière l'attachait en même temps à ce monde. Il n'a pas consenti à ce que les vacances heureuses soient à jamais perdues. Il a pris sur lui de les recréer à nouveau et de montrer, contre la mort, que le passé se retrouvait au bout du temps dans un présent impérissable, plus vrai et plus riche encore qu'à l'origine. L'analyse psychologique du *Temps perdu* n'est alors qu'un puissant moyen. La grandeur réelle de Proust est d'avoir écrit le *Temps retrouvé,* qui rassemble un monde dispersé et lui donne une signification au niveau même du déchirement. Sa victoire difficile, à la veille de la mort, est d'avoir pu extraire de la fuite incessante des formes, par les seules

voies du souvenir et de l'intelligence, les symboles frémis-
sants de l'unité humaine. Le plus sûr défi qu'une œuvre
de cette sorte puisse porter à la création est de se
présenter comme un tout, un monde clos et unifié. Ceci
définit les œuvres sans repentirs.

On a pu dire que le monde de Proust était un monde
sans dieu. Si cela est vrai, ce n'est point parce qu'on n'y
parle jamais de Dieu, mais parce que ce monde a
l'ambition d'être une perfection close et de donner à
l'éternité le visage de l'homme. Le *Temps retrouvé,* dans
son ambition au moins, est l'éternité sans dieu. L'œuvre
de Proust, à cet égard, apparaît comme l'une des entreprises les plus démesurées et les plus significatives de
l'homme contre sa condition mortelle. Il a démontré que
l'art romanesque refait la création elle-même, telle qu'elle
nous est imposée et telle qu'elle est refusée. Sous l'un de
ses aspects au moins, cet art consiste à choisir la créature
contre son créateur. Mais, plus profondément encore, il
s'allie à la beauté du monde ou des êtres contre les
puissances de la mort et de l'oubli. C'est ainsi que sa
révolte est créatrice.

RÉVOLTE ET STYLE

Par le traitement que l'artiste impose à la réalité, il
affirme sa force de refus. Mais ce qu'il garde de la réalité
dans l'univers qu'il crée révèle le consentement qu'il
apporte à une part au moins du réel qu'il tire des ombres
du devenir pour le porter à la lumière de la création. A la
limite, si le refus est total, la réalité est expulsée dans son
entier et nous obtenons des œuvres purement formelles.
Si, au contraire, l'artiste choisit, pour des raisons souvent

extérieures à l'art, d'exalter la réalité brute, nous avons le réalisme. Dans le premier cas, le mouvement primitif de création, où révolte et consentement, affirmation et négation, sont étroitement liés, est mutilé au seul profit du refus. C'est alors l'évasion formelle dont notre temps a fourni tant d'exemples et dont on voit l'origine nihiliste. Dans le deuxième cas, l'artiste prétend donner au monde son unité en lui retirant toute perspective privilégiée. En ce sens, il avoue son besoin d'unité, même dégradée. Mais il renonce aussi à l'exigence première de la création artistique. Pour mieux nier la relative liberté de la conscience créatrice, il affirme la totalité immédiate du monde. L'acte créateur se nie lui-même dans ces deux sortes d'œuvres. A l'origine, il refusait seulement un aspect de la réalité dans le temps où il en affirmait un autre. Qu'il en vienne à rejeter toute la réalité ou à n'affirmer qu'elle, il se renie chaque fois, dans la négation absolue ou dans l'affirmation absolue. Sur le plan esthétique, cette analyse, on le voit, rejoint celle que nous avons esquissée sur le plan historique.

Mais de même qu'il n'y a pas de nihilisme qui ne finisse par supposer une valeur, ni de matérialisme qui, se pensant lui-même, n'aboutisse à se contredire, l'art formel et l'art réaliste sont des notions absurdes. Aucun art ne peut refuser absolument le réel. La Gorgone est sans doute une créature purement imaginaire; son mufle et les serpents qui la couronnent sont dans la nature. Le formalisme peut parvenir à se vider de plus en plus de contenu réel, mais une limite l'attend toujours. Même la géométrie pure où aboutit parfois la peinture abstraite demande encore au monde extérieur sa couleur et ses rapports de perspective. Le vrai formalisme est silence. De même, le réalisme ne peut se passer d'un minimum d'interprétation et d'arbitraire. La meilleure des photographies trahit déjà le réel, elle naît d'un choix et donne

une limite à ce qui n'en a pas. L'artiste réaliste et l'artiste
formel cherchent l'unité où elle n'est pas, dans le réel à
l'état brut, ou dans la création imaginaire qui croit
expulser toute réalité. Au contraire, l'unité en art surgit
au terme de la transformation que l'artiste impose au
réel. Elle ne peut se passer ni de l'une ni de l'autre. Cette
correction [1], que l'artiste opère par son langage et par une
redistribution d'éléments puisés dans le réel, s'appelle le
style et donne à l'univers recréé son unité et ses limites.
Elle vise chez tout révolté, et réussit chez quelques génies,
à donner sa loi au monde. « Les poètes, dit Shelley, sont
les législateurs, non reconnus, du monde. »

L'art romanesque, par ses origines, ne peut manquer
d'illustrer cette vocation. Il ne peut ni consentir totalement au réel, ni s'en écarter absolument. Le pur imaginaire n'existe pas et, si même il existait dans un roman
idéal qui serait purement désincarné, il n'aurait pas de
signification artistique, la première exigence de l'esprit en
quête d'unité étant que cette unité soit communicable.
D'un autre côté, l'unité du pur raisonnement est une
fausse unité puisqu'elle ne s'appuie pas sur le réel. Le
roman rose (ou noir), le roman édifiant s'écartent de l'art
dans la mesure, petite ou grande, où ils désobéissent à
cette loi. La vraie création romanesque, au contraire,
utilise le réel et n'utilise que lui, avec sa chaleur et son
sang, ses passions ou ses cris. Simplement, elle y ajoute
quelque chose qui le transfigure.

De même, ce qu'on appelle communément le roman
réaliste veut être la reproduction du réel dans ce qu'il a
d'immédiat. Reproduire les éléments du réel sans y rien
choisir serait, si cette entreprise pouvait s'imaginer, répé-

---

1. Delacroix note, et cette observation va loin, qu'il faut corriger « cette
inflexible perspective qui (dans la réalité) fausse la vue des objets *à force
de justesse* ».

ter stérilement la création. Le réalisme ne devrait être que le moyen d'expression du génie religieux, ce que l'art espagnol fait pressentir admirablement, ou, à l'autre extrémité, l'art des singes qui se contentent de ce qui est, et qui l'imitent. En fait, l'art n'est jamais réaliste; il a parfois la tentation de l'être. Pour être vraiment réaliste, une description se condamne à être sans fin. Là où Stendhal décrit, d'une phrase, l'entrée de Lucien Leuwen dans un salon, l'artiste réaliste devrait, en bonne logique, utiliser plusieurs tonnes à décrire personnages et décors, sans parvenir encore à épuiser le détail. Le réalisme est l'énumération indéfinie. Il révèle par là que son ambition vraie est la conquête, non de l'unité, mais de la totalité du monde réel. On comprend alors qu'il soit l'esthétique officielle d'une révolution de la totalité. Mais cette esthétique a déjà démontré son impossibilité. Les romans réalistes choisissent malgré eux dans le réel, parce que le choix et le dépassement de la réalité sont la condition même de la pensée et de l'expression[1]. Ecrire, c'est déjà choisir. Il y a donc un arbitraire du réel, comme un arbitraire de l'idéal, et qui fait du roman réaliste un roman à thèse implicite. Réduire l'unité du monde romanesque à la totalité du réel, ne peut se faire qu'à la faveur d'un jugement *a priori* qui élimine du réel ce qui ne convient pas à la doctrine. Le réalisme dit socialiste est alors voué, par la logique même de son nihilisme, à cumuler les avantages du roman édifiant et de la littérature de propagande.

Que l'événement asservisse le créateur ou que le créateur prétende nier l'événement tout entier, et la création s'abaisse donc aux formes dégradées de l'art nihiliste. Il

1. Delacroix le montre encore avec profondeur : « Pour que le réalisme ne soit pas un mot vide de sens, il faudrait que tous les hommes eussent le même esprit, la même façon de concevoir les choses. »

en est de la création comme de la civilisation : elle
suppose une tension ininterrompue entre la forme et la
matière, le devenir et l'esprit, l'histoire et les valeurs. Si
l'équilibre est rompu, il y a dictature ou anarchie,
propagande ou délire formel. Dans les deux cas, la
création, qui, elle, coïncide avec une liberté raisonnée, est
impossible. Soit qu'il cède au vertige de l'abstraction et
de l'obscurité formelle, soit qu'il fasse appel au fouet du
réalisme le plus cru ou le plus naïf, l'art moderne, dans sa
quasi-totalité, est un art de tyrans et d'esclaves, non de
créateurs.

L'œuvre où le fond déborde la forme, celle où la forme
submerge le fond, ne parlent que d'une unité déçue et
décevante. Dans ce domaine comme dans les autres,
toute unité qui n'est pas de style est une mutilation.
Quelle que soit la perspective choisie par un artiste, un
principe demeure commun à tous les créateurs : la
stylisation, qui suppose, en même temps, le réel et l'esprit
qui donne au réel sa forme. Par elle, l'effort créateur
refait le monde et toujours avec une légère gauchissure
qui est la marque de l'art et de la protestation. Que ce soit
le grossissement de microscope que Proust apporte dans
l'expérience humaine ou, au contraire, la ténuité absurde
que le roman américain donne à ses personnages, la
réalité est en quelque sorte forcée. La création, la fécondité de la révolte sont dans cette gauchissure qui figure le
style et le ton d'une œuvre. L'art est une exigence
d'impossible mise en forme. Lorsque le cri le plus
déchirant trouve son langage le plus ferme, la révolte
satisfait à sa vraie exigence et tire de cette fidélité à
elle-même une force de création. Bien que cela heurte les
préjugés du temps, le plus grand style en art est l'expression de la plus haute révolte. Comme le vrai classicisme
n'est qu'un romantisme dompté, le génie est une révolte
qui a créé sa propre mesure. C'est pourquoi il n'y a pas

de génie, contrairement à ce qu'on enseigne aujourd'hui, dans la négation et le pur désespoir.

C'est dire en même temps que le grand style n'est pas une simple vertu formelle. Il l'est lorsqu'il se trouve recherché pour lui-même aux dépens du réel et il n'est pas alors le grand style. Il n'invente plus, mais imite – comme tout académisme –, alors que la vraie création est, à sa manière, révolutionnaire. S'il faut pousser très loin la stylisation, puisqu'elle résume l'intervention de l'homme et la volonté de correction que l'artiste apporte dans la reproduction du réel, il convient cependant qu'elle reste invisible pour que la revendication qui donne naissance à l'art soit traduite dans sa tension la plus extrême. Le grand style est la stylisation invisible, c'est-à-dire incarnée. « En art, dit Flaubert, il ne faut pas craindre d'être exagéré. » Mais il ajoute que l'exagération doit être « continue et proportionnelle à elle-même ». Quand la stylisation est exagérée et se laisse voir, l'œuvre est une nostalgie pure : l'unité qu'elle tente de conquérir est étrangère au concret. Quand la réalité est livrée au contraire à l'état brut et la stylisation insignifiante, le concret est offert sans unité. Le grand art, le style, le vrai visage de la révolte, sont entre ces deux hérésies[1].

CRÉATION ET RÉVOLUTION

En art, la révolte s'achève et se perpétue dans la vraie création, non dans la critique ou le commentaire. La

1. La correction diffère avec les sujets. Dans une œuvre fidèle à l'esthétique esquissée ci-dessus, le style varierait avec les sujets, le langage propre à l'auteur (son ton) restant le lieu commun qui fait éclater les différences de style.

révolution, de son côté, ne peut s'affirmer que dans une civilisation, non dans la terreur ou la tyrannie. Les deux questions que pose désormais notre temps à une société dans l'impasse : la création est-elle possible, la révolution est-elle possible, n'en font qu'une, qui concerne la renaissance d'une civilisation.

La révolution et l'art du XXe siècle sont tributaires du même nihilisme et vivent dans la même contradiction. Ils nient ce qu'ils affirment pourtant dans leur mouvement même et cherchent tous deux une issue impossible, à travers la terreur. La révolution contemporaine croit inaugurer un nouveau monde et elle n'est que l'aboutissement contradictoire de l'ancien. Finalement, la société capitaliste et la société révolutionnaire n'en font qu'une dans la mesure où elles s'asservissent au même moyen, la production industrielle, et à la même promesse. Mais l'une fait sa promesse au nom de principes formels qu'elle est incapable d'incarner et qui sont niés par le moyen qu'elle emploie. L'autre justifie sa prophétie au nom de la seule réalité et finit par mutiler la réalité. La société de la production est seulement productrice, non créatrice.

L'art contemporain, parce qu'il est nihiliste, se débat aussi entre le formalisme et le réalisme. Le réalisme, d'ailleurs, est aussi bien bourgeois – mais il est alors noir – que socialiste, et il devient édifiant. Le formalisme appartient aussi bien à la société, du passé, quand il est abstraction gratuite, qu'à la société qui se prétend de l'avenir; il définit alors la propagande. Le langage détruit par la négation irrationnelle se perd dans le délire verbal; soumis à l'idéologie déterministe, il se résume dans le mot d'ordre. Entre les deux, se tient l'art. Si le révolté doit refuser à la fois la fureur du néant et le consentement à la totalité, l'artiste doit échapper en même temps à la frénésie formelle et à l'esthétique totalitaire de la réalité.

Le monde d'aujourd'hui est un, en effet, mais son unité est celle du nihilisme. La civilisation n'est possible que si, renonçant au nihilisme des principes formels et au nihilisme sans principes, ce monde retrouve le chemin d'une synthèse créatrice. De la même manière, en art, le temps du commentaire perpétuel et du reportage agonise; il annonce alors le temps des créateurs.

Mais l'art et la société, la création et la révolution doivent, pour cela, retrouver la source de la révolte où refus et consentement, singularité et universel, individu et histoire s'équilibrent dans la tension la plus dure. La révolte n'est pas en elle-même un élément de civilisation. Mais elle est préalable à toute civilisation. Elle seule, dans l'impasse où nous vivons, permet d'espérer l'avenir dont rêvait Nietzsche : « Au lieu du juge et du répresseur, le créateur. » Formule qui ne peut pas autoriser l'illusion dérisoire d'une cité dirigée par des artistes. Elle éclaire seulement le drame de notre époque où le travail, soumis entièrement à la production, a cessé d'être créateur. La société industrielle n'ouvrira les chemins d'une civilisation qu'en redonnant au travailleur la dignité du créateur, c'est-à-dire en appliquant son intérêt et sa réflexion autant au travail lui-même qu'à son produit. La civilisation désormais nécessaire ne pourra pas séparer, dans les classes comme dans l'individu, le travailleur et le créateur; pas plus que la création artistique ne songe à séparer la forme et le fond, l'esprit et l'histoire. C'est ainsi qu'elle reconnaîtra à tous la dignité affirmée par la révolte. Il serait injuste, et d'ailleurs utopique, que Shakespeare dirigeât la société des cordonniers. Mais il serait tout aussi désastreux que la société des cordonniers prétendît se passer de Shakespeare. Shakespeare sans le cordonnier sert d'alibi à la tyrannie. Le cordonnier sans Shakespeare est absorbé par la tyrannie quand il ne contribue pas à l'étendre. Toute création nie, en elle-même, le monde du

maître et de l'esclave. La hideuse société de tyrans et
d'esclaves où nous nous survivons ne trouvera sa mort et
sa transfiguration qu'au niveau de la création.

Mais que la création soit nécessaire n'entraîne pas
qu'elle soit possible. Une époque créatrice en art se
définit par l'ordre d'un style appliqué au désordre d'un
temps. Elle met en forme et en formules les passions des
contemporains. Il ne suffit donc plus, pour un créateur,
de répéter Mme de La Fayette dans un temps où nos
princes moroses n'ont plus le loisir de l'amour.
Aujourd'hui où les passions collectives ont pris le pas sur
les passions individuelles, il est toujours possible de
dominer, par l'art, la fureur de l'amour. Mais le problème
inéluctable est aussi de dominer les passions collectives et
la lutte historique. L'objet de l'art, malgré les regrets des
pasticheurs, s'est étendu de la psychologie à la condition
de l'homme. Quand la passion du temps met en jeu le
monde entier, la création veut dominer le destin tout
entier. Mais, du même coup, elle maintient en face de la
totalité l'affirmation de l'unité. Simplement la création
est alors mise en péril par elle-même, d'abord, et par
l'esprit de totalité, ensuite. Créer, aujourd'hui, c'est créer
dangereusement.

Pour dominer les passions collectives, il faut, en effet,
les vivre et les éprouver, au moins relativement. Dans le
même temps qu'il les éprouve, l'artiste en est dévoré. Il
en résulte que notre époque est plutôt celle du reportage
que de l'œuvre d'art. Il lui manque un juste emploi du
temps. L'exercice de ces passions, enfin, entraîne des
chances de mort plus grandes qu'au temps de l'amour ou
de l'ambition, la seule manière de vivre authentiquement
la passion collective étant d'accepter de mourir pour elle
et par elle. La plus grande chance d'authenticité est,
aujourd'hui, la plus grande chance d'échec pour l'art. Si
la création est impossible parmi les guerres et les révolu-

tions, nous n'aurons pas de créateurs parce que guerre et révolution sont notre lot. Le mythe de la production indéfinie porte en lui la guerre comme la nuée l'orage. Les guerres ravagent alors l'Occident et tuent Péguy. A peine surgie des ruines, la machine bourgeoise voit s'avancer à sa rencontre la machine révolutionnaire. Péguy n'a même plus eu le temps de renaître; la guerre qui menace tuera tous ceux qui, peut-être, auraient été Péguy. Si un classicisme créateur se montrait cependant possible, on doit reconnaître que, même illustré dans un seul nom, il serait l'œuvre d'une génération. Les chances d'échecs, dans le siècle de la destruction, ne peuvent être compensées que par la chance du nombre, c'est-à-dire la chance que sur dix artistes authentiques l'un, au moins, survive, prenne en charge les premières paroles de ses frères, et parvienne à trouver, dans sa vie, à la fois le temps de la passion ou le temps de la création. L'artiste, qu'il le veuille ou non, ne peut plus être un solitaire, sinon dans le triomphe mélancolique qu'il doit à tous ses pairs. L'art révolté aussi finit par révéler le « Nous sommes », et avec lui le chemin d'une farouche humilité.

En attendant, la révolution conquérante, dans l'égarement de son nihilisme, menace ceux qui, contre elle, prétendent maintenir l'unité dans la totalité. Un des sens de l'histoire d'aujourd'hui, et plus encore de demain, est la lutte entre les artistes et les nouveaux conquérants, entre les témoins de la révolution créatrice et les bâtisseurs de la révolution nihiliste. Sur l'issue de la lutte, on ne peut se faire que des illusions raisonnables. Du moins, nous savons désormais qu'elle doit être menée. Les conquérants modernes peuvent tuer, mais semblent ne pouvoir créer. Les artistes savent créer, mais ne peuvent réellement tuer. On ne trouve de meurtriers que par exception parmi les artistes. A la longue, l'art dans nos

société révolutionnaires devrait donc mourir. Mais alors
la révolution aura vécu. Chaque fois que, dans un
homme, elle tue l'artiste qu'il aurait pu être, la révolution
s'exténue un peu plus. Si, enfin, les conquérants pliaient
le monde à leur loi, ils ne prouveraient pas que la
quantité est reine, mais que ce monde est enfer. Dans cet
enfer même, la place de l'art coïnciderait encore avec
celle de la révolte vaincue, espoir aveugle et vide au creux
des jours désespérés. Ernst Dwinger, dans son *Journal de
Sibérie,* parle de ce lieutenant allemand qui, prisonnier
depuis des années dans un camp où régnaient le froid et
la faim, s'était construit, avec des touches de bois, un
piano silencieux. Là, dans l'entassement de la misère, au
milieu d'une cohue en haillons, il composait une étrange
musique qu'il était seul à entendre. Ainsi, jetés dans
l'enfer, de mystérieuses mélodies et les images cruelles de
la beauté enfuie nous apporteraient toujours, au milieu
du crime et de la folie, l'écho de cette insurrection
harmonieuse qui témoigne au long des siècles pour la
grandeur humaine.

Mais l'enfer n'a qu'un temps, la vie recommence un
jour. L'histoire a peut-être une fin; notre tâche pourtant
n'est pas de la terminer, mais de la créer, à l'image de ce
que désormais nous savons vrai. L'art, du moins, nous
apprend que l'homme ne se résume pas seulement à
l'histoire et qu'il trouve aussi une raison d'être dans
l'ordre de la nature. Le grand Pan, pour lui, n'est pas
mort. Sa révolte la plus instinctive, en même temps
qu'elle affirme la valeur, la dignité commune à tous,
revendique obstinément, pour en assouvir sa faim d'unité,
une part intacte du réel dont le nom est la beauté. On peut
refuser toute l'histoire et s'accorder pourtant au monde
des étoiles et de la mer. Les révoltés qui veulent ignorer la
nature et la beauté se condamnent à exiler de l'histoire
qu'ils veulent faire la dignité du travail et de l'être. Tous

les grands réformateurs essaient de bâtir dans l'histoire ce que Shakespeare, Cervantes, Molière, Tolstoï ont su créer : un monde toujours prêt à assouvir la faim de liberté et de dignité qui est au cœur de chaque homme. La beauté, sans doute, ne fait pas les révolutions. Mais un jour vient où les révolutions ont besoin d'elle. Sa règle qui conteste le réel en même temps qu'elle lui donne son unité est aussi celle de la révolte. Peut-on, éternellement, refuser l'injustice sans cesser de saluer la nature de l'homme et la beauté du monde ? Notre réponse est oui. Cette morale, en même temps insoumise et fidèle, est en tout cas la seule à éclairer le chemin d'une révolution vraiment réaliste. En maintenant la beauté, nous préparons ce jour de renaissance où la civilisation mettra au centre de sa réflexion, loin des principes formels et des valeurs dégradées de l'histoire, cette vertu vivante qui fonde la commune dignité du monde et de l'homme, et que nous avons maintenant à définir en face d'un monde qui l'insulte.

V

La pensée de midi

RÉVOLTE ET MEURTRE

Loin de cette source de vie, en tout cas, l'Europe et la révolution se consument dans une convulsion spectaculaire. Au siècle dernier, l'homme abat les contraintes religieuses. A peine délivré pourtant, il s'en invente à nouveau, et d'intolérables. La vertu meurt, mais renaît plus farouche encore. Elle crie à tout venant une fracassante charité, et cet amour du lointain qui fait une dérision de l'humanisme contemporain. A ce point de fixité, elle ne peut opérer que des ravages. Un jour vient où elle s'aigrit, la voilà policière, et, pour le salut de l'homme, d'ignobles bûchers s'élèvent. Au sommet de la tragédie contemporaine, nous entrons alors dans la familiarité du crime. Les sources de la vie et de la création semblent taries. La peur fige une Europe peuplée de fantômes et de machines. Entre deux hécatombes, les échafauds s'installent au fond des souterrains. Des tortionnaires humanistes y célèbrent leur nouveau culte dans le silence. Quel cri les troublerait? Les poètes eux-mêmes, devant le meurtre de leur frère, déclarent fièrement qu'ils ont les mains propres. Le monde entier dès lors se détourne distraitement de ce crime; les victimes viennent d'entrer dans l'extrémité de leur disgrâce : elles ennuient. Dans les temps anciens, le sang du meurtre provoquait au moins une horreur sacrée; il sanctifiait ainsi le prix de la vie. La vraie condamnation de cette époque est de donner à penser au contraire qu'elle n'est pas assez sanglante. Le sang n'est plus visible; il n'éclabousse pas assez haut le visage de nos pharisiens. Voici l'extrémité du nihilisme : le meurtre aveugle et furieux devient une oasis et le criminel imbécile paraît rafraîchissant auprès de nos très intelligents bourreaux.

Après avoir longtemps cru qu'il pourrait lutter contre Dieu avec l'humanité entière, l'esprit européen s'aperçoit donc qu'il lui faut aussi, s'il ne veut pas mourir, lutter contre les hommes. Les révoltés qui, dressés contre la mort, voulaient bâtir sur l'espèce une farouche immortalité, s'effraient d'être obligés de tuer à leur tour. S'ils reculent pourtant, il leur faut accepter de mourir; s'ils avancent, de tuer. La révolte, détournée à ses origines et cyniquement travestie, oscille à tous les niveaux entre le sacrifice et le meurtre. Sa justice qu'elle espérait distributive est devenue sommaire. Le royaume de la grâce a été vaincu, mais celui de la justice s'effondre aussi. L'Europe meurt de cette déception. Sa révolte plaidait pour l'innocence humaine et la voilà raidie contre sa propre culpabilité. A peine s'élance-t-elle vers la totalité qu'elle reçoit en partage la solitude la plus désespérée. Elle voulait entrer en communauté et elle n'a plus d'autre espoir que de rassembler, un à un, au long des années, les solitaires qui marchent vers l'unité.

Faut-il donc renoncer à toute révolte, soit que l'on accepte, avec ses injustices, une société qui se survit, soit que l'on décide, cyniquement, de servir contre l'homme la marche forcenée de l'histoire? Après tout, si la logique de notre réflexion devait conclure à un lâche conformisme, il faudrait l'accepter comme certaines familles acceptent parfois d'inévitables déshonneurs. Si elle devait aussi justifier toutes les sortes d'attentats contre l'homme, et

même sa destruction systématique, il faudrait consentir à
ce suicide. Le sentiment de la justice, pour finir, y
trouverait son compte : la disparition d'un monde de
marchands et de policiers.

Mais sommes-nous encore dans un monde révolté; la
révolte n'est-elle pas devenue, au contraire, l'alibi de
nouveaux tyrans? Le « Nous sommes » contenu dans le
mouvement de révolte peut-il, sans scandale ou sans
subterfuge, se concilier avec le meurtre? En assignant à
l'oppression une limite en deçà de laquelle commence la
dignité commune à tous les hommes, la révolte définissait
une première valeur. Elle mettait au premier rang de ses
références une complicité transparente des hommes entre
eux, une texture commune, la solidarité de la chaîne, une
communication d'être à être qui rend les hommes ressem-
blants et ligués. Elle faisait accomplir ainsi un premier
pas à l'esprit aux prises avec un monde absurde. Par ce
progrès, elle rendait plus angoissant encore le problème
qu'elle doit maintenant résoudre face au meurtre. Au
niveau de l'absurde, en effet, le meurtre suscitait seulement des contradictions logiques; au niveau de la révolte,
il est déchirement. Car il s'agit de décider s'il est possible
de tuer celui, quelconque, dont nous venons enfin de
reconnaître la ressemblance et de consacrer l'identité. La
solitude à peine dépassée, faut-il donc la retrouver définitivement en légitimant l'acte qui retranche de tout?
Forcer à la solitude celui qui vient d'apprendre qu'il n'est
pas seul, n'est-ce pas le crime définitif contre
l'homme?

En logique, on doit répondre que meurtre et révolte
sont contradictoires. Qu'un seul maître soit, en effet, tué,
et le révolté, d'une certaine manière, n'est plus autorisé à
dire la communauté des hommes dont il tirait pourtant sa
justification. Si ce monde n'a pas de sens supérieur, si
l'homme n'a que l'homme pour répondant, il suffit qu'un

homme retranche un seul être de la société des vivants
pour s'en exclure lui-même. Lorsque Caïn tue Abel, il
fuit dans les déserts. Et si les meurtriers sont foule, la
foule vit dans le désert et dans cette autre sorte de
solitude qui s'appelle promiscuité.

Dès qu'il frappe, le révolté coupe le monde en deux. Il
se dressait au nom de l'identité de l'homme avec
l'homme et il sacrifie l'identité en consacrant, dans le
sang, la différence. Son seul être, au cœur de la misère et
de l'oppression, était dans cette identité. Le même mouvement, qui visait à l'affirmer, le fait donc cesser d'être. Il
peut dire que quelques-uns, ou même presque tous, sont
avec lui. Mais, qu'il manque un seul être au monde
irremplaçable de la fraternité, et le voilà dépeuplé. Si
nous ne sommes pas, je ne suis pas, ainsi s'expliquent
l'infinie tristesse de Kaliayev et le silence de Saint-Just.
Les révoltés, décidés à passer par la violence et le
meurtre, ont beau, pour garder l'espoir d'être, remplacer
le *Nous sommes* par le *Nous serons*. Quand le meurtrier
et la victime auront disparu, la communauté se refera
sans eux. L'exception aura vécu, la règle redeviendra
possible. Au niveau de l'histoire, comme dans la vie
individuelle, le meurtre est ainsi une exception désespérée ou il n'est rien. L'effraction qu'il effectue dans l'ordre
des choses est sans lendemain. Il est insolite et ne peut
donc être utilisé, ni systématique, comme le veut l'attitude purement historique. Il est la limite qu'on ne peut
atteindre qu'une fois et après laquelle il faut mourir. Le
révolté n'a qu'une manière de se réconcilier avec son acte
meurtrier s'il s'y est laissé porter : accepter sa propre
mort et le sacrifice. Il tue et meurt pour qu'il soit clair
que le meurtre est impossible. Il montre alors qu'il
préfère en réalité le *Nous sommes* au *Nous serons*. Le
bonheur tranquille de Kaliayev dans sa prison, la sérénité
de Saint-Just marchant vers l'échafaud sont à leur tour

expliqués. Au-delà de cette extrême frontière commencent la contradiction et le nihilisme.

LE MEURTRE NIHILISTE

Le crime irrationnel et le crime rationnel, en effet, trahissent également la valeur mise au jour par le mouvement de révolte. Et d'abord le premier. Celui qui nie tout et s'autorise à tuer, Sade, le dandy meurtrier, l'Unique impitoyable, Karamazov, les zélateurs du brigand déchaîné, le surréaliste qui tire dans la foule, revendiquent en somme la liberté totale, le déploiement sans limites de l'orgueil humain. Le nihilisme confond dans la même rage créateur et créatures. Supprimant tout principe d'espoir, il rejette toute limite et, dans l'aveuglement d'une indignation qui n'aperçoit même plus ses raisons, finit par juger qu'il est indifférent de tuer ce qui, déjà, est voué à la mort.

Mais ses raisons, la reconnaissance mutuelle d'une destinée commune et la communication des hommes entre eux, sont toujours vivantes. La révolte les proclamait et s'engageait à les servir. Du même coup, elle définissait, contre le nihilisme, une règle de conduite qui n'a pas besoin d'attendre la fin de l'histoire pour éclairer l'action et qui, pourtant, n'est pas formelle. Elle faisait, au contraire, de la morale jacobine, la part de ce qui échappe à la règle et à la loi. Elle ouvrait les chemins d'une morale qui, loin d'obéir à des principes abstraits, ne les découvre qu'à la chaleur de l'insurrection, dans le mouvement incessant de la contestation. Rien n'autorise à dire que ces principes ont été éternellement, rien ne sert de déclarer qu'ils seront. Mais ils sont, dans le temps même où nous sommes. Ils nient avec nous, et tout au long de l'histoire, la servitude, le mensonge et la terreur.

Il n'y a rien de commun en effet entre un maître et un esclave, on ne peut parler et communiquer avec un être asservi. Au lieu de ce dialogue implicite et libre par lequel nous reconnaissons notre ressemblance et consacrons notre destinée, la servitude fait régner le plus terrible des silences. Si l'injustice est mauvaise pour le révolté, ce n'est pas en ce qu'elle contredit une idée éternelle de la justice, que nous ne savons où situer, mais en ce qu'elle perpétue la muette hostilité qui sépare l'oppresseur de l'opprimé. Elle tue le peu d'être qui peut venir au monde par la complicité des hommes entre eux. De la même façon, puisque l'homme qui ment se ferme aux autres hommes, le mensonge se trouve proscrit et, à un degré plus bas, le meurtre et la violence, qui imposent le silence définitif. La complicité et la communication découvertes par la révolte ne peuvent se vivre que dans le libre dialogue. Chaque équivoque, chaque malentendu suscite la mort; le langage clair, le mot simple, peut seul sauver de cette mort[1]. Le sommet de toutes les tragédies est dans la surdité des héros. Platon a raison contre Moïse et Nietzsche. Le dialogue à hauteur d'homme coûte moins cher que l'évangile des religions totalitaires, monologué et dicté du haut d'une montagne solitaire. A la scène comme à la ville, le monologue précède la mort. Tout révolté, par le seul mouvement qui le dresse face à l'oppresseur, plaide donc pour la vie, s'engage à lutter contre la servitude, le mensonge et la terreur et affirme, le temps d'un éclair, que ces trois fléaux font régner le silence entre les hommes, les obscurcissent les uns aux

---

1. On remarquera que le langage propre aux doctrines totalitaires est toujours un langage scolastique ou administratif.

autres et les empêchent de se retrouver dans la seule valeur qui puisse les sauver du nihilisme, la longue complicité des hommes aux prises avec leur destin.

Le temps d'un éclair. Mais cela suffit, provisoirement, pour dire que la liberté la plus extrême, celle de tuer, n'est pas compatible avec les raisons de la révolte. La révolte n'est nullement une revendication de liberté totale. Au contraire, la révolte fait le procès de la liberté totale. Elle conteste justement le pouvoir illimité qui autorise un supérieur à violer la frontière interdite. Loin de revendiquer une indépendance générale, le révolté veut qu'il soit reconnu que la liberté a ses limites partout où se trouve un être humain, la limite étant précisément le pouvoir de révolte de cet être. La raison profonde de l'intransigeance révoltée est ici. Plus la révolte a conscience de revendiquer une juste limite, plus elle est inflexible. Le révolté exige sans doute une certaine liberté pour lui-même; mais en aucun cas, s'il est conséquent, le droit de détruire l'être et la liberté de l'autre. Il n'humilie personne. La liberté qu'il réclame, il la revendique pour tous; celle qu'il refuse, il l'interdit à tous. Il n'est pas seulement esclave contre maître, mais aussi homme contre le monde du maître et de l'esclave. Il y a donc, grâce à la révolte, quelque chose de plus dans l'histoire que le rapport maîtrise et servitude. La puissance illimitée n'y est pas la seule loi. C'est au nom d'une autre valeur que le révolté affirme l'impossibilité de la liberté totale en même temps qu'il réclame pour lui-même la relative liberté, nécessaire pour reconnaître cette impossibilité. Chaque liberté humaine, à sa racine la plus profonde, est ainsi relative. La liberté absolue, qui est celle de tuer, est la seule qui ne réclame pas en même temps qu'elle-même ce qui la limite et l'oblitère. Elle se coupe alors de ses racines, elle erre à l'aventure, ombre abstraite et malfaisante, jusqu'à ce qu'elle s'imagine trouver un corps dans l'idéologie.

Il est donc possible de dire que la révolte, quand elle débouche sur la destruction, est illogique. Réclamant l'unité de la condition humaine, elle est force de vie, non de mort. Sa logique profonde n'est pas celle de la destruction; elle est celle de la création. Son mouvement, pour rester authentique, ne doit abandonner derrière lui aucun des termes de la contradiction qui le soutient. Il doit être fidèle au *oui* qu'il contient en même temps qu'à ce *non* que les interprétations nihilistes isolent dans la révolte. La logique du révolté est de vouloir servir la justice pour ne pas ajouter à l'injustice de la condition, de s'efforcer au langage clair pour ne pas épaissir le mensonge universel et de parier, face à la douleur des hommes, pour le bonheur. La passion nihiliste, ajoutant à l'injustice et au mensonge, détruit dans sa rage son exigence ancienne et s'enlève ainsi les raisons les plus claires de sa révolte. Elle tue, folle de sentir que ce monde est livré à la mort. La conséquence de la révolte, au contraire, est de refuser sa légitimation au meurtre puisque, dans son principe, elle est protestation contre la mort.

Mais si l'homme était capable d'introduire à lui seul l'unité dans le monde, s'il pouvait y faire régner, par son seul décret, la sincérité, l'innocence et la justice, il serait Dieu lui-même. Aussi bien, s'il le pouvait, la révolte serait désormais sans raisons. S'il y a révolte, c'est que le mensonge, l'injustice et la violence font, en partie, la condition du révolté. Il ne peut donc prétendre absolument à ne point tuer ni mentir, sans renoncer à sa révolte, et accepter une fois pour toutes le meurtre et le mal. Mais il ne peut non plus accepter de tuer et mentir, puisque le mouvement inverse qui légitimerait meurtre et violence détruirait aussi les raisons de son insurrection. Le révolté ne peut donc trouver le repos. Il sait le bien et fait malgré lui le mal. La valeur qui le tient debout ne lui est jamais donnée une fois pour toutes, il doit la maintenir sans cesse. L'être qu'il obtient s'effondre si la révolte à nouveau ne le soutient. En tout cas, s'il ne peut pas toujours ne point tuer, directement ou indirectement, il peut mettre sa fièvre et sa passion à diminuer la chance du meurtre autour de lui. Sa seule vertu sera, plongé dans les ténèbres, de ne pas céder à leur vertige obscur; enchaîné au mal, de se traîner obstinément vers le bien. S'il tue lui-même, enfin, il acceptera la mort. Fidèle à ses origines, le révolté démontre dans le sacrifice que sa vraie liberté n'est pas à l'égard du meurtre, mais à l'égard de sa propre mort. Il découvre en même temps l'honneur métaphysique. Kaliayev se place alors sous la potence et désigne visiblement, à tous ses frères, la limite exacte où commence et finit l'honneur des hommes.

LE MEURTRE HISTORIQUE

La révolte se déploie aussi dans l'histoire qui demande non seulement des options exemplaires, mais encore des aptitudes efficaces. Le meurtre rationnel risque de s'en trouver justifié. La contradiction révoltée se répercute alors dans des antinomies apparemment insolubles dont les deux modèles, en politique, sont d'une part l'opposition de la violence et de la non-violence, d'autre part celle de la justice et de la liberté. Essayons de les définir dans leur paradoxe.

La valeur positive contenue dans le premier mouvement de révolte suppose le renoncement à la violence de principe. Elle entraîne, par conséquent, l'impossibilité de

stabiliser une révolution. La révolte traîne sans cesse avec
elle cette contradiction. Au niveau de l'histoire, elle se
durcit encore. Si je renonce à faire respecter l'identité
humaine, j'abdique devant celui qui opprime, je renonce
à la révolte et retourne à un consentement nihiliste. Le
nihilisme alors se fait conservateur. Si j'exige que cette
identité soit reconnue pour être, je m'engage dans une
action qui, pour réussir, suppose un cynisme de la
violence, et nie cette identité et la révolte elle-même. En
élargissant encore la contradiction, si l'unité du monde ne
peut lui venir d'en haut, l'homme doit la construire à sa
hauteur, dans l'histoire. L'histoire, sans valeur qui la
transfigure, est régie par la loi de l'efficacité. Le matérialisme historique, le déterminisme, la violence, la négation
de toute liberté qui n'aille pas dans le sens de l'efficacité,
le monde du courage et du silence sont les conséquences
les plus légitimes d'une pure philosophie de l'histoire.
Seule, dans le monde d'aujourd'hui, une philosophie de
l'éternité peut justifier la non-violence. A l'historicité
absolue elle objectera la création de l'histoire, à la
situation historique elle demandera son origine. Pour
finir, consacrant alors l'injustice, elle remettra à Dieu le
soin de la justice. Aussi bien, ses réponses, à leur tour,
exigeront la foi. On lui objectera le mal, et le paradoxe
d'un Dieu tout-puissant et malfaisant, ou bienfaisant et
stérile. Le choix restera ouvert entre la grâce et l'histoire,
Dieu ou l'épée.

Quelle peut être alors l'attitude du révolté? Il ne peut
se détourner du monde et de l'histoire sans renier le
principe même de sa révolte, choisir la vie éternelle sans
se résigner, en un sens, au mal. Non chrétien, par
exemple, il doit aller jusqu'au bout. Mais jusqu'au bout
signifie choisir l'histoire absolument et le meurtre de
l'homme avec elle, si ce meurtre est nécessaire à l'his-

toire : accepter la légitimation du meurtre est encore renier ses origines. Si le révolté ne choisit pas, il choisit le silence et l'esclavage d'autrui. Si, dans un mouvement de désespoir, il déclare choisir à la fois contre Dieu et l'histoire, il est le témoin de la liberté pure, c'est-à-dire de rien. Au stade historique qui est le nôtre, dans l'impossibilité d'affirmer une raison supérieure qui ne trouve sa limite dans le mal, son apparent dilemme est le silence ou le meurtre. Dans les deux cas, une démission.

Ainsi encore de la justice et de la liberté. Ces deux exigences sont déjà au principe du mouvement de révolte et on les retrouve dans l'élan révolutionnaire. L'histoire des révolutions montre cependant qu'elles entrent presque toujours en conflit comme si leurs exigences mutuelles se trouvaient inconciliables. La liberté absolue, c'est le droit pour le plus fort de dominer. Elle maintient donc les conflits qui profitent à l'injustice. La justice absolue passe par la suppression de toute contradiction : elle détruit la liberté[1]. La révolution pour la justice, par la liberté, finit par les dresser l'une contre l'autre. Il y a ainsi dans chaque révolution, une fois liquidée la caste qui dominait jusque-là, une étape où elle suscite elle-même un mouvement de révolte qui indique ses limites et annonce ses chances d'échec. La révolution se propose, d'abord, de satisfaire l'esprit de révolte qui lui a donné naissance; elle s'oblige à le nier, ensuite, pour mieux s'affirmer elle-même. Il y a, semble-t-il, une opposition irréductible entre le mouvement de la révolte et les acquisitions de la révolution.

1. Dans ses *Entretiens sur le bon usage de la liberté,* Jean Grenier fonde une démonstration qu'on peut résumer ainsi : la liberté absolue est la destruction de toute valeur; la valeur absolue supprime toute liberté. De même Palante : « S'il y a une vérité une et universelle, la liberté n'a pas de raison d'être. »

Mais ces antinomies n'existent que dans l'absolu. Elles supposent un monde et une pensée sans médiations. Il n'y a pas, en effet, de conciliation possible entre un dieu totalement séparé de l'histoire et une histoire purgée de toute transcendance. Leurs représentants sur terre sont effectivement le yogi et le commissaire. Mais la différence entre ces deux types d'hommes n'est pas, comme on le dit, la différence entre la vaine pureté et l'efficacité. Le premier choisit seulement l'inefficacité de l'abstention et le second celle de la destruction. Parce que tous deux rejettent la valeur médiatrice que la révolte au contraire révèle, ils ne nous offrent, également éloignés du réel, que deux sortes d'impuissance, celle du bien et celle du mal.

Si, en effet, ignorer l'histoire revient à nier le réel, c'est encore s'éloigner du réel que de considérer l'histoire comme un tout qui se suffit à lui-même. La révolution du XXe siècle croit éviter le nihilisme, être fidèle à la vraie révolte, en remplaçant Dieu par l'histoire. Elle fortifie le premier, en réalité, et trahit la seconde. L'histoire, dans son mouvement pur, ne fournit par elle-même aucune valeur. Il faut donc vivre selon l'efficacité immédiate, et se taire ou mentir. La violence systématique, ou silence imposé, le calcul ou mensonge concerté deviennent des règles inévitables. Une pensée purement historique est donc nihiliste : elle accepte totalement le mal de l'histoire et s'oppose en ceci à la révolte. Elle a beau affirmer en compensation la rationalité absolue de l'histoire, cette raison historique ne sera achevée, n'aura de sens complet, qu'à la fin de l'histoire. En attendant, il faut agir, et agir sans règle morale pour que la règle définitive vienne au jour. Le cynisme comme attitude politique n'est logique qu'en fonction d'une pensée absolutiste, c'est-à-dire le nihilisme absolu d'une part, le rationalisme absolu de l'autre[1]. Quant aux conséquences, il n'y a pas de différence entre les deux attitudes. Dès l'instant où elles sont acceptées, la terre est déserte.

En réalité, l'absolu purement historique n'est même pas concevable. La pensée de Jaspers, par exemple, dans ce qu'elle a d'essentiel, souligne l'impossibilité pour l'homme de saisir la totalité, puisqu'il se trouve à l'intérieur de cette totalité. L'histoire, comme un tout, ne pourrait exister qu'aux yeux d'un observateur extérieur à elle-même et au monde. Il n'y a d'histoire, à la limite, que pour Dieu. Il est donc impossible d'agir suivant les plans embrassant la totalité de l'histoire universelle. Toute entreprise historique ne peut être alors qu'une aventure plus ou moins raisonnable ou fondée. Elle est d'abord un risque. En tant que risque, elle ne saurait justifier aucune démesure, aucune position implacable et absolue.

Si la révolte pouvait fonder une philosophie, au contraire, ce serait une philosophie des limites, de l'ignorance calculée et du risque. Celui qui ne peut tout savoir ne peut tout tuer. Le révolté, loin de faire un absolu de l'histoire, la récuse et la met en contestation, au nom d'une idée qu'il a de sa propre nature. Il refuse sa condition, et sa condition, en grande partie, est historique. L'injustice, la fugacité, la mort se manifestent dans l'histoire. En les repoussant, on repousse l'histoire elle-même. Certes, le révolté ne nie pas l'histoire qui l'entoure, c'est en elle qu'il essaie de s'affirmer. Mais il se trouve devant elle comme l'artiste devant le réel, il la repousse sans s'y dérober. Pas une seconde, il n'en fait un

1. On voit encore, on ne saurait trop y insister, que le rationalisme absolu n'est pas le rationalisme. Entre les deux, la différence est la même qu'entre cynisme et réalisme. Le premier pousse le second hors des limites qui lui donnent un sens et une légitimité. Plus brutal, il est finalement moins efficace. C'est la violence en face de la force.

absolu. S'il peut participer, par la force des choses, au crime de l'histoire, il ne peut donc le légitimer. Le crime rationnel, non seulement ne peut s'admettre au niveau de la révolte, mais encore signifie la mort de la révolte. Pour rendre cette évidence plus claire, le crime rationnel s'exerce, en premier lieu, sur les révoltés dont l'insurrection conteste une histoire désormais divinisée.

La mystification propre à l'esprit qui se dit révolutionnaire reprend et aggrave aujourd'hui la mystification bourgeoise. Elle fait passer sous la promesse d'une justice absolue l'injustice perpétuelle, le compromis sans limites et l'indignité. La révolte, elle, ne vise qu'au relatif et ne peut promettre qu'une dignité certaine assortie d'une justice relative. Elle prend le parti d'une limite où s'établit la communauté des hommes. Son univers est celui du relatif. Au lieu de dire avec Hegel et Marx que tout est nécessaire, elle répète seulement que tout est possible et qu'à une certaine frontière, le possible aussi mérite le sacrifice. Entre Dieu et l'histoire, le yogi et le commissaire, elle ouvre un chemin difficile où les contradictions peuvent se vivre et se dépasser. Considérons aussi les deux antinomies posées en exemple.

Une action révolutionnaire qui se voudrait cohérente avec ses origines devrait se résumer dans un consentement actif au relatif. Elle serait fidélité à la condition humaine. Intransigeante sur ses moyens, elle accepterait l'approximation quant à ses fins et, pour que l'approximation se définisse de mieux en mieux, laisserait libre cours à la parole. Elle maintiendrait ainsi cet être commun qui justifie son insurrection. Elle garderait, en particulier, au droit la possibilité permanente de s'exprimer. Ceci définit une conduite à l'égard de la justice et de la liberté. Il n'y a pas de justice, en société, sans droit naturel ou civil qui la fonde. Il n'y a pas de droit sans expression de ce droit. Que le droit s'exprime sans attendre et c'est la probabilité que, tôt ou tard, la justice qu'il fonde viendra au monde. Pour conquérir l'être, il faut partir du peu d'être que nous découvrons en nous, non le nier d'abord. Faire taire le droit jusqu'à ce que la justice soit établie, c'est le faire taire à jamais puisqu'il n'aura plus lieu de parler si la justice règne à jamais. A nouveau, on confie donc la justice à ceux qui, seuls, ont la parole, les puissants. Depuis des siècles, la justice et l'être distribués par les puissants se sont appelés bon plaisir. Tuer la liberté pour faire régner la justice, revient à réhabiliter la notion de grâce sans l'intercession divine et restaurer par une réaction vertigineuse le corps mystique sous les espèces les plus basses. Même quand la justice n'est pas réalisée, la liberté préserve le pouvoir de protestation et sauve la communication. La justice dans un monde silencieux, la justice asservie et muette, détruit la complicité et finalement ne peut plus être la justice. La révolution du XXᵉ siècle a séparé arbitrairement, pour des fins démesurées de conquête, deux notions inséparables. La liberté absolue raille la justice. La justice absolue nie la liberté. Pour être fécondes, les deux notions doivent trouver, l'une dans l'autre, leur limite. Aucun homme n'estime sa condition libre, si elle n'est pas juste en même temps, ni juste si elle ne se trouve pas libre. La liberté, précisément, ne peut s'imaginer sans le pouvoir de dire en clair le juste et l'injuste, de revendiquer l'être entier au nom d'une parcelle d'être qui se refuse à mourir. Il y a une justice, enfin, quoique bien différente, à restaurer la liberté, seule valeur impérissable de l'histoire. Les hommes ne sont jamais bien morts que pour la liberté : ils ne croyaient pas alors mourir tout à fait.

Le même raisonnement s'applique à la violence. La non-violence absolue fonde négativement la servitude et ses violences; la violence systématique détruit positivement la communauté vivante et l'être que nous en recevons. Pour être fécondes, ces deux notions doivent trouver leurs limites. Dans l'histoire considérée comme un absolu, la violence se trouve légitimée; comme un risque relatif, elle est une rupture de communication. Elle doit conserver, pour le révolté, son caractère provisoire d'effraction, être toujours liée, si elle ne peut être évitée, à une responsabilité personnelle, à un risque immédiat. La violence de système se place dans l'ordre; elle est, en un sens, confortable. Führerprinzip ou Raison historique, quel que soit l'ordre qui la fonde, elle règne sur un univers de choses, non d'hommes. De même que le révolté considère le meurtre comme la limite qu'il doit, s'il s'y porte, consacrer en mourant, de même la violence ne peut être qu'une limite extrême qui s'oppose à une autre violence, par exemple dans le cas de l'insurrection. Si l'excès de l'injustice rend cette dernière impossible à éviter, le révolté refuse d'avancer la violence au service d'une doctrine ou d'une raison d'Etat. Toute crise historique, par exemple, s'achève par des institutions. Si nous n'avons pas de prise sur la crise elle-même, qui est le risque pur, nous en avons sur les institutions puisque nous pouvons les définir, choisir celles pour lesquelles nous luttons et incliner ainsi notre lutte dans leur direction. L'action révoltée authentique ne consentira à s'armer que pour des institutions qui limitent la violence, non pour celles qui la codifient. Une révolution ne vaut la peine qu'on meure pour elle que si elle assure sans délai la suppression de la peine de mort; qu'on souffre pour elle la prison que si elle refuse d'avance d'appliquer des châtiments sans terme prévisible. Si la violence insurrectionnelle se déploie dans la direction de ces institutions, les annonçant aussi souvent que possible, ce sera la seule manière pour elle d'être vraiment provisoire. Quand la fin est absolue, c'est-à-dire, historiquement parlant, quand on la croit certaine, on peut aller jusqu'à sacrifier les autres. Quand elle ne l'est pas, on ne peut sacrifier que soi-même, dans l'enjeu d'une lutte pour la dignité commune. La fin justifie les moyens? Cela est possible. Mais qui justifiera la fin? A cette question, que la pensée historique laisse pendante, la révolte répond : les moyens.

Que signifie une telle attitude en politique? Et d'abord est-elle efficace? Il faut répondre sans hésiter qu'elle est seule à l'être aujourd'hui. Il y a deux sortes d'efficacité, celle du typhon et celle de la sève. L'absolutisme historique n'est pas efficace, il est efficient; il a pris et conservé le pouvoir. Une fois muni du pouvoir, il détruit la seule réalité créatrice. L'action intransigeante et limitée, issue de la révolte, maintient cette réalité et tente seulement de l'étendre de plus en plus. Il n'est pas dit que cette action ne puisse vaincre. Il est dit qu'elle court le risque de ne pas vaincre et de mourir. Mais ou bien la révolution prendra ce risque ou bien elle confessera qu'elle n'est que l'entreprise de nouveaux maîtres, justiciables du même mépris. Une révolution qu'on sépare de l'honneur trahit ses origines qui sont du règne de l'honneur. Son choix en tout cas se limite à l'efficacité matérielle, et le néant, ou le risque, et la création. Les anciens révolutionnaires allaient au plus pressé et leur optimisme était entier. Mais aujourd'hui l'esprit révolutionnaire a grandi en conscience et en clairvoyance; il a derrière lui cent cinquante années d'expérience, sur lesquelles il peut réfléchir. De plus, la révolution a perdu ses prestiges de fête. Elle est, à elle seule, un prodigieux calcul, qui s'étend à l'univers. Elle sait, même si elle ne l'avoue pas toujours, qu'elle sera mondiale ou ne sera pas. Ses chances s'équilibrent aux risques d'une guerre universelle qui, même dans le cas d'une victoire, ne lui offrira que l'Empire des ruines. Elle peut alors rester fidèle à son nihilisme, et incarner dans les charniers la raison ultime

de l'histoire. Il faudrait alors renoncer à tout, sauf à la
silencieuse musique qui transfigurera encore les enfers
terrestres. Mais l'esprit révolutionnaire, en Europe, peut
aussi, pour la première et la dernière fois, réfléchir sur ses
principes, se demander quelle est la déviation qui l'égare
dans la terreur et dans la guerre, et retrouver, avec les
raisons de sa révolte, sa fidélité.

MESURE ET DÉMESURE

L'égarement révolutionnaire s'explique d'abord par l'ignorance ou la méconnaissance systématique de cette limite qui semble inséparable de la nature humaine et que la révolte, justement, révèle. Les pensées nihilistes, parce qu'elles négligent cette frontière, finissent par se jeter dans un mouvement uniformément accéléré. Rien ne les arrête plus dans leurs conséquences et elles justifient alors la destruction totale ou la conquête indéfinie. Nous savons maintenant au bout de cette longue enquête sur la révolte et le nihilisme que la révolution sans autres limites que l'efficacité historique signifie la servitude sans limites. Pour échapper à ce destin, l'esprit révolutionnaire, s'il veut rester vivant, doit donc se retremper aux sources de la révolte et s'inspirer alors de la seule pensée qui soit fidèle à ces origines, la pensée des limites. Si la limite découverte par la révolte transfigure tout; si toute pensée, toute action qui dépasse un certain point se nie elle-même, il y a en effet une mesure des choses et de l'homme. En histoire, comme en psychologie, la révolte est un pendule déréglé qui court aux amplitudes les plus folles parce qu'il cherche son rythme profond. Mais ce dérèglement n'est pas complet. Il s'accomplit autour d'un pivot. En même temps qu'elle suggère une nature com-

mune des hommes, la révolte porte au jour la mesure et
la limite qui sont au principe de cette nature.

Toute réflexion aujourd'hui, nihiliste ou positive, sans
le savoir parfois, fait naître cette mesure des choses que la
science elle-même confirme. Les quanta, la relativité
jusqu'à présent, les relations d'incertitude, définissent un
monde qui n'a de réalité définissable qu'à l'échelle des
grandeurs moyennes qui sont les nôtres[1]. Les idéologies
qui mènent notre monde sont nées au temps des grandeurs scientifiques absolues. Nos connaissances réelles
n'autorisent, au contraire, qu'une pensée des grandeurs
relatives. « L'intelligence, dit Lazare Bickel, est notre
faculté de ne pas pousser jusqu'au bout ce que nous
pensons afin que nous puissions croire à la réalité. » La
pensée approximative est seule génératrice de réel[2].

Il n'est pas jusqu'aux forces matérielles qui, dans leur
marche aveugle, ne fassent surgir leur propre mesure.
C'est pourquoi il est inutile de vouloir renverser la
technique. L'âge du rouet n'est plus et le rêve d'une
civilisation artisanale est vain. La machine n'est mauvaise que dans son mode d'emploi actuel. Il faut accepter
ses bienfaits, même si l'on refuse ses ravages. Le camion,
conduit au long des jours et des nuits par son transpor-
teur, n'humilie pas ce dernier qui le connaît dans son
entier et l'utilise avec amour et efficacité. La vraie et
inhumaine démesure est dans la division du travail. Mais
à force de démesure, un jour vient où une machine à cent

---

1. Voir sur ce point l'excellent et curieux article de Lazare Bickel,
« La physique confirme la philosophie ». *Empédocle,* n° 7.
2. La science d'aujourd'hui trahit ses origines et nie ses propres
acquisitions en se laissant mettre au service du terrorisme d'Etat et de
l'esprit de puissance. Sa punition et sa dégradation sont de ne produire
alors, dans un monde abstrait, que des moyens de destruction ou
d'asservissement. Mais quand la limite sera atteinte, la science servira
peut-être la révolte individuelle. Cette terrible nécessité marquera le
tournant décisif.

opérations, conduite par un seul homme, crée un seul objet. Cet homme, à une échelle différente, aura retrouvé en partie la force de création qu'il possédait dans l'artisanat. Le producteur anonyme se rapproche alors du créateur. Il n'est pas sûr, naturellement, que la démesure industrielle s'engagera tout de suite dans cette voie. Mais elle démontre déjà, par son fonctionnement, la nécessité d'une mesure, et elle suscite la réflexion propre à organiser cette mesure. Ou cette valeur de limite sera servie, en tout cas, ou la démesure contemporaine ne trouvera sa règle et sa paix que dans la destruction universelle.

Cette loi de la mesure s'étend aussi bien à toutes les antinomies de la pensée révoltée. Ni le réel n'est entièrement rationnel ni le rationnel tout à fait réel. Nous l'avons vu à propos du surréalisme, le désir d'unité n'exige pas seulement que tout soit rationnel. Il veut encore que l'irrationnel ne soit pas sacrifié. On ne peut pas dire que rien n'a de sens puisque l'on affirme par là une valeur consacrée par un jugement; ni que tout ait un sens puisque le mot tout n'a pas de signification pour nous. L'irrationnel limite le rationnel qui lui donne à son tour sa mesure. Quelque chose a du sens, enfin, que nous devons conquérir sur le non-sens. De la même manière, on ne peut dire que l'être soit seulement au niveau de l'essence. Où saisir l'essence sinon au niveau de l'existence et du devenir? Mais on ne peut dire que l'être n'est qu'existence. Ce qui devient toujours ne saurait être, il faut un commencement. L'être ne peut s'éprouver que dans le devenir, le devenir n'est rien sans l'être. Le monde n'est pas dans une pure fixité; mais il n'est pas seulement mouvement. Il est mouvement et fixité. La dialectique historique, par exemple, ne fuit pas indéfiniment vers une valeur ignorée. Elle tourne autour de la limite, première valeur. Héraclite, inventeur du devenir, donnait cependant une borne à cet écoulement perpétuel. Cette limite était symbolisée par Némésis, déesse de la mesure, fatale aux démesurés. Une réflexion qui voudrait tenir compte des contradictions contemporaines de la révolte devrait demander à cette déesse son inspiration.

Les antinomies morales commencent, elles aussi, à s'éclairer à la lumière de cette valeur médiatrice. La vertu ne peut se séparer du réel sans devenir principe de mal. Elle ne peut non plus s'identifier absolument au réel sans se nier elle-même. La valeur morale mise à jour par la révolte, enfin, n'est pas plus au-dessus de la vie et de l'histoire que l'histoire et la vie ne sont au-dessus d'elle. A la vérité, elle ne prend de réalité dans l'histoire que lorsqu'un homme donne sa vie pour elle, ou la lui voue. La civilisation jacobine et bourgeoise suppose que les valeurs sont au-dessus de l'histoire, et sa vertu formelle fonde alors une répugnante mystification. La révolution du XXᵉ siècle décrète que les valeurs sont mêlées au mouvement de l'histoire, et sa raison historique justifie une nouvelle mystification. La mesure, face à ce dérèglement, nous apprend qu'il faut une part de réalisme à toute morale : la vertu toute pure est meurtrière; et qu'il faut une part de morale à tout réalisme : le cynisme est meurtrier. C'est pourquoi le verbiage humanitaire n'est pas plus fondé que la provocation cynique. L'homme enfin n'est pas entièrement coupable, il n'a pas commencé l'histoire; ni tout à fait innocent puisqu'il la continue. Ceux qui passent cette limite et affirment son innocence totale finissent dans la rage de la culpabilité définitive. La révolte nous met au contraire sur le chemin d'une culpabilité calculée. Son seul espoir, mais invincible, s'incarne, à la limite, dans des meurtriers innocents.

Sur cette limite, le « Nous sommes » définit paradoxalement un nouvel individualisme. « Nous sommes », devant l'histoire, et l'histoire doit compter avec ce « Nous sommes », qui doit, à son tour, se maintenir dans l'histoire. J'ai besoin des autres qui ont besoin de moi et de chacun. Chaque action collective, chaque société supposent une discipline et l'individu, sans cette loi, n'est qu'un étranger ployant sous le poids d'une collectivité ennemie. Mais société et discipline perdent leur direction si elles nient le « Nous sommes ». A moi seul, dans un sens, je supporte la dignité commune que je ne puis laisser ravaler en moi, ni dans les autres. Cet individualisme n'est pas jouissance, il est lutte, toujours, et joie sans égale, quelquefois, au sommet de la fière compassion.

LA PENSÉE DE MIDI

Quant à savoir si une telle attitude trouve son expression politique dans le monde contemporain, il est facile d'évoquer, et ceci n'est qu'un exemple, ce qu'on appelle traditionnellement le syndicalisme révolutionnaire. Ce syndicalisme même n'est-il pas inefficace ? La réponse est simple : c'est lui qui, en un siècle, a prodigieusement amélioré la condition ouvrière depuis la journée de seize heures jusqu'à la semaine de quarante heures. L'Empire idéologique, lui, a fait revenir le socialisme en arrière et détruit la plupart des conquêtes du syndicalisme. C'est que le syndicalisme partait de la base concrète, la profession, qui est à l'ordre économique ce que la commune est à l'ordre politique, la cellule vivante sur laquelle l'organisme s'édifie, tandis que la révolution césarienne part de la doctrine et y fait entrer de force le réel. Le syndicalisme, comme la commune, est la négation, au profit du

réel, du centralisme bureaucratique et abstrait[1]. La révolution du XXe siècle, au contraire, prétend s'appuyer sur
l'économie, mais elle est d'abord une politique et une
idéologie. Elle ne peut, par fonction, éviter la terreur et la
violence faite au réel. Malgré ses prétentions, elle part de
l'absolu pour modeler la réalité. La révolte, inversement,
s'appuie sur le réel pour s'acheminer dans un combat
perpétuel vers la vérité. La première tente de s'accomplir
de haut en bas, la seconde de bas en haut. Loin d'être un
romantisme, la révolte, au contraire, prend le parti du
vrai réalisme. Si elle veut une révolution, elle la veut en
faveur de la vie, non contre elle. C'est pourquoi elle
s'appuie d'abord sur les réalités les plus concrètes, la
profession, le village, où transparaissent l'être, le cœur
vivant des choses et des hommes. La politique, pour elle,
doit se soumettre à ces vérités. Pour finir, lorsqu'elle fait
avancer l'histoire et soulage la douleur des hommes, elle
le fait sans terreur, sinon sans violence, et dans les
conditions politiques les plus différentes[2].

Mais cet exemple va plus loin qu'il ne paraît. Le jour,
précisément, où la révolution césarienne a triomphé de
l'esprit syndicaliste et libertaire, la pensée révolutionnaire
a perdu, en elle-même, un contrepoids dont elle ne peut,
sans déchoir, se priver. Ce contrepoids, cet esprit qui
mesure la vie, est celui-là même qui anime la longue
tradition de ce qu'on peut appeler la pensée solaire et où,

---

1. Tolain, futur communard : « Les êtres humains ne s'émancipent
qu'au sein des groupes naturels. »
2. Les sociétés scandinaves d'aujourd'hui, pour ne donner qu'un seul
exemple, montrent ce qu'il y a d'artificiel et de meurtrier dans les
oppositions purement politiques. Le syndicalisme le plus fécond s'y
concilie avec la monarchie constitutionnelle et réalise l'approximation
d'une société juste. Le premier soin de l'Etat historique et rationnel a été,
au contraire, d'écraser à jamais la cellule professionnelle et l'autonomie
communale.

depuis les Grecs, la nature a toujours été équilibrée au devenir. L'histoire de la première Internationnale où le socialisme allemand lutte sans arrêt contre la pensée libertaire des Français, des Espagnols et des Italiens, est l'histoire des luttes entre l'idéologie allemande et l'esprit méditerranéen[1]. La commune contre l'Etat, la société concrète contre la société absolutiste, la liberté réfléchie contre la tyrannie rationnelle, l'individualisme altruiste enfin contre la colonisation des masses, sont alors les antinomies qui traduisent, une fois de plus, la longue confrontation entre la mesure et la démesure qui anime l'histoire de l'Occident, depuis le monde antique. Le conflit profond de ce siècle ne s'établit peut-être pas tant entre les idéologies allemandes de l'histoire et la politique chrétienne, qui d'une certaine manière sont complices, qu'entre les rêves allemands et la tradition méditerranéenne, les violences de l'éternelle adolescence et la force virile, la nostalgie, exaspérée par la connaissance et les livres, et le courage durci et éclairé dans la course de la vie; l'histoire enfin et la nature. Mais l'idéologie allemande est en ceci une héritière. En elle s'achèvent vingt siècles de vaine lutte contre la nature au nom d'un dieu historique d'abord et de l'histoire divinisée ensuite. Le christianisme sans doute n'a pu conquérir sa catholicité qu'en assimilant ce qu'il pouvait de la pensée grecque. Mais lorsque l'Eglise a dissipé son héritage méditerranéen, elle a mis l'accent sur l'histoire au détriment de la nature, fait triompher la gothique sur le roman et, détruisant une limite en elle-même, elle a revendiqué de plus en plus la puissance temporelle et le dynamisme

---

1. Cf. la lettre de Marx à Engels (20 juillet 1870) souhaitant la victoire de la Prusse sur la France : « La prépondérance du prolétariat allemand sur le prolétariat français serait en même temps la prépondérance de notre théorie sur celle de Proudhon. »

historique. La nature qui cesse d'être objet de contemplation et d'admiration ne peut plus être ensuite que la matière d'une action qui vise à la transformer. Ces tendances, et non les notions de médiation qui auraient fait la force vraie du christianisme, triomphent, dans les temps modernes, et contre le christianisme lui-même, par un juste retour des choses. Que Dieu en effet soit expulsé de cet univers historique et l'idéologie allemande naît où l'action n'est plus perfectionnement mais pure conquête, c'est-à-dire tyrannie.

Mais l'absolutisme historique, malgré ses triomphes, n'a jamais cessé de se heurter à une exigence invincible de la nature humaine dont la Méditerranée, où l'intelligence est sœur de la dure lumière, garde le secret. Les pensées révoltées, celles de la Commune ou du syndicalisme révolutionnaire, n'ont cessé de crier cette exigence à la face du nihilisme bourgeois comme à celle du socialisme césarien. La pensée autoritaire, à la faveur de trois guerres et grâce à la destruction physique d'une élite de révoltés, a submergé cette tradition libertaire. Mais cette pauvre victoire est provisoire, le combat dure toujours. L'Europe n'a jamais été que dans cette lutte entre midi et minuit. Elle ne s'est dégradée qu'en désertant cette lutte, en éclipsant le jour par la nuit. La destruction de cet équilibre donne aujourd'hui ses plus beaux fruits. Privés de nos médiations, exilés de la beauté naturelle, nous sommes à nouveau dans le monde de l'Ancien Testament, coincés entre des Pharaons cruels et un ciel implacable.

Dans la misère commune, la vieille exigence renaît alors; la nature à nouveau se dresse devant l'histoire. Bien entendu, il ne s'agit pas de rien mépriser, ni d'exalter une civilisation contre une autre, mais de dire simplement qu'il est une pensée dont le monde d'aujourd'hui ne pourra se passer plus longtemps. Il y a, certes, dans le peuple russe de quoi donner une force de sacrifice à l'Europe, dans l'Amérique une nécessaire puissance de construction. Mais la jeunesse du monde se trouve toujours autour des mêmes rivages. Jetés dans l'ignoble Europe où meurt, privée de beauté et d'amitié, la plus orgueilleuse des races, nous autres Méditerranéens vivons toujours de la même lumière. Au cœur de la nuit européenne, la pensée solaire, la civilisation au double visage, attend son aurore. Mais elle éclaire déjà les chemins de la vraie maîtrise.

La vraie maîtrise consiste à faire justice des préjugés du temps, et d'abord du plus profond et du plus malheureux d'entre eux qui veut que l'homme délivré de la démesure en soit réduit à une sagesse pauvre. Il est bien vrai que la démesure peut être une sainteté, lorsqu'elle se paye de la folie de Nietzsche. Mais cette ivrognerie de l'âme qui s'exhibe sur la scène de notre culture, est-ce toujours le vertige de la démesure, la folie de l'impossible dont la brûlure ne quitte jamais plus celui qui, une fois au moins, s'y est abandonné? Prométhée a-t-il jamais eu cette face d'ilote ou de procureur? Non, notre civilisation se survit dans la complaisance d'âmes lâches ou haineuses, le vœu de gloriole de vieux adolescents. Lucifer aussi est mort avec Dieu et, de ses cendres, a surgi un démon mesquin qui ne voit même plus où il s'aventure. En 1950, la démesure est un confort, toujours, et une carrière, parfois. La mesure, au contraire, est une pure tension. Elle sourit sans doute et nos convulsionnaires, voués à de laborieuses apocalypses, l'en méprisent. Mais ce sourire resplendit au sommet d'un interminable effort : il est une force supplémentaire. Ces petits Européens qui nous montrent une face avare, s'ils n'ont plus la force de sourire, pourquoi prétendraient-ils donner leurs convulsions désespérées en exemples de supériorité?

La vraie folie de démesure meurt ou crée sa propre

mesure. Elle ne fait pas mourir les autres pour se créer un alibi. Dans le déchirement le plus extrême, elle retrouve sa limite sur laquelle, comme Kaliayev, elle se sacrifie, s'il le faut. La mesure n'est pas le contraire de la révolte. C'est la révolte qui est la mesure, qui l'ordonne, la défend et la recrée à travers l'histoire et ses désordres. L'origine même de cette valeur nous garantit qu'elle ne peut être que déchirée. La mesure, née de la révolte, ne peut se vivre que par la révolte. Elle est un conflit constant, perpétuellement suscité et maîtrisé par l'intelligence. Elle ne triomphe ni de l'impossible ni de l'abîme. Elle s'équilibre à eux. Quoi que nous fassions, la démesure gardera toujours sa place dans le cœur de l'homme, à l'endroit de la solitude. Nous portons tous en nous nos bagnes, nos crimes et nos ravages. Mais notre tâche n'est pas de les déchaîner à travers le monde; elle est de les combattre en nous-mêmes et dans les autres. La révolte, la séculaire volonté de ne pas subir dont parlait Barrès, aujourd'hui encore, est au principe de ce combat. Mère des formes, source de vraie vie, elle nous tient toujours debout dans le mouvement informe et furieux de l'histoire.

AU-DELÀ DU NIHILISME

Il y a donc, pour l'homme, une action et une pensée possibles au niveau moyen qui est le sien. Toute entreprise plus ambitieuse se révèle contradictoire. L'absolu ne s'atteint ni surtout ne se crée à travers l'histoire. La politique n'est pas la religion, ou alors elle est inquisition. Comment la société définirait-elle un absolu? Chacun peut-être cherche, pour tous, cet absolu. Mais la société et la politique ont seulement la charge de régler les affaires de tous pour que chacun ait le loisir, et la liberté, de cette commune recherche. L'histoire ne peut plus être dressée alors en objet de culte. Elle n'est qu'une occasion, qu'il s'agit de rendre féconde par une révolte vigilante.

« L'obsession de la moisson et l'indifférence à l'histoire, écrit admirablement René Char, sont les deux extrémités de mon arc. » Si le temps de l'histoire n'est pas fait du temps de la moisson, l'histoire n'est en effet qu'une ombre fugace et cruelle où l'homme n'a plus sa part. Qui se donne à cette histoire ne se donne à rien et à son tour n'est rien. Mais qui se donne au temps de sa vie, à la maison qu'il défend, à la dignité des vivants, celui-là se donne à la terre et en reçoit la moisson qui ensemence et nourrit à nouveau. Pour finir, ceux-là font avancer l'histoire qui savent, au moment voulu, se révolter contre

elle aussi. Cela suppose une interminable tension et la
sérénité crispée dont parle le même poète. Mais la vraie
vie est présente au cœur de ce déchirement. Elle est ce
déchirement lui-même, l'esprit qui plane sur des volcans
de lumière, la folie de l'équité, l'intransigeance exténuante de la mesure. Ce qui retentit pour nous aux
confins de cette longue aventure révoltée, ce ne sont pas
des formules d'optimisme, dont nous n'avons que faire
dans l'extrémité de notre malheur, mais des paroles de
courage et d'intelligence qui, près de la mer, sont même
vertu.

Aucune sagesse aujourd'hui ne peut prétendre à donner
plus. La révolte bute inlassablement contre le mal, à
partir duquel il ne lui reste qu'à prendre un nouvel élan.
L'homme peut maîtriser en lui tout ce qui doit l'être. Il
doit réparer dans la création tout ce qui peut l'être. Après
quoi, les enfants mourront toujours injustement, même
dans la société parfaite. Dans son plus grand effort,
l'homme ne peut que se proposer de diminuer arithméti-
quement la douleur du monde. Mais l'injustice et la
souffrance demeureront et, si limitées soient-elles, elle ne
cesseront pas d'être le scandale. Le « pourquoi? » de
Dimitri Karamazov continuera de retentir; l'art et la
révolte ne mourront qu'avec le dernier homme.

Il y a un mal, sans doute, que les hommes accumulent
dans leur désir forcené d'unité. Mais un autre mal est à
l'origine de ce mouvement désordonné. Devant ce mal,
devant la mort, l'homme au plus profond de lui-même
crie justice. Le christianisme historique n'a répondu à
cette protestation contre le mal que par l'annonce du
royaume, puis de la vie éternelle, qui demande la foi.
Mais la souffrance use l'espoir et la foi; elle reste solitaire
alors, et sans explication. Les foules du travail, lassées de
souffrir et de mourir, sont des foules sans dieu. Notre
place est dès lors à leur côté, loin des anciens et des

nouveaux docteurs. Le christianisme historique reporte
au-delà de l'histoire la guérison du mal et du meurtre qui
sont pourtant soufferts dans l'histoire. Le matérialisme
contemporain croit aussi répondre à toutes les questions.
Mais, serviteur de l'histoire, il accroît le domaine du
meurtre historique et le laisse en même temps sans
justification, sinon dans l'avenir qui demande encore la
foi. Dans les deux cas, il faut attendre et, pendant ce
temps, l'innocent ne cesse pas de mourir. Depuis vingt
siècles, la somme totale du mal n'a pas diminué dans le
monde. Aucune parousie, ni divine ni révolutionnaire, ne
s'est accomplie. Une injustice demeure collée à toute
souffrance, même la plus méritée aux yeux des hommes.
Le long silence de Prométhée devant les forces qui
l'accablent crie toujours. Mais Prométhée a vu, entre-
temps, les hommes se tourner aussi contre lui et le railler.
Coincé entre le mal humain et le destin, la terreur et
l'arbitraire, il ne lui reste que sa force de révolte pour
sauver du meurtre ce qui peut l'être encore, sans céder à
l'orgueil du blasphème.

On comprend alors que la révolte ne peut se passer
d'un étrange amour. Ceux qui ne trouvent de repos ni en
Dieu ni en l'histoire se condamnent à vivre pour ceux
qui, comme eux, ne peuvent pas vivre : pour les humiliés.
Le mouvement le plus pur de la révolte se couronne alors
du cri déchirant de Karamazov : s'ils ne sont pas tous
sauvés, à quoi bon le salut d'un seul ! Ainsi, des condamnés catholiques, dans les cachots d'Espagne, refusent
aujourd'hui la communion parce que les prêtres du
régime l'ont rendue obligatoire dans certaines prisons.
Ceux-là aussi, seuls témoins de l'innocence crucifiée,
refusent le salut, s'il doit être payé de l'injustice et de
l'oppression. Cette folle générosité est celle de la révolte,
qui donne sans tarder sa force d'amour et refuse sans
délai l'injustice. Son honneur est de ne rien calculer, de

tout distribuer à la vie présente et à ses frères vivants. C'est ainsi qu'elle prodigue aux hommes à venir. La vraie générosité envers l'avenir consiste à tout donner au présent.

La révolte prouve par là qu'elle est le mouvement même de la vie et qu'on ne peut la nier sans renoncer à vivre. Son cri le plus pur, à chaque fois, fait se lever un être. Elle est donc amour et fécondité, ou elle n'est rien. La révolution sans honneur, la révolution du calcul qui, préférant un homme abstrait à l'homme de chair, nie l'être autant de fois qu'il est nécessaire, met justement le ressentiment à la place de l'amour. Aussitôt que la révolte, oublieuse de ses généreuses origines, se laisse contaminer par le ressentiment, elle nie la vie, court à la destruction et fait se lever la cohorte ricanante de ces petits rebelles, graine d'esclaves, qui finissent par s'offrir, aujourd'hui, sur tous les marchés d'Europe, à n'importe quelle servitude. Elle n'est plus révolte ni révolution, mais rancune et tyrannie. Alors, quand la révolution, au nom de la puissance et de l'histoire, devient cette mécanique meurtrière et démesurée, une nouvelle révolte devient sacrée, au nom de la mesure et de la vie. Nous sommes à cette extrémité. Au bout de ces ténèbres, une lumière pourtant est inévitable que nous devinons déjà et dont nous avons seulement à lutter pour qu'elle soit. Par-delà le nihilisme, nous tous, parmi les ruines, préparons une renaissance. Mais peu le savent.

Et déjà, en effet, la révolte, sans prétendre à tout résoudre, peut au moins faire face. Dès cet instant, midi ruisselle sur le mouvement même de l'histoire. Autour de ce brasier dévorant, des combats d'ombres s'agitent un moment, puis disparaissent, et des aveugles, touchant leurs paupières, s'écrient que ceci est l'histoire. Les hommes d'Europe, abandonnés aux ombres, se sont détournés du point fixe et rayonnant. Ils oublient le présent pour l'avenir, la proie des êtres pour la fumée de la puissance, la misère des banlieues pour une cité radieuse, la justice quotidienne pour une vraie terre promise. Ils désespèrent de la liberté des personnes et rêvent d'une étrange liberté de l'espèce; refusent la mort solitaire, et appellent immortalité une prodigieuse agonie collective. Ils ne croient plus à ce qui est, au monde et à l'homme vivant; le secret de l'Europe est qu'elle n'aime plus la vie. Ses aveugles ont cru puérilement qu'aimer un seul jour de la vie revenait à justifier les siècles de l'oppression. C'est pourquoi ils ont voulu effacer la joie au tableau du monde, et la renvoyer à plus tard. L'impatience des limites, le refus de leur être double, le désespoir d'être homme les ont jetés enfin dans une démesure inhumaine. Niant la juste grandeur de la vie, il leur a fallu parier pour leur propre excellence. Faute de mieux, ils se sont divinisés et leur malheur a commencé : ces dieux ont les yeux crevés. Kaliayev, et ses frères du monde entier, refusent au contraire la divinité puisqu'ils rejettent le pouvoir illimité de donner la mort. Ils élisent, et nous donnent en exemple, la seule règle qui soit originale aujourd'hui : apprendre à vivre et à mourir, et, pour être homme, refuser d'être dieu.

Au midi de la pensée, le révolté refuse ainsi la divinité pour partager les luttes et le destin communs. Nous choisirons Ithaque, la terre fidèle, la pensée audacieuse et frugale, l'action lucide, la générosité de l'homme qui sait. Dans la lumière, le monde reste notre premier et notre dernier amour. Nos frères respirent sous le même ciel que nous, la justice est vivante. Alors naît la joie étrange qui aide à vivre et à mourir et que nous refusons désormais de renvoyer à plus tard. Sur la terre douloureuse, elle est l'ivraie inlassable, l'amère nourriture, le vent dur venu des mers, l'ancienne et la nouvelle aurore. Avec elle, au

long des combats, nous referons l'âme de ce temps et une
Europe qui, elle, n'exclura rien. Ni ce fantôme, Nietzsche, que, pendant douze ans après son effondrement,
l'Occident allait visiter comme l'image foudroyée de sa
plus haute conscience et de son nihilisme; ni ce prophète
de la justice sans tendresse qui repose, par erreur, dans le
carré des incroyants au cimetière de Highgate; ni la
momie déifiée de l'homme d'action dans son cercueil de
verre; ni rien de ce que l'intelligence et l'énergie de
l'Europe ont fourni sans trêve à l'orgueil d'un temps
misérable. Tous peuvent revivre, en effet, auprès des
sacrifiés de 1905, mais à la condition de comprendre
qu'ils se corrigent les uns les autres et qu'une limite, dans
le soleil, les arrête tous. Chacun dit à l'autre qu'il n'est
pas Dieu; ici s'achève le romantisme. A cette heure où
chacun d'entre nous doit tendre l'arc pour refaire ses
preuves, conquérir, dans et contre l'histoire, ce qu'il
possède déjà, la maigre moisson de ses champs, le bref
amour de cette terre, à l'heure où naît enfin un homme, il
faut laisser l'époque et ses fureurs adolescentes. L'arc se
tord, le bois crie. Au sommet de la plus haute tension va
jaillir l'élan d'une droite flèche, du trait le plus dur et le
plus libre.

DU MÊME AUTEUR

Aux Éditions Gallimard

L'ÉTRANGER, *roman.*

LE MYTHE DE SISYPHE, *essai.*

LE MALENTENDU suivi de CALIGULA, *théâtre.*

LETTRES À UN AMI ALLEMAND.

LA PESTE, *récit.*

L'ÉTAT DE SIÈGE, *théâtre.*

NOCES, *essai.*

LES JUSTES, *théâtre.*

ACTUELLES :

   I. CHRONIQUES 1944-1948.

   II. CHRONIQUES 1948-1953.

   III. CHRONIQUE ALGÉRIENNE 1939-1958.

LA DÉVOTION À LA CROIX, adapté de Pedro Calderón
de la Barca, *théâtre.*

LES ESPRITS, adapté de Pierre de Larivey, *théâtre.*

L'ÉTÉ, *essai.*

LA CHUTE, *récit.*

REQUIEM POUR UNE NONNE, adapté de William
Faulkner, *théâtre.*

Impression Brodard et Taupin
à La Flèche (Sarthe),
le 23 mars 1987.
Dépôt légal : mars 1987.
1ᵉʳ dépôt légal dans la collection : mars 1985.
Numéro d'imprimeur : 1655-5.

ISBN 2-07-032302-1 / Imprimé en France

40605